探索与发现 **奥秘**
TANSUO YU FAXIAN AOMI

匪夷所思的奇谜

李华金◎主编

时代出版传媒股份有限公司
安徽美术出版社
全国百佳图书出版单位

图书在版编目（CIP）数据

匪夷所思的奇谜/李华金主编. —合肥：安徽美术出版社，
2013.3（2021.11 重印）　（探索与发现. 奥秘）
ISBN 978 - 7 - 5398 - 4270 - 7

Ⅰ. ①匪… Ⅱ. ①李… Ⅲ. ①奇谜 - 青年读物②奇谜 -
少年读物 Ⅳ. ①V11 - 49

中国版本图书馆 CIP 数据核字（2013）第 044141 号

探索与发现·奥秘

匪夷所思的奇谜

李华金 主编

出 版 人：王训海
责任编辑：倪雯莹
责任校对：张婷婷
封面设计：三棵树设计工作组
版式设计：李　超
责任印制：缪振光
出版发行：时代出版传媒股份有限公司
　　　　　安徽美术出版社 （http://www.ahmscbs.com）
地　　　址：合肥市政务文化新区翡翠路 1118 号出版传媒广场 14 层
邮　　编：230071
销售热线：0551-63533604　0551-63533690
印　　制：河北省三河市人民印务有限公司
开　　本：787mm×1092mm　　1/16　　印　张：14
版　　次：2013 年 4 月第 1 版　　2021 年 11 月第 3 次印刷
书　　号：ISBN 978 - 7 - 5398 - 4270 - 7
定　　价：42.00 元

世界就是全部时间与空间的总称，我们人类就生活在这样一个广袤的时间和空间里。世界何其广大，何其神秘，总是有着许多不可思议的奇迹被人类挖掘出来。迄今为止，人类已经发现了世界八大奇迹，这都是人类诞生之后，创造的文明成果。

人类文明总是在不断破坏和建设中得到完善。回望过去，这些神秘的、不可思议的奇迹见证了人类文明的兴衰。但至今仍有许多古代文明让我们无法解释，难以揭开它们神秘的面纱。

自有人类文明的开始，人类的活动就改变着自然界，也改变着自身的生活和命运。放眼世界中的人类文明，环顾寰宇苍穹，人类活动的某些具有决定意义的一点一滴都构成了人类文明史的枢纽。在这一个一个的节点上，是数不清的耀眼的名字：印加人、玛雅人、三星堆遗址……

可是，由于人类历史发展的局限性，也由于古人意识的局限性，很多决定历史进程的真相被永远地埋藏在了浩瀚的时间长河中了，也给后人留下了一个个千古难解的谜团。

我们在这本《匪夷所思的奇谜》中收集了宇宙、地球与生命之谜，世界古代文明之谜等许多内容。我们并不奢望通过这本《匪夷所思的奇谜》一蹴而就地揭开这些谜团，只希望能够抛砖引玉，为广大读者朋友提供一个探索世界之谜的平台，为早日了解人类自身提供一个契机。

C ONTENTS

目录
匪夷所思的奇谜

宇宙、地球与生命之谜

当你面对星光灿烂的夜空时，看到一道白练般的银河横贯天际，也许，那是北极星旁的仙女座星云隐隐向人们诉说着那听不见的故事。没错，这就是宇宙中的一景。

人类是诞生在地球上的高级生命，人类创造了史无前例的人类文明，正是人类的聪明才智才有了现在地球的繁荣昌盛。而地球是浩渺苍穹中的一颗微粒儿，是宇宙怀抱中最小的孩子，而人类和宇宙相比，则像一粒尘埃。

那么，宇宙是怎么来的？地球又是何时诞生的？人类又是怎么出现在地球上的？这一切的谜团都需要人类自己去探索，去挖掘。

宇宙的起源

◎ "大爆炸理论"

很长时间里，星云理论"统治着"宇宙起源理论，而现在，"宇宙起源于大爆炸"已经被很多人所接受，虽然到现在人们依然不知道引发大爆炸的导火线是被"谁"点燃的。在中央电视台播放的有关地球宇宙起源的科普片里，也绘声绘色地演示了想象中大爆炸的情景。大爆炸模型作为解释宇宙起源的系统化理论已经被天文学家普遍接受，并被许多媒体引用且被写进教科书中。

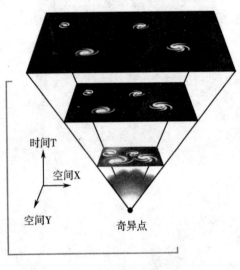

大爆炸模型

据说"大爆炸理论"是一个喜欢物理学的比利时人乔吉斯·勒梅特提出来的。1927 年，乔吉斯·勒梅特获得了麻省理工学院哲学博士学位。也是这一年，乔吉斯·勒梅特根据爱因斯坦的相对论提出，宇宙在任何方向和任何地方都是均匀膨胀的，他认为宇宙是由一个包含所有物质的原始物质团爆炸而形成的。埃德温·哈勃随后发现的宇宙膨胀现象支持了大爆炸宇宙模式。哈勃发现遥远的星系都在从各个方向上快速离开而不是接近地球。这就是哈勃在 1929 年发现的宇宙膨胀，它促使许多科学家思考那个能产生足够的能量引发宇宙膨胀的初始爆炸。

1940 年前后，天文学家、物理学家开始对引发宇宙大爆炸的初始爆炸进行研究。他们为此提出的理论是：大爆炸发生后产生的等离子体的温度应该比现存任何恒星内部温度都高，而随着时间的推移，它应该慢慢冷却，逐渐向所谓的"绝对零度"靠拢，就像一堆已经熄灭的篝火那样，灰烬中还残留着余温。这就是被称为"微波背景辐射"的理论，这意味着离我们越远的宇宙深处，宇宙背景温度应该越高。不过，"微波背景辐射"理论在出现时根本不被当时的天文学家和物理学家所关注，因为在他们看来，所谓"大爆炸理论"形同儿戏，在重视真实数据的他们看来，是没有办法测量或证实微波背景辐射的存在的。

到了1965年，事情出现了意外转机：贝尔实验室的科学家宣布，他们在为通信卫星开发接收机的时候，偶然探测到了微波背景辐射发出的连续的"嘶嘶"声。"大爆炸理论"在1965年前由于未经验证而颇受质疑，但现在终于有证据表明可能是由大爆炸遗留下来的残余辐射确实存在。于是许多知名科学家

射电望远镜图1

都纷纷投入到大爆炸研究队伍中来，也就不断发现了更多证据支持"大爆炸理论"。

知识小链接

微波背景辐射

微波背景辐射是来自宇宙空间背景上的各向同性的微波辐射，也叫宇宙背景辐射。宇宙微波背景辐射是一种充满整个宇宙的电磁辐射，其特征和绝对温标2.725K的黑体辐射相同，频率属于微波范围。宇宙微波背景辐射产生于大爆炸后的三十万年。

由于微波背景辐射在"大爆炸理论"中的地位尤为重要，1989年美国国家航空航天局（NASA）甚至专门发射了一颗微波卫星用于测量这种宇宙背景辐射。微波背景辐射探测器（COBE）希望能探测到宇宙大爆炸后50万年的微波背景辐射，此时宇宙冷却到足以使物质开始形成，并辐射出光。COBE没有辜负天文学家的期望，卫星探测数据证实了宇宙背景辐射确实是各向同性的，温度接近3K（1K≈－273.16℃）。天文学家还发现这种辐射与所期望的

黑体谱相吻合的精度令人惊讶。

到了1992年，一张根据COBE搜集的数据绘制的全天空星图也证实了另一个预测：大爆炸后冷却的气体形成的物质最终会会聚成团，形成包含恒星的星系，这也符合早期宇宙的微观量子波动必然扰乱物质均匀分布的理论。打个比喻来说，宇宙好像是一锅稍微带一些疙

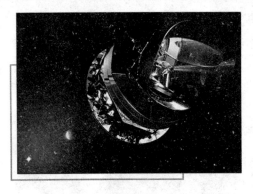

背景辐射

瘩的勾了点芡的汤，大家知道，当淀粉没有完全搅匀就倒在锅里，就难免出现团块，即使很少也显得很突出。美国物理学家汉斯·贝特在1939年指出，重元素能在恒星中合成。这些重元素是组成恒星和我们人体的成分，但只占整个宇宙质量的2%，其余是由75%的氢和23%的氦以及少量锂等轻元素组成的。这些轻元素是在大爆炸时形成的。"熔化"在恒星"熔炉"中的重元素最终将被抛入宇宙空间，就是这些重元素成为宇宙固体物质凝聚的"种子"。年老的恒星所保持的轻元素很少，因为恒星越老它们向宇宙空间中抛射物质的时间也越长。元素在宇宙中的分布称为"元素宇宙丰度"，这是符合"宇宙大爆炸理论"的。

至此似乎已经可以得出结论："宇宙大爆炸理论"是正确的。在科学家进行了大量验证

拓展阅读

元素宇宙丰度

元素宇宙丰度是宇宙中各种元素的相对含量。元素宇宙丰度是研究元素起源的依据，也是解释各类天体演化过程的基础，因此是空间化学研究的重大课题。元素宇宙丰度通常取硅的丰度的10^6，其他元素的丰度是与硅丰度相比较得的。

元素宇宙丰度的数据可由多种途径获得：用化学、放射化学、仪器中子活化分析和质谱等分析技术，测定地球、月球、陨石、宇宙尘和太阳风等样品的化学组成；用光谱和射电技术测定太阳、恒星、星际介质和星系的物质组成等。

后，这个理论被认为是可以成立的。不过，大多数天文学家在接受"大爆炸理论"的同时，也意识到"大爆炸理论"所存在的一些疑问，这些疑问有的甚至会危及到"大爆炸理论"本身的正确性。

基本小知识

科 学 家

科学家是指专门从事科学研究的人士，包括自然科学家和社会科学家这两大类。所有自然科学和社会科学的研究人员，达到了一定的造诣，获得了有关部门和行业内的认可，均可以称之为科学家。

◎ "稳恒态" 宇宙发展理论

佛瑞德·霍伊尔就是"大爆炸理论"的主要反对者。1948 年，佛瑞德·霍伊尔、赫尔曼·邦迪和托马斯·戈尔德一起，提出了称之为"稳恒态"的理论。按照"稳恒态理论"，宇宙的实际年龄要比我们所知道的要大得多，宇宙似乎是一直存在并且将永远存在，一个又一个星系会诞生、成长、死亡，而新星系将不断从死亡星系的灰烬中诞生，但宇宙的总质量将维持守恒。这样说来，地球上的人可以观测到的所谓最古老的星系，在一个更大范围来说实际上也是相当年轻的。

不过，霍伊尔的理论本身也不是十全十美，例如他利用了修改后的宇宙常数。宇宙常数是爱因斯坦为了证明宇宙是不变的而在他的相对论中引入的一个数学因数。早在 1929 年，埃德温·哈勃在研究中就发现，遥远星系的光谱是向红端移动的，也叫红移，他因此得出结论：星系随着宇宙的膨胀而以很快的速度彼此分离。这表明宇宙并非不变，爱因斯坦的宇宙常数也就不是必要的了，连爱

你知道吗

红 移

红移多用在物理学和天文学领域，指物体的电磁辐射由于某种原因而增加波长的现象，在可见光波段，表现为光谱的谱线朝红端移动了一段距离，即波长变长、频率降低。红移的现象目前多用于天体的移动及规律的预测上。

因斯坦也把引入宇宙常数视为他一生中所犯的最大的错误。

宇宙常数遭到大多数物理学家的反对。1965年微波背景辐射发现后，霍伊尔的"稳恒态理论"似乎该淘汰了。但是霍伊尔并不甘心，他认为可能在他的理论中确实出现了一些小问题，但"大爆炸理论"问题更大。事实上，"大爆炸理论"也遭遇了新问题。有一个问题是物理学家所熟知的，那就是早期宇宙并不符合现在盛行的物理定律。至少大爆炸后50万年，宇宙还没有足够冷却到使物质形成和释放出光。大爆炸理论家不得不假设初始宇宙是一个奇点。霍伊尔和他的追随者大肆指责这种观点，他们嘲讽道："你们与其发现一些东西把'大爆炸理论'弄得一团糟，不如怀疑这个理论本身的正确性。"

射电望远镜图2

1990年，霍伊尔开始取得一些新进展。他的一个追随者——德国马克斯·普朗克工学院的美国天文学家霍尔顿·阿尔普指出，有许多红移的观测值与它们的实际距离并不相符。这是一个很严肃的问题，如果红移并非是宇宙膨胀速度的可靠指示器，这将给"大爆炸理论"带来致命一击。也许星系并没有分离得那么快，那么，将没有必要用大爆炸来解释驱使它们运动的力量。阿尔普在1991年更进一步说："这泄露了一个大秘密，那就是这些具有决定性作用的天体被人故意忽略了，争论受到了压制。"

◎ "暴涨理论" 和 "泡泡域理论"

关于"大爆炸理论"，有一个无法验证但也是最重要的新观点，是艾伦·古斯在1981年提出来的。他认为，在宇宙大爆炸后的最初"一秒"内，宇宙突然膨胀，膨胀的速度远远大于现在宇宙的膨胀速度，就像一个针尖大小的东西在一段极短暂时间内突然膨胀成一个橘子或一个垒球大小。这在数学上是难以置信的：增长的体积是10的50次方，也就是1的后面接50个0。经历这个突然暴涨后，宇宙放慢脚步开始以现在看来是正常的速度膨胀。

"暴涨理论"的出现，驱散了压在"大爆炸理论"上空的乌云，因而广受欢迎。它解决了很多问题，其中有一个问题是关于平直宇宙的。物理学家认为宇宙要么开放，即它将沿着一定的曲面永远膨胀；要么封闭，即引力最终会把它拉回来，也许终结于一种产生大爆炸的原始原子。但是没有可观测的信息证明宇宙究竟是开放的还是封闭的，种种迹象表明实际情况似乎是在这两种可能性之间的平衡状态。这种状况被描述为平直宇宙，因为平均时空曲率为零，是一个平直轨道。

艾伦·古斯的"暴涨理论"指出：不要总把暴涨描述成针尖变成橘子，应该把暴涨想象成吹气球，气球膨胀得越大，其表面就越平坦。因为在一瞬间发生了宇宙暴涨，实际上造成了平坦效应。按照他的理论预测，这种快速膨胀必然会产生许多单独的"泡泡"，这些"泡泡"的壁应该是很明显的，但实际上并非如此。最后，古斯还是发表了他的理论，他希望全世界的其他宇宙学家能够解决这个问题。俄罗斯物理学家安德烈·林德是第一个给出答案的，随后其他人也得到了答案。他从数学上证明"泡泡"（后被重新命名为"区域"）能单独产生。更

拓展阅读

哈勃空间望远镜

哈勃空间望远镜以天文学家爱德温·哈勃为名，是在轨道上环绕着地球的望远镜。它的位置在地球的大气层之上，因此获得了地基望远镜所没有的好处——影像不会受到大气湍流的扰动，视野绝佳又没有大气散射造成的背景光，还能观测到会被臭氧层吸收的紫外线。1990 年发射之后，它成为了天文史上最重要的仪器，填补了地面观测的缺口，帮助天文学家解决了许多问题。

有甚者，我们已知的宇宙仅仅占据一个区域的十亿甚至万亿分之一。区域之间相距如此遥远，以至于我们永远别想观测得到。就像"暴涨理论"一样，"泡泡域理论"在大多数宇宙学家中受到支持，包括斯蒂芬·霍金。"泡泡域理论"尽管无法验证，但是它解决了同样无法验证的"暴涨理论"的一些问题。"暴涨理论"不仅解释了宇宙的平直问题，而且克服了"大爆炸理论"的一些不足，但这一理论同样不是完美无缺的。对一些像霍尔顿·阿尔普和

佛瑞德·霍伊尔的批评家来说，这远远不能令人满意，不管它在数学上是如何优雅，在理论与理论的吻合上是如何天衣无缝。批评者毕竟是少数，尽管更多的物理学家发现了"大爆炸理论"和"暴涨理论"的很多不尽人意之处，但是他们愿意去挑战一些小问题而不是嘲笑整个理论。

目前，"大爆炸理论"是解释宇宙起源的最好理论。应该强调，别忘了永远位于我们视野之外的区域。哈勃空间望远镜等深度宇宙探测技术和高速计算机技术的发展，使我们的视野更加开阔深远。量子物理实验深入到亚原子粒子的奇异世界的时候，人们所得到的知识似乎都在不断地支持"大爆炸理论"。一些人包括斯蒂芬·霍金乐观地认为，我们可能正在接近对整个宇宙的了解，大统一理论出现的时候也许为期不远了。最后我们不得不提醒大家，即使在"大爆炸理论"的拥护者中，也不乏怀疑者。我们对宇宙的了解依然仅仅是开始，也许在人类存在的时间里，永远也不会解开宇宙形成之谜。

所以，尽管"大爆炸理论"已经成为标准理论，但它还不是一个真理。

◐ 生命的诞生

伴随着人们对宇宙形成之谜的探索，人们同样也在不断探索生命是如何诞生的。"先有鸡还是先有蛋"的讨论，实际上也就是探讨生命起源之谜的尝试。

据天文学家说，地球是在 46 亿年前从太阳诞生后的残余物中形成的。据推测，当地球成形后，其表面仍然保持融熔状态达 6 亿年之久。地球内部受地核加热，外部遭小行星撞击，致使温度升高，水沸腾化为蒸气。过了相当长的一段时间，残余的小行星逐渐在轨道上安定下来，小行星撞击变得稀少了，这时，碳、氮、氢和氧的各种化合物开始化合成氨基酸和其他构成生命的基本化合物。诺贝尔奖获得者克里斯蒂安·德·杜弗在他的《至关重要的尘埃》一书中写道："这些化合物随着降雨、彗星和陨石散落在毫无生命的地球表面，形成一张有机物之毯。"这个富含碳的薄层又受到地球和坠落在地球表面的天体的"搅拌"，并遭到强烈的紫外线辐射（由于有地球大气的阻挡，今天的紫外线辐射比当初要微弱得多）。这些物质最终流入大海。著名英国科学家霍尔丹在他 1929 年的一篇论文中形象地形容其为"原始海洋成为一锅热汤"。这个过程的主要副产品是一些棕红色的黏稠的东西，被命名为"黏性物"或"黏泥"。

那么生命是如何从像热汤一样的海洋和许多无处不在的"黏泥"中产生的呢？

因为生物分子，如蛋白质和核酸等是生命之本，它们比较脆弱，在低温下才可以存活很长一段时间，所以化学家始终坚持认为生命应该起源于低温，甚至是像木星卫星那样的冰冷环境中。但是人们在火山口附近发掘出了微小的线状生物的化石，可见构成这种生物的原料也应该来自火山口附近。事实上，现在在火山口和温度高达110℃的温泉里仍然活着最古老的细菌。这些古老火山细菌的存在强有力地支持了生命起源高温环境说。

探索生命起源的两个主要研究领域都存在较大的问题。不仅仅是生命最早开始出现的年代被一再往前推，以至于似乎没有足够的时间来发生创造生命的化学变化，而且那些化学反应本身也存在着许多谜。

知识小链接

生物进化

生物进化是指一切生命形态发生、发展的演变过程。"进化"一词一般用以指事物的逐渐变化、发展，由一种状态过渡到另一种状态。1762 年，瑞士学者邦尼特最先将此词应用于生物学中。

新的问题犹如乌云遮蔽了生物进化图景，这个图景曾经在种系树上是清晰的。进化的种系树是达尔文在 19 世纪为了表示动物群的演化史而提出来的。种系树反映了生物的进化史，人们可以沿着它的枝干追根溯源。第一张复杂的种系树图谱是德国博物学家恩斯特·海克尔绘制的，他同时还创造了"生态学"这个词。DNA 的发现使人们不仅可以绘制出动物和植物的种系树图谱，而且可以绘制出构成动植物的生命体的遗传物质的种系树图谱，它能使我们更深刻地理解生命的进化过程。为了绘制这些种系树图谱，研究者利

用了一种名叫比较测序的方法，首先测定一种生物体中组成核酸或组成蛋白质的氨基酸的分子的排列顺序，然后把它与另外一种生物体进行比较。利用这种技术，有可能发现种系树上的两根细"枝"的距离究竟有多远，并揭示出引发种系树"分出枝桠"（因为生物体的进化或突变）的机制是什么。

20世纪70年代后期，伊利诺伊大学的卡尔·沃斯把比较测序方法应用到存在于所有生物体的RNA分子上，结果得到了一张比以前所猜想的要复杂得多的种系树图谱。

这棵种系树有三个明显的分支，描绘了三类基本的生物体：原核生物、古核生物和真核生物。原核生物是细菌类的微生物，古核生物是由沃斯提出的新的分类，它是第二组通常可在非常热的地方（如滚烫的温泉）发现的细菌类有机体。真核生物是具有大细胞的生物体，细胞中有一个与周围环境隔开的细胞核。真核生物包括所有多细胞生物体如动物和植物，当然也包括人类。

从20世纪80年代早期开始，随着这三类基本生物体的越来越多基因被解码，问题出现了。除了沃斯最初的蛋白质模型外，这些基于基因组的三类基本生物体的种族树图样都不同。另外，基因不断反复的现象令人惊奇，这种变化导致寻找所有基因的共同的祖先变得很复杂，这表明原始基因，即导致生命起源的基因是相当复杂的，这种复杂性并非一个起始基因应有的。唯一可能的解释是，假定在生命进化的早期，一些基因并非一直突变而形成一株一直向上生长并分出许多枝桠的种系树，而是在水平方向上发生交换。这一理论被现在所发现的一些事实所支持，例如，一些细菌能在水平方向上改变部分基因以使自己更具有抵抗抗生素的能力，这对人类来说是一件不幸的事。这个推论意味着生命之树并不具有一个挺拔的主干。

就像关于宇宙起源的"大爆炸理论"一样，关于生命起源的理论也很复杂，特别是新发现地不断出现和测量方式地不断改进促使人们的知识水平日益提高，它也变得更复杂了。因为这个原因，其他曾经作为空想而消失很久的对生命起源的解释仍有忠实的追随者。

我们的地球上的生命会不会是来自太空，来自小行星、陨石和彗星甚至是火星？荣获1903年诺贝尔奖的瑞典化学家斯凡特·奥古斯特·阿雷尼乌斯创立了生命起源的"胚种论"，他认为细菌孢子在　种休眠状态下在冰冷的宇

你知道吗

彗 星

彗星中文俗称"扫把星"，是太阳系中小天体的一类，由冰冻物质和尘埃组成。当它靠近太阳时即为可见。太阳的热使彗星物质蒸发，在冰核周围形成朦胧的彗发和一条稀薄物质流构成的彗尾。由于太阳风的压力，彗尾总是指向背离太阳的方向。

宙中旅行，当它遇到合适的行星时便开始生长繁衍。阿雷尼乌斯没注意到致命的宇宙射线可能会杀死细菌孢子。佛瑞德·霍伊尔的"胚种论"认为类似于1918年流行于西班牙的流感之类的流行性疾病是由于太空中的细菌造成的，人类的鼻子已经进化成能过滤这种太空诞生的病菌了。弗朗西斯·克里克（他与詹姆斯·沃森、莫里斯·威尔金斯一起，因发现DNA的双螺旋结构而获得了1962年诺贝尔生理学或医学奖）与研究生命起源前的化学先驱者莱斯利·奥格尔一起甚至走得更远，他们认为生命是一些高等的外星文明"播种"在地球上的，他们称这个假想为"定向胚种论"。

也许在即将来临的2015年，关于远离地球的太阳系的生命，人类将发现更多的甚至是惊人的奥秘。NASA探测器将探测土星的卫星土卫二，这是一颗表面被冰封的星球，这意味着在其下面可能存在水，这颗探测器将证实宇宙中的生命是否比一些保守的科学家所猜想的更普遍。长期以来，科学家们一直认为，极端温度环境对任何生物有机体都是不利

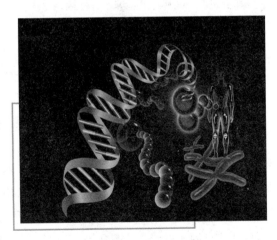

小行星撞击地球促进生命起源

的。如果在土卫二冰面下发现任何种类的生命，那么"胚种论"将提高到一个新的水平。同时，科学家关于宇宙起源的争论也将变得更加复杂。

太 阳 系

太阳系就是我们现在所在的恒星系统。它是以太阳为中心，和所有受到太阳引力约束的天体的集合体。目前已确定它有八大行星、至少 165 颗已知的卫星和数以亿计的太阳系小天体。

小天体——陨石

现在人们已经知道，太空中的陨石可能是地球生命的来源，同时也可能是地球上生命的杀手之一。

1908 年 6 月 30 日清晨，俄国西伯利亚中通古斯卡河上游瓦纳瓦腊以北 50 千米的密林中，突然发出一声震耳欲聋的巨响，蘑菇云拔地而起，窜上近 2 万米的高空，森林中的动物和挺拔的大树一起被灼热的气浪冲倒、焚烧。连日熊熊的大火吞没了 2000 平方千米的原始森林。冲天火光照得方圆 800 千米内通红一片，1500 千米外也能看到。在中心地区 3000 米范围内，出现 200 多个直径 1 ~ 50 米的坑穴，其周围的树木呈放射状向外侧倾倒，就像自行车轮的辐条。距离爆炸地点 60 千米外的一位居民说，当时他站在门廊上，突然看到一个拖着一股烟尘的火球掠过，就感到热浪与刺眼的火光迎面扑来，强大的冲击波使他顿时失去知觉。他苏醒过来后，只觉得大地在颤抖，房子在摇晃，头顶传来雷鸣般的巨响，"好像觉得世界的末日到来"。160 千米外一个在河岸工作的工人，被气浪掀入河中。在 240 千米外，强劲的风把地面刮去一层土，在安加拉河面上堆起一堵水墙。据科学家后来估计，这次爆炸的能量约为广岛原子弹威力的 500 倍。

爆炸的气浪使整个西伯利亚东部出现了强烈的气流，英吉利海峡彼岸的英国气象中心，也监测到大气压持续 20 分钟的上下剧烈波动。3500 千米外的彼得堡以及澳大利亚、爪哇、华盛顿等地的地震仪都记录到地震波。连续两个晚上，天空异常明亮。

1937 年，一颗直径不到 1 千米的名叫赫米斯的小行星以每小时 3 万千米的速度与地球"擦肩"而过，距地球仅 78 万千米。假如赫米斯与地球相撞，将释放出相当于 10 万个百万吨级炸弹的能量。

1947 年 2 月 12 日上午，前苏联远东锡霍特－阿林山系的居民们目睹了另一天空奇观：一颗火球拖着浓烟和火花，在空中向南美袭来，消失后不久，传来了一声巨大的爆炸声。正在执行任务的前苏联空军也观察到了这一现象，他们帮助调查人员找到了陨石坠落现场。

1972 年 8 月 10 日，美国加利福尼亚上空 58 千米处传来隆隆巨响，一团巨大的火球划天而过。原来是一颗直径 10 米、重数千吨的小行星与地球擦肩而过，险些撞上美国。美国宇航局的红外探测器记录了这次事件。

1976 年 3 月 8 日北京时间下午 3 时，在我国吉林省吉林市北部发生了一次世界罕见的陨石坠落。很多人都看到一个耀眼的火球，向地面飞落，接着分裂为三个火球，一个形成满月，另两个呈足球大小的碎块，随后向地面坠落，轰隆之声响彻云霄，震起的土浪高达数十米。土块飞溅到百米之外，还升起了一个高达 50 多米的蘑菇云状的烟柱。大量陨石碎块撒落在吉林市北部近 500 平方千米的范围内。

陨石坑

吉林陨石雨撒落在一狭长带状区域内，东西长 70 多千米，南北方向最宽的地方不超过 10 千米。据研究，这块陨石原先可能是一个直径 2200 千米的阿波罗型小行星的一部分，它在行星际空间飞行过程中，在 800 万年前被撞击分裂出一块直径大于 10 米的碎块，在 40 万年前又受到一次撞击，分裂出一块直径约 2 米的碎块。这颗碎块于 1976 年 3 月 8 日 15 时大体上沿着地球公转方向从后面追上地球。在进入地球大气层后，剧烈摩擦让它燃烧。陨石的一大部分被烧毁、气化，残留部分在大气层中产生多次崩裂，形成许多碎块落到地面上。到达地面时速度每秒只有几十米。科学家们对吉林陨石标本进行了大量的物理化学研究与分析工作，1979 年科学出版社出版了研究专著——《吉林陨石雨论文集》。

　　1989 年初，美国科学家宣布了一条震惊世界的新闻：一颗能产生相当于 2 万颗氢弹爆炸能量的小行星"1989FC"将在当年 3 月 22 日，在距地球约 69 万千米的远处飞过。这颗小行星的轨道比较特殊，绕太阳的公转周期为 1.03 年（大多数小行星的公转周期为 3～7 年），每隔 33 年要飞近地球一次。我国天文学家认为，假如这颗直径为 300 米左右的小行星击中地球，如在高空爆炸，由于碰撞速度高达 16 千米/秒，将撞击出一个直径为 6 千米左右的圆形撞击构造坑，在半径为几十千米范围内产生强烈地震。

　　1989 年 8 月，一颗直径 1 千米的小行星"1989PB"在距地球 400 万千米处飞过。

　　1991 年 1 月，直径 5～10 千米的小行星（1991BA）在距地球 17 万千米处掠过，这个距离不到地球至月球距离的一半，在天文上算是"千钧一发"了。

　　1989 年，有一位天文学家预言，地球的唯一卫星——月球将在 1992 年遇到一颗大流星的撞击，估计月球将损失过半。尽管在 1992 年，我们并未经历这一劫难，但月球表面的满目疮痍告诉我们，人们不仅要担忧地球的"天"，还要担忧毗邻星星的"天"，因为它们的被撞同样会给地球带来灾难。在南极等地，中外科学家已经找到一些被认为是从月球上掉到地面的陨石。

　　天体相撞在宇宙中是正常现象。一些科学家甚至认为陨石是地球生命的来源之一。但是，大型陨石对地球环境的威胁也是显而易见的。自从 20 世纪 80 年代以来，各国有识之士一直在呼吁人们要正视来自近地空间的威胁。

　　目前威胁人类的近地小天体主要是彗星核和小行星，彗星核在其中只占几个百分点，因而，密度较大的小行星比彗星更有可能光临地球。但不能轻视的是，尽管有能力穿过地球大气层并撞击地球的彗星不多，可是与直径同样大小的小天体相比，彗星速度快（小行星撞击地球的速度为 20 千米/秒，短周期彗星为 30～40 千米/秒，长周期彗星为 50～60 千米/秒），撞击时释放的能量较大，将对地球构成更大的威

月球陨石

胁。有学者估计，彗星撞击在撞击灾害中约占 25%。另外，彗星具有松散的结构，强度低，子弹打向它就像打向高速飞来的一团棉花，很难说有多大的效果，这就增加了防御的难度，至少在目前是一个无法解决的难题。

小行星是火星和木星轨道之间的游荡者，目前共发现小行星 1 万多颗。小行星的特点是体积小、质量小，各自有各自的运行轨道，偶然也有一些小行星会闯入地球轨道附近，成为近地小行星，这些近地小行星是最有可能光顾地球的"天外来客"。据有关学者统计，1898～1977 年，共发现近地小行星 43 颗；1978～1982 年发现了 28 颗；1983～1989 年发现 45 颗；而 1990 年 1 年中，发现的小行星竟达 14 颗。迄今为止，发现的近地小行星最大的为直径 8 千米左右，有 77 颗的直径在 1～5 千米，其他大部分直径在 200 米以上。除了这些近地小行星之外，天文学家估计还有 95% 以上的直径大于 1 千米的近地小行星和彗星核尚未被发现。更令人担忧的是，对直径小于 100 米的近地小行星的搜索发现率不足 0.1%。由此可见，人类对近地小行星和彗核的了解是如此之少，对太空威胁的防御能力也不足。所以，可以说人类真正的威胁来自对近地空间了解的不足。

我们常在繁星闪烁的夏夜，见到划空而过的流星。它们都是一些直径小于 50 米的非铁质近地小天体，在闯入地球大气层时，与大气相摩擦燃烧而发光，一闪而逝。流星体穿过大气未烧尽而落到地面的部分，就成为陨石，如我国的吉林陨石。一旦直径大于 50 米的近地小行星闯入地球，人类的天然屏障——大气层也无法阻挡这些不可一世、横冲直撞的入侵者，它们就会如

"通古斯卡爆炸"一样，对地球构成灾难性的危害。更大的撞击，甚至会产生如白垩纪末恐龙灭绝那样的全球性灾难，导致人类文明终结。英国科学家约翰通过计算表明，1908年，通古斯卡的爆炸即使发生在美国的乡村，也会造成6.8万人死亡和价值45亿美元的财产损失。如果发生在人口众多的国家，如中国的人口聚集区，其后果不堪设想。

流星雨

你知道吗

流星

　　流星是指运行在星际空间的流星体在接近地球时由于受到地球引力的摄动而被地球吸引，从而进入地球大气层，并与大气摩擦燃烧所产生的光迹。流星体原是围绕太阳运动的，在经过地球附近时，受地球引力的作用，改变轨道，从而进入地球大气圈。流星有单个流星、火流星、流星雨几种。大部分可见的流星体都和沙粒差不多，重量在1克以下。

　　目前科学界的共识是，只要地外撞击体的直径为0.6～5千米，就有可能使全球笼罩于撞击所造成的巨大烟尘中，太阳光将完全被阻挡，地球就会被长达数月甚至数年的黑暗和寒冷所笼罩。据研究，恐龙突然灭绝就可能是由于陨石撞击地球引起的。

　　1801年1月1日，意大利天文学家皮亚齐在火星和木星轨道之间发现新行星，这揭开了人类发现和研究小行星的序幕。谷神星、智神星、婚神星、灶神星……截至2011年5月，被编号的小行星有279 722颗，已命名的有16 000颗。

　　虽为数众多，但这些小行星体积和质量都很小。最大的谷神星直径只有770千米，不到月球直径的1/4，体积不足地球体积的1/450。1937年发现的赫梅斯小行星，直径不足1千米，只有泰山的一半高。因此到现在为止，小行星全部聚集成团，充其量只有一颗中等卫星的大小，同大行星的大小相比，真是差得太远了。

　　这么浩浩荡荡的小行星军团，多数都集中行走在火星和木星轨道之间的小行星带上，越出这个范围的极少。但也有少数近地小行星，沿椭圆轨道运行，远时可以跑到木星以外的空间，甚至跨过土星轨道之外，近时却大踏步走进地球轨道里侧，甚至深入到金星轨道之内，成为太阳家族的不安定分子，很可能是未来地球的主要"杀手"。

　　近地小行星轨道偏心率一般比较大，从它与地球之间的距离来说，一般距离较远，少有贴近到百万千米的。1937 年 10 月小行星赫姆，在地球外 80 万千米附近掠过，只相当于月地距离的 2 倍。1989 年 3 月，也有一颗小行星飞到距地球 75 万千米的位置，又远离我们而去。从辽阔的宇宙空间尺度来看，说它们与地球近在咫尺，也许并不夸张。这么多小行星在地球附近空间穿来穿去，确实让人捏一把汗。

　　根据专家的看法，直径大于 1 千米的小行星以及直径超过 600 米的彗星，原则上都有可能成为地球的潜在敌人。据天文学家计算，目前宇宙中，直径为 1 千米的"危险分子"有 1200～2000 颗。

　　那么近地小行星与地球碰撞机率如何呢？各方面估计不尽相同，出入也大。有人估计，平均几十万年或几千万年才发生一次碰撞，这对地球 46 亿多年的漫长岁月而言，可以用"司空见惯"来形容了。

　　另有分析认为，碰撞每年都发生的可能性为五十万分之一，今后 100 年发生的可能性为十万分之一。像彗木碰撞，每 1000～8000 万年有 1 次。

　　日本吉川真通过分析，指出直径为 1 千米以上的小行星撞击地球的概率为 12 万年 1 次，今后 2600 年间，有五六个小行星处于和地球较为接近的状态，最近是相距 15 万千米，约为月地距离一半。所以，所谓杞人忧天不无道理，所谓天地冲撞也并不是危言耸听，天文学家和公众应多加关注。

　　目前，从这一角度看，就算是百万分之一的机率，但为防止小天体突袭地球，人类应测算轨道，抢先预报。对此，中国天文学家通过传媒公布了科学预测：未来 100 年之内，不会有小天体撞击地球。北京天文台研究员李启斌和同事经研究后发现，21 世纪会有小行星三次"接近"地球，第一次是编号 4179 的小行星于 2004 年 9 月 29 日在距地球 150 万千米处与地球擦肩而过；第二次是 2069 年，2340 号小行星在距地球 100 万千米靠近地球，后又会于 2086 年重新来到 105 万～110 万千米的地方拜会地球。

如此巨大的威胁存在于当下，以此类推，可知在史前时期一样存在着这种风险，而且，很有可能这种威胁变成了现实，从而使得那些令今人叹为观止的史前文明遭受灭顶之灾，化为灰烬。

尽管地球上大多数的陨石坑都被自然之手抹平了，或者被海水吞没了，但科学家们还是发现了 120 多个地球上幸存下来的冲击坑，而且现在每年还在辨认若干新的冲击坑。

拓展阅读

小行星带

约 90% 的已知小行星的轨道位于小行星带中。小行星带是一个相当宽的位于火星和木星之间的地带。谷神星、智神星等首先被发现的小行星都处在小行星带内。

亚里桑那陨石坑。这是 1905 年美国工程师、企业家巴林杰首先确认的陨石坑，所以，该坑又名巴林杰陨石坑。它不仅大，而且奇特，是当地旅游观光的好去处。巴林杰陨石坑的直径约 1200 米，深约 180 米，边缘高 30 ~ 40 米，接近为四方形。如此巨型陨石坑，就是绕周边走一圈，至少也得花好几个小时。形成巴林杰陨石坑的是个"大铁块"，估计直径达 60 米，质量约 100 万吨，在 2 万年以前以每秒 20 千米的速度冲击地球，造成特大爆炸，从而给地球留下至今难愈的"创伤"。

巴林杰陨石坑

澳大利亚中部的亨伯里陨石坑群。澳大利亚中部气候干旱，亨伯里地区人迹稀少，这里保存着 13 个坑穴，其中最大 1 个是椭圆形，最长直径 220 米，深 12 米。亨伯里陨石坑的发现，得益于 1930 年 11 月 25 日的一场流星雨。

爱沙尼亚萨莱马岛的卡利湖。20 世纪 20 年代末，确定该湖是一个陨石坑，其直径为 110 米，深 22 米。在湖周围 0.75 千米范围内，还发现有至少 6 个坑。萨莱马岛位于波罗海的东侧，面积 2600 多平方千米。在不大的小岛上有陨石坑群，这是很难得的。造成该岛陨石坑群的流星雨大约爆发在 3500 年前。

加拿大魁北克省的环形湖。这里最初是一架美国飞机在魁北克省的昂加瓦地区发现的一个特别圆的小湖，后来，查明是一个陨石坑。它的直径比亚里桑那陨石坑大 3 倍，最大深度超过 500 米，据估计，陨石坑的年龄不到 2 亿岁。

我国学者徐道一、严刚等在 20 世纪 80 年代认为太湖也是一个陨石撞击坑。除此之外，我国还陆续发现了一些陨石坑。内蒙河北交界处的多伦陨石坑，直径 170 千米。吉林九台县的上河湾陨石坑，直径 30 千米。广州始兴县的陨石坑，直径 3 千米。在广东新兴县发现的陨石坑，直径达 6 千米。最近还有学者撰文指出四川盆地就是一个巨大的陨石坑。

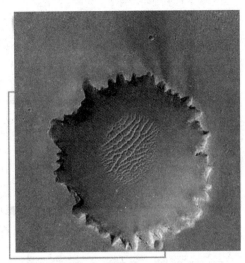

海南陨石坑

科学家还宣称在海底探明有陨石坑，并大胆提出，地球上的许多海洋盆地，甚至太平洋、墨西哥湾等，也是陨石撞击出来的。不过这种推想毕竟太不符合观测事实。

无论如何，天体冲撞地球，在地球演化中扮演了不可或缺的角色，这是多数科学家公认并认真思考过的事实。

科学家们比较一致的认识是：对地球威胁最大的主要是小行星、彗星以及流星体等近地小天体。要

被认为是来自火星的陨石

怎样避免这些威胁呢？一是把所有直径大于 1 千米的近地小天体登记在案，加强观测和监视；二是及时筛选出有危险的近地天体，及时有效预防和拦截。既然这样，那就要建设"空间警戒网"。在全球范围内建立口径不小于 2 米、专用于小天体观测的天文望远镜，并研究和实施拦截、击毁、改变小天体运动轨道的技术。最重要的是给出近地小行星的预警时间，使人类有可能做好充分准备。

天 体

　　天体是指宇宙空间的物质形体。天体的集聚，从而形成了各种天文状态的研究对象。天体，是对宇宙空间物质的真实存在而言的，也是各种星体和星际物质的通称。人类发射并在太空中运行的人造卫星、宇宙飞船、空间实验室、月球探测器、行星探测器、行星际探测器等被称为人造天体。

　　进行这项工作绝非一朝一夕之功，它需要唤起全世界的注意，集中全人类的智慧，参与到保卫地球的行动中来。

　　1993 年 4 月，天文学家们特意在意大利的埃里斯召开国际会议，共同讨论了小天体可能撞击地球的问题。会议通过并发表了《埃里斯宣言》，受到了很多国家和组织的重视和关注。他们认为，对待小天体可能撞击地球的问题，有以下策略：

策略一：让近地小天体偏离原轨道

　　首先，测定近地小天体的位置并掌握其活动特征。设法用一个很小的冲力改变天体的运行速度，使小天体偏离原来轨道，它们就不会同地球相撞。改变天体的轨道，可以通过改变其质量来实现。具体办法有：

　　（1）激光束。通过一种巨大的激光装置把极大能量投射到近地小天体一侧。激光束使被投射一侧表面温度急剧升高，从而产生裂隙并最终分离出来，这样就减少了天体质量，从而改变其运动速度和轨迹。当然这种技术要求，目前还难达到。

　　（2）质量转移器。设法在危险目标上安装一台质量转移器，让其在上面不断挖掘矿物并不断抛入太空，且持续数年或数十年，最后达到减小天体质量和改变其轨迹的目标。

当然，这种机械任务对目前来讲难度也很大。

策略二：使用核弹

在目标物上空几百米处引爆一枚核弹，可使用一个巨大的装上核弹头的拦截导弹射向目标上空，然后引爆。

该办法的原理同前面讲到的激光束一样，炸弹的能量使目标物一侧急剧升温使之分裂。

科学家们计算了各种可能性：炸弹的重量达到 1 万吨可偏转 1 千米直径的物体，大到 1000 万吨可偏转 10 千米直径的物体。这种技术被认为是最可能成功使用的手段。

策略三：直接撞击

美国人使用一颗铜质弹头的卫星，成功撞击了一颗彗星，成为当年轰动一时的新闻。这就使采用直接撞击来击毁或改变近地小行星成为现实。当然，要想精确实施，还需要做大量研究和试验。

策略四：借力打力

这一计划堪称是争议中的星球大战计划"灵巧卵石"的老大哥。它建议把体积很小的小行星准确地引入地球轨道，用来攻打一颗较大的小行星。这一办法不能说是异想天开，但尚未经过认真研究。

据中科院紫金山天文台研究员赵海斌介绍，自 2006 年 10 月我国首台近地天体望远镜投入试运行以来，3 年多的时间里共发现 721 颗小行星。这要归功于这台专门用于

紫金山天文台近地望远镜外景

近地天体搜索的、施密特型 1 米近地天体探测望远镜，它主要用于搜寻宇宙中可能威胁地球安全的近地天体。

小行星大多由石块、金属和尘埃构成，小的如卵石，大的如山脉，形状

不规则，外表暗淡。它们本该聚集在火星和木星轨道之间、被天文学家称为小行星带的地方绕太阳公转。但它们由于质量较小，常被大行星的引力摄动而远离原来的轨道。在这种情况下，地球可能成为它们的目标。

拓展阅读

紫金山天文台

中国科学院紫金山天文台，是我国最著名的天文台之一。它始建于1934年，建成于1934年9月，位于南京市东南郊风景优美的紫金山上。紫金山天文台是我国自己建立的第一个现代天文学研究机构。紫金山天文台的建成标志着我国现代天文学研究的开始。中国现代天文学的许多分支学科和天文台站大多从这里诞生、组建和拓展。由于它在中国天文事业建立与发展中有着特殊贡献，因此被誉为"中国现代天文学的摇篮"。

为及时搜索出对地球存在潜在威胁的近地天体，并加入国际小行星观测网，紫金山天文台和南京天文仪器研制中心联合研制了1米施密特近地天体探测望远镜。据赵海斌介绍，他们已向国际小行星中心上报了7万多个小行星的近30万次观测数据；发现了拥有临时编号的新小行星721个；其中40个小行星已经精确定轨，获得了永久编号。

据了解，在紫金山天文台发现并获得国际临时编号的700多颗小行星中，近地小行星"2007JW2"最引人注目，它是一颗阿波罗型近地小行星，到太阳的最近距离为6800万千米，估计直径1400米左右，绕太阳一周只需1.54年。

在国际天文学界，发现小行星的能力是一个国家天文观测能力的重要标志之一。这项工作不但对天体物理学、天体化学和生命学等学科的研究有帮助，还有利于防范小行星与地球的碰撞。

🔹 吉林陨石雨

1976年3月8日下午，我国吉林市北郊发生的一次流星雨事件，被称为吉林陨石雨。当时相当多的人都亲眼目睹一个大火球从天而降，随即分裂成许多小火球，随后许多陨石落地。陨石雨降落时，没有造成一人伤亡，这是世界陨石雨降落记录中罕见的。

据天文学家研究，1976 年 3 月 8 日 15 时 1 分左右，一颗重约 4 吨的陨石从地球公转轨道的后方以每秒 15～18 千米的相对速度追上地球。由于受到高温高压气流的冲击，陨石不断发生破裂，在 19 千米的高空发生了一次主爆裂，大大小小的陨石碎块散落下来，形成了陨石雨。吉林陨石雨降落在吉林市永吉县及蛟河市近郊附近方圆 500 平方千米的范围内。这是世界上最大的石陨石雨。当时共收集到陨石标本 138 块，碎块 3000 余块，总重 2616 千克。其中最大的一块陨石"吉林 1 号"陨石重达 1770 千克，属于 H 球粒陨石。该陨石呈棕黑色，上有气印。这也是世界最大最重的石陨石。1 号陨石溅起的碎土块最远达 150 米，造成的震动相当于 1.7 级地震，这个震波被吉林和丰满地震台记录下来，使得吉林陨石雨的陨落有了准确的时间记录：1976 年 3 月 8 日 15 时 2 分 36 秒。

吉林陨石就其数量、重量、散落范围等，在世界上都很罕见。经测定，吉林陨石雨的母体原是太阳系火星与木星之间小行星带中的一颗行星，年龄约为 46 亿年。大约 800 万年前，在一次剧烈的天体撞击事件中，该行星从距母体表面约 20 千米深处被撞击出来，改变了运行轨道，形成了一个新的椭圆形轨道，近日点 1.4 亿千米，远日点 4.1 亿千米，同地球轨道有了交叉，使其同地球相撞成为必然。

你知道吗

地球轨道

地球轨道是指地球围绕太阳运行的路径，大体呈偏心率很小的椭圆，其半长轴 1.496×10^8 千米；半短轴 1.4958×10^8 千米；半焦距 25×10^5 千米；周长 9.4×10^8 千米。地球轨道所在的平面，就是黄道面。

吉林陨石属石质陨石，学名橄榄石－古铜辉石球粒陨石，或高平衡铁（H 群）球粒陨石。鉴定出了橄榄石、斜方辉石、铁纹石、镍纹石、陨硫铁等主要矿物和透辉石、金云母、钛铁矿、铬铁矿、白磷钙矿等次要矿物近 40 种，以及某些氨基酸、卟啉、色素、异戊二烯烃、正构烷烃等多种有机化合物。它蕴藏着极为丰富的，有关太阳系起源、太阳星云的分馏与凝聚、行星的形成过程、小行星的演化、行星际空间的辐照历史和陨石降落过程的物理化学环境等的科学信息，是研究天体演化、生命起源、元素起源、空间技术以及其他多种学科不可多得的实物资料。通过对吉林陨石的研究，我国在这一领域走到了世界的前列，吉林陨石的研究成果已被公认为地外物质研究的范例。

吉林陨石雨降落时，铺天盖地的巨大声音几百里外清晰可闻。落地的巨响和冲击波，震碎了居民住宅的玻璃窗。其场面之宏大，威力之巨大，如同原子弹。然而，竟无一人伤亡，可谓一奇。

吉林陨石雨范围之大，重量之巨，数量之多，形状之奇，标本收集之多均居世界首位，它在为当代世界科学界带来了大量宇宙信息的同时，也为北国江城吉林市的旅游业增添了奇妙色彩，使吉林成为关东大地旅游观光的一道独特景观。

吉林陨石雨也为地球生命的起源和历史上曾经发生的生物灭绝带来了科学证据。

火星上的陨石坑

科学家认为，火星可能存在过生命，甚至可能是地球生命的来源之一。在"火星科学实验室"（MSL）第三次研讨会上，150名科学家投票表决了他们认为能够在火星上找到生命的最佳登陆地点。这一表决结果直接决定了2010年发射的火星探测车的着陆点。

美国的150名天文学家、地质学家和生物学家参加了"火星科学实验室"第三次研讨会。在这次会议上，科学家们投票表决了他们认为火星上最有可能存在生命的三个地点。他们投票的依据是来自火星勘测轨道飞行器的最新数据。科学家们最终选择的三个地点分别是盖尔陨坑、霍尔登陨坑以及埃伯尔斯维德陨坑。很明显，这三个陨坑都曾经是独立的湖泊，与某水系及相应的三角洲相连。投票结果和建议将帮助美国宇航局做出正确的决策——选择"火星科学实验室"火星车的最佳着陆点。科学家们认为，火星表面的所有陨坑应该都是远古时代水体的遗迹。

按计划，"火星科学实验室"于 2010 年 10 月向火星发射了一个 6 轮的探测车。这套耗资数十亿美元的火星探测车将用来拍摄火星表面的照片，以及采集火星上的土壤和岩石标本。它的主要目标就是检测火星土壤和岩石标本中是否含有适宜生命存在的化学成分。

火星探测器拍摄的陨石坑

到底哪些地点适合完成这些任务呢？科学家们进行了激烈的讨论并将候选着陆点集中于与水有关的地点。拥有深层热液出口的壕沟也曾经作为候选着陆点之一列入考虑范围之内。那些热液出口也许可以保护地下生物体免受地表辐射的毒害。但那种在江河湖泊中寻找具有光合作用功能的微生物遗迹的观点最终占据了上风。

如果仅仅在曾经有水的环境中寻找生命迹象，那肯定是一件困难的事情。因此，科学家们觉得也应该去寻找那些最能保护微生物的场所。科学家们此次选中的三个地点都存在大量的、学名为"页硅酸盐"的黏土。这种黏土在水中长期慢慢沉积，形成沉积岩，可以有效地保护生活于其中的微生物。盖尔陨坑中还包含了硫酸盐沉积物，地球上的某些生物正是以此为食。科学家

科学家在南极收集的火星陨石

认为，所选的三个着陆点对于火星探测车来说应该是比较安全的，估计的安全系数达 95% 。也许随后的模拟实验会显示靠南的某些着陆点气候过去寒冷，可能并不适合作为着陆点。如果真出现这种情况，科学家们将不得不更改候选项，其他地点也有可能会进入候选之列。

在此前的一次实验中，"凤凰号"火星探测器的机械臂在火星表面以下 2.5 厘米深处采集到 1 立方

厘米土壤，并将其送入探测器的实验分析仪器。土壤样本被倒进烧杯，与从地球上带来的水混合。分析结果显示，火星土壤 PH 值为 8 ~ 9，呈碱性。此外，分析仪器还在土壤中检测出钠、镁、钾等元素以及氯化物。"凤凰号"项目科学家、美国塔夫茨大学的塞缪尔·库纳夫说，从酸碱度等指标来看，此次分析的火星土壤与地球上一些人家后院中的土壤类似，"也许很适合用来种芦笋"。库纳夫还指出，分析表明火星北极土壤没有毒性，对生物存活似乎非常有利。地球上的类似土壤环境不仅适合种植芦笋和青豆等作物，喜好化学物质的细菌也适合在其中繁殖。不过，"凤凰号"迄今未在火星土壤样本中检测到碳元素。在地球上，碳是生命的核心元素之一。

基本小知识

细 菌

细菌，广义的细菌即为原核生物，是指一大类细胞核无核膜包裹、只存在称为拟核区的裸露 DNA 的原始单细胞生物，包括真细菌和古生菌两大类群。人们通常所说的为狭义的细菌，狭义的细菌为原核微生物的一类，是一类形状细短，结构简单，多以二分裂方式进行繁殖的原核生物。细菌是在自然界分布最广、个体数量最多的有机体，是大自然物质循环的主要参与者。

"火星科学实验室"是美国宇航局一项重要火星探测车计划。新的探测车将会比 2004 年登陆的火星探测车重 3 倍、长 2 倍。比起之前的其他火星探测器，它携带的先进的科学仪器更多。"火星科学实验室"的探测器一旦着陆，将会分析数十个样本，并将会从泥土挖出或者从岩石中钻取粉末。预计将运作至少一个火星年（约 2 个地球年），比之前任何火星探测车探测的区域更广大。它将调查火星以前或者现在维持生命的可能性。为了将"火星科学实验室"送入前往火星的轨道，必须使用一种推力格外强大的运载火箭。为此，美国宇航局已经从"大力神 5"系列火箭中挑选了一种"大力神 5 – 541"作为今后的运载工具。

"凤凰号" 火星探测器

　　水是地球生命之源，所以，探索地球以外的生命，很多是围绕是不是存在水进行的。"凤凰号"探测器在火星表面发现了可能是水的痕迹，当然也就引起了全世界的轰动。

　　"凤凰号"火星探测器于美国东部时间 2008 年 5 月 25 日 19 时 53 分（北京时间 2008 年 5 月 26 日 7 时 53 分），在火星北极成功着陆。

　　"凤凰号"于 2007 年 8 月从美国佛罗里达州卡纳维拉尔角发射，经过 4.22 亿英里（约 6.79 亿千米）的长途

"凤凰号"探测火星上的水

跋涉才来到火星。按计划，"凤凰号"将在火星实施为期 90 天的探测任务，以对之前尚未探测过的火星北极地区展开勘测，科学家们认为此处可能有大量冰藏在地表下面。"凤凰号"将研究冰是否融化过，寻找北极永冻土中有机化合物的踪迹，以确定火星是否曾经出现过生命。

　　与利用安全气囊反弹到降落地点的姐妹火星漫游者"勇气号"和"机遇号"不同，"凤凰号"着陆器是利用反冲火箭下降，这能使它更加准确地降落在预定地点。这种降落方法也更适用于更加沉重的飞船降落，美国宇航局需要利用这种方法支持可能的人类火星探索。从历史上来看，55% 尝试着在火星表面降落的努力都以失败而告终，而"凤凰号"利用的着陆方法已经有 32 年没有尝试过。

　　"凤凰号"的设计寿命为 90 天，在火星上探测的时间绝对不会有"勇气号"和"机遇号"那么长。这是因为"凤凰号"上的太阳能电池板不能产生足够多的能量，令其安然度过火星的冬天。

　　成功着陆后，重约 350 千克的"凤凰号"将在原地等候 15 分钟，待着陆

"凤凰号"在火星工作的模拟图

掀起的尘埃物质落定后，就会展开太阳能电池板，升起气象天线杆，将周围环境的第一批照片传回地面。在接下来的几个火星日，"凤凰号"将检查机载仪器，伸展机械臂铲起第一堆火星土壤样本。一个火星日约比地球上的一天长40分钟。在第10个火星日之前，"凤凰号"会进入"挖掘"阶段，每天用2小时来挖土壤。

"凤凰号"与在火星上经历尘暴考验的"勇气号"和"机遇号"火星车风格迥异。2004年登陆火星的这对孪生火星车，作业方式是在火星靠近赤道区域的表面漫游，而"凤凰号"则采取在火星北极地区"蹲点"的方式，固定在一个地方不动。

2002年，美国"奥德赛号"探测器曾在火星北纬65°以北发现大范围冻水层存在的证据。"凤凰号"就是奔着这片冻水层而去的。

科学家猜测，冻水层可能是火星远古海洋的冰冻残留物，也可能是火星大气层中的水蒸气散播到地表之下形成的，或者是远古巨大冰原后退时遗留下来的。

人类发射的火星探测器迄今为止未在火星干旱的表面发现水存在的痕迹。"凤凰号"探冰的一个重要目的，是探测火星极地的地下冰是否存在融化并创造出一个湿润的"地下小环境"的可能。

"凤凰号"的设计很独特，由3条腿支撑，机械臂长20英尺（约6.1米），由铝和钛两种材料制成，工作起来像一台反铲挖土机，一铲下去能在火星上挖出20英寸（约0.5厘米）深的沟，接着旋转就能将土壤样本取出。尽管"凤凰号"不具备直接探测火星过去或当前生命形式的功能，不过科学家仍然希望能通过它揭开火星北极圈是否含有适合微生物生存的迹象之谜。

科学家一般认为，融化的冰水、有机物质和稳定热源是生命存在的三要素。为了避免"凤凰号"无意之中将地球有机物带到火星，技术人员对"凤凰号"进行了干热处理和精确清洗，使其表面微生物数量降至最低。作为防污染的举措之一，其机械臂还被封存于特殊材料之中。

"凤凰号"上的 7 种探测工具是：

1. 长达 2.35 米机械挖掘臂，可以垂直向下深挖到火星地表下 0.5 米处的土壤，并将样本递送到两部分析仪器中。

2. 安装在机械臂末端的挖掘铲上的机械臂照相机，可以拍摄土壤以及土壤中冰的特写图像。

3. 热量和释出气体分析仪可将土壤样本放在一个微型烤箱中加热，并测量随着温度上升，样本中水蒸气、二氧化碳及挥发性有机物的变化。

4. 显微镜以及电化学和传导性分析仪器。显微镜主要用于分析矿物颗粒样本，分析细度可达到一根头发的 1/1000。电化学分析仪用于分析一些化学特性，如是否有溶解的盐分存在、土壤酸碱度等。位于机械臂上的传导探测器则可以检查土壤的热量及电传导特性。

5. 立体照相机绑在"凤凰号"的一根桅杆上，可拍摄着陆点地形的高清晰度彩色立体图像。

6. 气象站可以监测火星大气层的尘埃、温度等信息的变化。

7. 火星降落成像仪可在着陆时动态拍摄火星着陆位置的地质情况。

2008 年 6 月 15 日，"凤凰号"探测器在挖掘火星表面的红土时发现了一些发亮的小方块，但是 4 天后这些小方块消失了。2008 年 6 月 20 日，美国航空航天局（NASA）科学家正式宣布，"凤凰号"火星着陆探测器在着陆地点附近挖到的发亮物质是冰冻水，从而证实火星上的确存在水。这也是人类通过探测器在地球以外首次获得冰冻水样本。

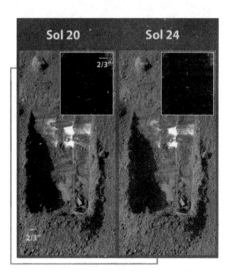

"凤凰号"发现的冰冻水

"凤凰号"探测任务负责人、美国亚利桑那大学的科学家彼得·史密斯在新闻发布会上说："我们已经找到证据，证明这些坚硬的明亮物质的确是冰冻水，不是其他什么物质。"

科学家已经排除了这些小方块是干冰或盐的可能性。因为盐不会蒸发；而二氧化碳需要更低的温度才能变成固态（干冰）。在"凤凰号"着陆地点目前白天的温度大概是零下32℃，晚间是零下80℃。在火星稀薄的大气中，干冰需要更低的温度。彼得·史密斯说，在火星上，水的沸点只有4℃，水在很低的温度下就会迅速蒸发。

知识小链接

火 星

　　火星是太阳系八大行星之一，是太阳系由内往外数的第四颗行星，属于类地行星，直径约为地球的一半，自转轴倾角、自转周期均与地球相近，公转一周约为地球公转时间的两倍。火星基本上是沙漠行星，地表沙丘、砾石遍布，没有稳定的液态水体。火星上以二氧化碳为主的大气既稀薄又寒冷，沙尘悬浮其中，每年常有尘暴发生。火星两极皆有水冰与干冰组成的极冠，会随着季节消长。

美国航空航天局科学家同时透露，"凤凰号"的机械臂于2008年6月19日在挖掘时碰到了坚硬的表层，科学家判断这很可能是更大的冰层。

科学家称，他们要探索的真相不仅仅是在火星上找到水，还要探寻火星上的矿物质、化学成分和有可能的有机化合物。

"凤凰号"火星探测器探测到了来自火星云层的降雪，而且找到了火星上曾经存在液态水的最新证据。"凤凰号"上一个用来收集火星大气层和火星表面相互作用的激光设备已经探测到火星降雪，降雪来自"凤凰号"着陆点上空大约4千米的火星云层，数据显示降雪在到达火星表面前已经气化。

负责"凤凰号"气象检测系统的加拿大约克大学教授吉姆·怀特威说，火星上下雪的景观从来没有被发现过，科学家未来将寻找可能降落在火星表面的降雪。

除了首次发现降雪，"凤凰号"还找到了火星上存在碳酸钙和黏土的线索。碳酸钙是石灰石的主要成分，在地球上，绝大部分碳酸盐和黏土只有在液态水的作用下才能形成。这些证据来自"凤凰号"上的热力与释出气体分析仪及电化学传导性显微镜分析仪。

"凤凰号"采集到的火星土壤样本被装入"热力与释出气体分析仪"进行加热，结果释放出无色气体，经质谱仪分析，这种气体就是二氧化碳，而且释放气体的温度与大家熟知的碳酸钙释放二氧化碳温度一致。通过电化学传导性显微镜分析仪检测，发现土壤样本中钙的浓度与碳酸钙缓冲液的钙含量一致。此外，通过"凤凰号"上的原子力显微镜分析，土壤中有一些表面光滑的微粒，这些微粒与黏土十分相像。

"凤凰号"将火星土壤样本放入烧杯内的水里溶解。经过一番浸泡和搅动，"凤凰号"将可以测试溶液的各种特征，以了解火星土壤的特性。"凤凰号"携带了4个烧杯用以研究火星土壤，每一个只使用一次。每个烧杯内表面安装了26个传感器，作为一种"电子舌头"去辨别火星土壤的"味道"。

"凤凰号"用机械臂上的铲子在一个名叫"仙境"的地方铲冰土，证实在一个沟壑内就可以获得表层土、表层土下面的土以及冰冻土的样本。

科学家确信，"凤凰号"在"仙境"延伸出来的一条沟里拥有完整的火星土截面。通过接触冰土，"凤凰号"上的机械臂证明自己能抹平土壤和冰交界处的土层，暴露出土壤下冰层平坦的面。现在科学家可以继续实施挖掘和将样本输送到"凤凰号"携带的分析仪器中的计划。科学家还将对样本进行试验，确定土壤中的一些冰在过去更温暖的气候环境中是否曾呈现液态。

基本小知识

气　候

　　气候是长时间内气象要素和天气现象的平均或统计状态，时间尺度为月、季、年、数年到数百年以上。气候以冷、暖、干、湿这些特征来衡量，通常由某一时期的平均值和离差值表征。气候的形成主要是由于热量的变化而引起的。

这是实现"凤凰号"任务的一个鼓舞人心的步骤，此次任务的目的是全方位研究火星的水的历史，确定火星北极土壤是否可以支持生命存在。在登陆火星后的第33天，即6月28日，美国宇航局的"凤凰号"火星登陆器拓宽了"白雪公主"沟槽并刮起了几小堆冻土。科学家们表示，这些刮下来的碎屑正是该登陆器分析仪希望得到的土样。

"凤凰号"的机械臂利用铲子上的刀片在埋在表面下土壤下面的冰层中刮了50次。然后，机械臂将这些碎屑堆成几个10～20立方厘米的小堆，每个小堆包含2～4茶匙左右的碎屑。刮削造成了一个大约2毫米深的格子。

6月29日，科学家们在表面立体成像仪拍下的照片中看到了这些碎屑，一致认为它们含有"冰层和土壤分界面接近完美的样本"，并命令机械臂铲起一些碎屑用仪器进行分析。

铲子首次把纹理相当细密的物质撒到热力与先进气体分析仪上。这个分析仪带有小型烤箱，用于烘烤和嗅探土壤，看是否含有像水一样的挥发性成分，从而确定冰的溶点。

"凤凰号"的总体任务将是：挖掘在表面下土壤下面结成冰的水；触摸、查看、蒸发、嗅探土壤和冰，查明火星上是否存在过液态水；确定火星北极土壤是否可以支持生命，并通过极地全景镜头研究火星气候。

▶ "卡西尼号" 土星探测器

"卡西尼号"是"卡西尼－惠更斯号"的一个组成部分。"卡西尼－惠更斯号"是美国国家航空航天局、欧洲航天局和意大利航天局的一个合作项目，主要任务是对土星系进行空间探测。"卡西尼号"探测器以意大利出生的法国天文学家卡西尼的名字命名，其任务是环绕土星飞行，对土星及其大气、光环、卫星和磁场进行深入考察。

1997年10月，重6吨的"卡西尼号"星际探测器发射到飞往土星的轨道。这是20世纪最后一艘行星际探测的大飞船。

"卡西尼号"需要用7年时间才能飞达土星轨道，在2004年飞抵土星，进入环绕土星运行的轨道，释放出"惠更斯"探测器飞往土卫六。

知识小链接

土 星

土星为太阳系八大行星之一，至太阳距离位于第六、体积则仅次于木星。它与木星、天王星及海王星同属气体巨星。

"惠更斯"的任务，就是要穿入土卫六的大气层，在近3小时的减速下降过程中，把探测大气层时所得到的数据和图像，用无线电信号传送给轨道上的"卡西尼号"飞船，然后再传回地球。人们希望知道，土卫六的表面，是一片汪洋，还是坚实的土地，或者有山有水。研究土星的这颗卫星，将有助于了解地球的发展历程。

在太阳系各大行星及其卫星中，只有地球和土卫六大气层中富含氮。据推测，早期地球上也许存在大量类似甲烷的碳氢化合物。科学家们说，土卫六上可能冷藏着很多化合物，一些类似化合物也许在生命诞生之前就存在于地球上。甚至有科学家认为，"卡西尼号"以及"惠更斯"的探测结果显示，土卫六将比现阶段的地球与早期地球更为相似。

"卡西尼号"

在整个探测过程中，"卡西尼号"每天都将传回数十亿字节的数据。当飞船电脑的内存记录满数据时，就会将高增益天线对准地球，地球上的太空跟踪网的一个直径70米的天线会接收到这些数据，供来自世界范围内的200多名科学家进行分析研究。

另外，飞往土星的"卡西尼号"飞船还携带了一张记录有来自全世界81个国家、超过61.6万人的签名，以带去人类的良好祝愿。

地球深处之谜

我们脚底下的地球深处是什么样子？这也是多少年来人类一直试图搞清楚的事情。法国科幻小说作家儒勒·凡尔纳在他的《地心游记》中，绘声绘色地描写了几个人从冰岛钻进地下，结果居然从意大利脱险的奇妙探险经历。他们历尽艰辛，一路上遇到地下海洋、生活在地下海洋中的巨大怪兽，甚至还有史前人类遗迹，他们奇遇怪兽和地下洪水并且利用岩浆喷发脱险，最后安全返回地面。

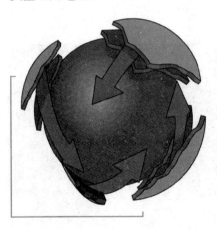

地壳运动示意图

那么，地球深处到底是个什么样？这个问题一直在吸引人们。1912 年，德国科学家魏格纳提出"大陆漂移说"，他发现各大洲弯弯曲曲的海岸线居然可以惊人地镶嵌、吻合，指出现在人们所看见的大陆，实际上可能是由一个原古大陆分裂形成的。实际上，任何小孩都能从世界地图上看出，非洲和南美洲的外形很吻合，就像拼图玩具的各个块。在魏格纳之前人们也注意到了这一点，但是，他们认为这是一种巧合或上帝的意志。"大陆漂移说"打破了大家一直认为的地球从形成之时起，陆地就亘古不变的想法。魏格纳发现不同大陆之间有两种联系：一是地质学上的联系，同时代、同种类的沉积物出现在宽广的大洋的两岸。二是相似的古代动植物化石出现在不同的大陆。尽管这种相似性很少存在，每个洲都有自己独特的动植物群。然而，在不久的过去，一些植物和动物不止在一个洲存在。一个鲜明例子是舌羊齿属种子蕨，它生活在 2.7 亿年前，遍布今天的南美洲、非洲、澳洲和亚洲等地。魏格纳清楚地意识到曾经存在一个"超大陆"。1915 年，他出版了《海陆的起源》，在书中他详细地陈述了这一理论，即地球上所有的大陆曾经有一个共同的"母亲"，他称其为"联合古陆"。

　　然而，以哈罗德·杰弗里斯爵士为首的大多数地球物理学家通过对地震的研究发现，地球内部是完全刚性的，大陆怎么可能移动呢？当时魏格纳的支持者不能提供任何有力的证据来证明大陆运动是可能的。

　　直到魏格纳死后的 30 年，即 20 世纪 60 年代，一些证据才被发现。为了发展核潜艇技术，不仅需要海面地图，而且需要绘制精确的海底地图。美国海军投入巨资采用回声探测技术绘制海底地图，这种技术用于记录小型爆炸物投入到水中所产生的震动。在此之前人们猜想海底经过数百万年的海水运动和沉积物的磨损，应该是相当光滑的，事实却令人吃惊。

　　最令人惊讶的发现是，"海底居然有一个连续的山脉，它整整环绕地球一圈。""事实上，这是地球上最长的山脉。"更令人惊奇的是，海底存在断裂带，从与海底山脉成直角的方向被切割成许多块。这个发现意义重大，很显然海底不像以前认为的那么古老，它也与陆地一样受到火山和地震活动的侵袭。1960 年，普林斯顿

你知道吗

火　山

　　地壳之下 100 至 150 千米处有一个"液态区"，区内存在着高温、高压下含气体挥发份的熔融状硅酸盐物质，即岩浆。它一旦从地壳薄弱的地段冲出地表，就形成了火山。火山爆发能喷出多种物质。

大学的哈里·赫斯创立了一个新的关于海底变迁的理论，在赫斯看来，海底有洋中脊（海底山岭）和海底平顶山。洋中脊很明显正在上升，但是海底平顶山很显然正在沉没，它们的顶部可能曾经升出过海面，山顶可能是曾经受到侵蚀而变平的。这意味着海底岩石的密度比陆地的大，这造成它们沉入上层地幔——位于地球表面地壳和地核之间。上地幔和下地幔包含的物质密度从下往上逐渐增加。赫斯相信深海山脉肯定是因为一些内部力量被推上来的，然后再次沉没。他把这视为持续改变海底形状的巨大的"传送带"。海底不是平坦和静止的，而是在不断进行自我改造。

　　剑桥大学的研究生佛瑞德·凡因听了赫斯的一次著名演讲后，把赫斯理论又向前推进了一步。凡因被派去分析英国测量到的印度洋的地磁结果，之后他获得了一个重要发现，那就是地球的磁场在地球历史上曾发生过多次反转。指南针现在所指的方向是北极，但是当磁场反转时，它所指的方向是南

极。科学家发现，火山岩浆冷却成岩石时会捕获空气中的氩气，利用氩气的放射性衰变就可以测出岩石的年龄。加州大学伯克利分校的科学家对岩石年龄的测定结果表明，地球磁场确实大约每百万年反转一次。

1963 年，凡因与他的督学德拉蒙·马修斯得出结论：在海底肯定有两条"传送带"，分别位于洋中脊的两边，滑向一边，每次当磁场反转时会造成条形效应。一些科学家所做的进一步的工作支持了赫斯和凡因的理论，阐明了海底的相邻部分经常不断地沿着断裂地带的边界彼此滑过对方。更有甚者认为，构成海底的岩石没有一块的年龄是超过 2 亿年的，比大陆的年龄几乎轻 10 倍。

这种海底的滑动促使许多科学家开始重新思考长期被忽略的魏格纳的单一联合古陆的思想。如果在海底经常发生运动，大陆本身难道就不会移动吗？甚至连极其缓慢的移动也没有吗？许多地质学家和地球物理学家开始寻找能证明大陆确实在移动的证据。一些科学家在研究了 1964 年 3 月在阿拉斯加州安克雷奇发生的一场里氏震级为 8.6 级的大地震后认为，该地震发生区域的陆地上没有大的断层线，那么断层线肯定是在近岸的海洋中。一些地质学家指出，在世界上一些地区，海洋地壳正沉入地球内部，下沉的过程中，甚至可能挤入大陆地壳的下面，把大陆地壳抬起而造成地震。

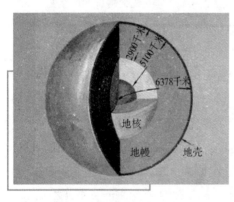

地球构造示意图

地球的板块构造论由此诞生。大大小小的板块构成所谓的"岩石圈"，这是地球的外壳。人类生活所涉及的地壳只是岩石圈的顶部，平均约有 354 千米厚，这些岩石圈板块一直在运动。这种运动已经通过卫星被测量到了。这种运动速度很慢，通常每年不足半英寸（约 1.27 厘米），但是经年累月加起来，就很可观了。在不同地方，一个板块从另一个板块的上面经过（有时是互相经过对方）会造成板块突然失衡，结果会引发地震。两个板块施加在彼此之上的压力突然变得很大，有时必须释放——当一个板块或另一个板块断裂的时候，会发生大规模的地壳运动。

越往地球内部，科学的猜测性就越大。外部地壳在大陆部分为 321 千米厚，延伸到海底仅有 24 千米厚。上地幔主要由橄榄石和过氧化物，还有石榴石等矿物质组成；下地幔也由相似的岩石组成，但密度更大，因为它承受的压力更大。这种高压力和地球深处的高温，是把碳变成金刚石的原因之一。金刚石在火山喷发中从下地幔喷射出来，被埋葬在熔融的火山岩浆中，冷却后成为玄武岩。科学家把金刚石放在高压和实验室中用激光束照射产生的高温环境下，制造出极其少量的高密度的被称为钙钛矿的矿物结构，正是这种钙钛矿组成了下地幔。

地幔之下是一个液态（熔融态）的铁和镍的外部核心，以接近太阳内部温度的状态在晃荡着——也许是猜想，但有很好的理由相信这个猜想是对的，在这么深的地球内部，科学家只能依靠推测。人们猜测熔融的地球外部核心包围着一个由铁和镍组成的固态内部核心。为什么熔融的外部核心不能熔化内部核心？有人猜想可能在一些地方，外部核心地狱般的温度会大大下降，这可能应归功于对流（它可以在实验室中以一种低得多的温度产生）。对流造成最热的物质像羽毛一样向上运动，把顶部更冷的物质替换下来，然后这些物质冷却后又下沉到底部。

拓展阅读

生态系统

生态系统指由生物群落与无机环境构成的统一整体。生态系统的范围可大可小，相互交错，最大的生态系统是生物圈；最为复杂的生态系统是热带雨林生态系统；人类主要生活在以城市和农田为主的人工生态系统中。生态系统是开放系统，为了维系自身的稳定，生态系统需要不断输入能量，否则就有崩溃的危险；许多基础物质在生态系统中不断循环，其中碳循环与全球温室效应密切相关。生态系统是生态学领域的一个主要结构和功能单位，属于生态学研究的最高层次。

地球是一个"活"的星球，不仅是因为地球表面是由动植物构成的生态系统，还因为地球表面主要部分被水覆盖，动植物才能在这种平衡的大气系统中繁衍生息。也许因为在太阳系中地球恰好具有多种条件才能成为一个固体星球——一个能保留水的具有坚固的表面的世界。

但是，就像宇宙的形成可能会是永远也解不开的世界之谜一样，对于地球深处在发生什么可能也是永远不得而知的。但即使如此，也不会妨碍人们探究地球深处奥秘的兴趣，因为人对未知之谜是永远抱有好奇心的。

海底黑烟囱与火山爆发

你知道吗

硫 化 物

无机化学中，硫化物指电正性较强的金属或非金属与硫形成的一类化合物。大多数金属硫化物都可看作氢硫酸的盐。由于氢硫酸是二元弱酸，因此硫化物可分为酸式盐、正盐和多硫化物三类。

有机化学中，硫化物指含有二价硫的有机化合物。根据具体情况的不同，有机硫化物可包括：硫醚、硫酚/硫醇、硫醛、硫代羧酸和二硫化物等。

海底烟囱又称海底烟筒。在大洋中脊或弧后盆地扩张中心的热液作用过程中，由于热液与周围冷的海水相互作用，使热液在喷出口附近形成几米至几十米高的羽状固体－液体物质柱子，形似烟囱，故名。

因组分和温度差异，热液可形成黑、白两种不同的烟囱：一般海水温度达300℃～400℃时，形成黑烟囱，是暗色硫化物矿物堆积所致，主要矿物有磁黄铁矿、闪锌矿和黄铜矿；而温度为100℃～300℃时，则形成白烟囱，主要由硫酸盐矿物（硬石膏、重晶石）和二氧化硅组成，在烟囱附近散落有暗色硫化物和硫酸盐矿物并形成基地小丘、分散小丘等。

海底烟囱，可反映热液作用不同阶段的物质来源和温度条件，在其附近水温达300℃以上，压力亦很大，但周围生长有许多奇特的蠕虫、贝类生物群体，似白烟雪球。它们有时会消失得无影无踪，可能与热液喷口周围温度及物质变化有关。这种生物现象，被认为是当代生物学的奇迹，已有不少学者以此作为探索生命起源和演化的重要场所。

中国科学家在河北省长城附近采集的矿石标本中，找到了距今14亿年前的海底原始生命的遗迹。专家认为，该发现对揭示生命起源和探寻外星生物都具有积极意义。

北京大学地球与空间研究学院教授李江海在分析从河北省兴隆县离长城

约10千米处带回的硫化物矿石时，和同事借助电子显微镜发现了"已经成为化石的球状和丝状细菌"。

中国科学家研究后认为，这些大小只有几微米，甚至更小的细菌化石，存在于14.3亿年前的海底黑烟囱（堆积在海底火山附近的硫化物）中。李江海说："它们（细菌）不但可以适应高温、高压、没有阳光和缺乏氧气的极端环境，而且可能借助黑烟囱喷发的硫化氢等物质，把对普通生命有毒的气体转化为养分。"此次发现的古细菌遗迹在中国已发现的同类细菌中是最古老的，它不但动摇了"万物生长靠太阳"的传统理论，而且为"地球早期生命起源于海底黑烟囱"的推论提供了地质证据。

现在，科学界关于生命起源的普遍疑问是，早期地球大气圈缺乏氧气，也没有臭氧层来抵御能杀死陆地和浅海生物的太阳紫外线，原始生命如何在此条件下生存繁衍的。对此，中国科学家认为长城脚下的发现支持了"海底深处是地球早期生命避难所"的观点。"接下来尚有大量工作需要开展，包括对野外地质的深入考察，对细菌遗迹

海底黑烟囱周围的海底生物

特征、类型的甄别。"一位科学家说，"另外，还需要与其他原始生命记录，以及现代海底黑烟囱周围的微生物进行对比研究。"

知识小链接

臭 氧 层

臭氧层是指大气层的平流层中臭氧浓度相对较高的部分，其主要作用是吸收短波紫外线。大气层的臭氧主要由紫外线打击双原子的氧气，把它分为两个原子，然后每个原子和没有分裂的氧合并而成。臭氧分子不稳定，紫外线照射之后又分为氧气分子和氧原子，形成一个继续的臭氧氧气循环过程，如此产生臭氧层。自然界中的臭氧层大多分布在离地20～50千米的高空。

据资料记载，此前，国外一些科学家曾在现代海底黑烟囱中发现了大量活动的微生物及其化石遗迹。经过科学测试后证实，这些细菌的基因组是所有地球生物中最原始的。

此外，李江海还认为，在长城附近的发现"还为人类寻找外星低级生命的努力展现了良好前景"。他说，既然早期地球上曾生存着无需氧气和阳光的细菌，那么不排除在其他星球上也将找到这种能忍受"极端条件"的低等生命及其化石记录的可能，"因为它们依靠硫化物的化学合成过程就可以生存"。

这位科学家说，目前国际同行大量的研究表明，在与地球早期环境最接近的火星、木星的欧罗巴卫星上很可能发现此类原始生命的痕迹，"因为这些星球早期都可能有过海底黑烟囱的环境，具备早期生命起源和生存的地质条件"。与地表的火山喷发一样，在海底也存在类似的释放能量的地壳运动形式。当海底喷出的岩浆的外围遇到冷的海水时会发生凝固，而内部由于高热和气体喷射，同时未受低温冷却的缘故却继续上升，这样就会形成烟囱状结构，这就是所谓的海底烟囱。

与此同时，海水是存在静水压的，海水每加深 10 米就相当于增加了 1 个大气压。目前已经探明的海底最深处为 12 000 米，也就是有 1200 个大气压，相当于 120 兆帕，而大多数地方的海底深度都在 3000 ~ 8000 米，也就是存在 30 ~ 80 兆帕的压力。此外，烟囱周围的海水由于受岩浆的加热，温度会升至 200℃ ~ 500℃，甚至更高。这样在海底烟囱附近就形成了一个高温高压的热液区环境。

在如此的高温高压条件下，一些火山气体如 CO_2、CO、H_2S 等在岩浆矿物的作用下会发生反应生成一些简单有机物，包括一些生物分子的合成；随着溶液和岩浆的扩散，在烟囱中心与常温海水之间会存在一个温度场，在离烟囱中心较远温度相对较低的附近区域，生物分子趋于稳定，分子之间通过相互作用可能生成大分子体系，如蛋白、核酸等；在一些特殊的孔状结构的矿物中，新合成的生物分子沿着矿物表面扩展和延伸，则会产生原始细胞膜结构，这种细胞膜在孔状结构中发生闭合，将其他生物分子包裹在内，这样最原始的生命就以单细胞的形式出现了。

科学家经研究还发现，很多古菌是生存在高热（100℃以上）、高盐、强酸或强碱等极端环境中的，这可以解释为什么古菌诞生于原始地球的极端恶劣环境中。在一些高热体系中，如我国云南境内的腾冲热泉和美国黄石国家森林公园中的地热区，都发现有古菌的大量生存。当然也有些古菌能够在沼泽、废水和土壤中生存。还有一些能产生甲烷的古菌生存在动物的消化道中，如反刍动物、白蚁或者人类的消化道。但是更多的古菌有嗜热倾向，在海底烟囱附近就发现有大量古菌。所以有理由相信海底热液区是地球生命共同祖先古菌的诞生地，也就是说地球生命起源于海底烟囱。

关于这一假说，还有两个侧面的间接证据。其一，地质古生物学研究表明，地球生命诞生于35亿年前，而这个时期地球是频繁遭受大量的陨石撞击的，这种大规模的撞击事件对地球生物有着致命的打击，其产生的冲击波和热量足以摧毁任何形式的地面生物。这个时候地球最早的生命形式假设是诞生于海底，则无疑可以躲避这种灾难。其二，现有研究表明原始地球大气不同于现在，是缺乏氧气的（氧气含量的大幅度提升大约发生在23亿年前）。没有氧气也就谈不上臭氧层，没有臭氧层的保护，如果地球早期生命是诞生于陆地或地表，毫无疑问，它将完全暴露于紫外线尤其是近紫外的辐射之下，这将会导致生物物种的灭亡。相反，如果它是深藏在海底，则将可以安全地度过地球无氧期。

火山爆发是可怕的自然灾害，具有惊人的杀伤力。1883年，当印度尼西亚的克拉卡陶岛的火山爆发时，地下爆炸所产生的冲击气浪竟环绕地球转了3圈。火山爆发的吼声，传到了周围数千千米远的地方。海水先是打着漩儿迅速退离海岸，然后又以排山倒海之势猛冲上岸来！因海底爆炸而掀起的滚滚巨浪，冲过太平洋，一直抵达美洲和

火山爆发

非洲海岸，并绕过好望角冲到了英国和法国海岸！高达30~40米的海浪撞击在英吉利海峡两岸，吞没了这一带的村庄和森林，冲倒了阻挡它前进的山丘！因这次水灾而死亡的人数多达3.6万人。

事后，目睹这次灾难的一些海员们说，当时，他们的轮船正停泊在苏门答腊岛的海湾里。突然间，只见可怕的乌云遮住了太阳，火山灰铺天盖地地

从天而降，后来竟变成了油乎乎的黏东西。海员们感到呼吸困难，透不过气来。天色越来越黑，海面像开了锅似的沸腾不止。当时，许多海员都认为世界要完蛋了！

这次火山爆发后形成的大量尘埃向西方运动。一个月之后，火山灰形成的乌云绕地球上空一圈，又过了两个月以后，整个地球的大气层里都充满了火山灰微粒，使全世界一度变得天昏地暗。甚至在好几年内，在欧洲仍可以观察到火山灰云。

据统计，在最近9000年以内，地球上一共发生过大约5500次火山爆发事件。其中某些火山的大爆发，甚至改变了地球上一些地区的历史进程。例如，公元前1470年地中海的圣托林岛上发生过一次强大的火山爆发，竟毁灭了这个古代文明社会。有些人认为，关于大西洲的神话传说就是因这次灾难而产生的。

拓展阅读

火 山 学

火山学是一门研究火山、熔岩、岩浆及相关地质现象的学问，研究它的人被称为火山学家。火山学家常常要实地造访火山（特别是活火山）来观察火山喷发，采集喷发的产物，例如火山喷发的碎屑、岩石及熔岩样本等。火山学的另外一个研究的重心是预测火山的喷发。目前并没有准确的方法可以预测火山的喷发，但是预测火山的喷发如同预测地震一样可以避免灾害。

在古罗马神话中有一位火神，他是分管火与铁匠的神仙（不过，应该在古希腊神话中寻找他的"家谱"——就和罗马万神殿里的诸神一样，在古希腊神话里，火神与赫菲斯特是一个人）。古人相信，火神在地底下有一个打铁坊；他们甚至还能知道它的准确位置在位于意大利海岸附近蒂勒尼安海里的一个不大的岛上。这个岛上有一座山，山顶上有一个深深的陷坑。每当火神在自己的打铁坊里开始工作的时候，山口里就吐烟喷火！于是，罗马人就把这个岛连同岛上的那座山，统统都叫火神。

后来人们就将凡是吐烟喷火的山都叫火山。从这个词又引伸出了火山学——专门研究有关火山情况的一门新学科。

　　历史文献上说，早在公元前 500 年左右，人们就对研究火山产生了兴趣，研究火山的第一个人，是来自阿格里琴托（意大利西西里岛上的一个城市）的希腊唯物主义哲学家恩培多克勒。

　　恩培多克勒提出的关于万物皆由四个"根源"（即土、水、空气和火）所组成的学说，在以后好几个世纪里得到了几代哲学家们的不断发展。在古希腊罗马哲学中，恩培多克勒最早阐述了大自然中矛盾的辩证思想。他认为，元素的结合与分离都是"爱"和"憎"这两种不可调和的力量相互斗争的结果。有人还说，恩培多克勒天才地悟出了动物进化的规律性——达尔文从中总结出了生物进化论的这个无可辩驳的自然选择规律。

　　为了认清火山的本来面目，这位伟大的古希腊哲学家的晚年，一直是在西西里岛上的埃特纳火山旁度过的。据有关人士推测，恩培多克勒本人就是在公元前 430 年的埃特纳火山爆发中不幸身亡的。那次火山爆发时所形成的火山口，现在就叫"哲学家之塔"。

　　地球上大约有几千座火山——正在活动着的火山，很久以前或不久以前爆发过的火山，沉睡的、说不定是什么时候就会爆发的死火山。其中的某些火山已经变得面目全非了，只有科学家们根据种种迹象才能判断出它们曾经是火山。

　　太平洋诸岛和沿岸地区的火山特别多。科学家们开玩笑地把它们统称为"火项链"。这个"火项链"包括了堪察加群岛、日本、菲律宾、印度尼西亚、新西兰和美洲西海岸等地区的所有火山；最后，这条"项链"在阿拉斯加和阿留申群岛一带合拢在一起了。

　　火山的活动期和沉睡期是交替进行着的；有时，它竟要"沉睡"数百年之久呢！然后，说不上那一天又会突然"醒"过来。公元 79 年，维苏威火山就是如此。

　　地质学家们知道，有些地方看起来根本没有火山，但实际上却不然，有时看来只是个小山丘，但昔日在这里的确曾有过惊天动地的火山爆发。

　　在上述"火山链"地区，人们通常能发现一些丰富的金属矿床——凝固在地球表层下的岩浆矿脉。因此，古火山地质学家对古老火山的研究是特别仔细的，试图竭力搞清它们在矿区形成中所起的作用。

　　用通俗的科学理论来说的话，对火山活动可以有以下解释。

地球内部的温度非常之高，压力非常之大。据估计，地心的温度可高达4000℃～5000℃。地心的压力就更加难以想象。据推测，在如此高压下，即使温度再高，组成地核的物质仍然是处于固体状态的；只有地核的外部才呈现出液体状态。在接近地面的那些地方——在地壳内被科学家们称为地幔的地层内，温度要低一些，压力也小一些；于是，在这里就可以产生形成火山源的条件。岩浆就是在这里形成的——由组成地幔和地壳的那些物质熔化后而形成的。因为地壳的成分中有80%都是硅酸盐，所以岩浆主要是由熔化了的硅酸盐所形成的。

地球外壳是从来没有停止运动的，大陆板块在缓慢地移动，不停地上升或下降，因此而形成了一条条深深的裂缝和通道；而这些裂缝与通道中灌满了岩浆。岩浆在其中被周围物质挤压着，只得沿着空隙奔流不止，最后就以岩脉的形式凝结了；岩浆在上层障碍比较薄弱的地方冲出地面来，于是便形成了火山爆发。

岩浆里含有大量气体，当它到达地壳表层时，这些气体就首先喷出地面。正因为如此，每当火山开始爆发时，火山口上空总是首先升起烟柱——它是水蒸气、热气和火山灰的混合物。

和烟柱同时冲出地面的是一些火山灰和石块之类的杂物。火山内部的压力是如此之大，以致能使其中的石块像炮弹似的弹上8～9千米的高空。然后才喷出岩浆，炽热的、耀眼的和沸腾着的岩浆溢出火山口，一条条火河冲下山坡来，烧毁了它前进道路上所遇到的一切东西。

火山喷发流出的岩浆

人们将溢出地面的、排泄了其中大部分气体的岩浆称为熔岩。

考察结果证明，火山源常常是在50～100千米深的地壳中形成的；但是，也不排除下列情况：火山源"吞食"着从更深处——地幔与地壳分界处上升起来的物质，而这些地方大约要深达3000千米！

由此可见，火山爆发的基本

"启动机制"与岩浆中的气体积累情况有关，当岩浆中的气体压力高于压迫它的地层压力时，一场可怕的火山爆发就在所难免了！

英国科学家认为，人类有可能在一次超强度的火山喷发中毁灭。大不列颠公共大学的斯蒂芬·塞尔夫在一次答杂志记者问时称，目前还没有任何办法可以阻止这种灾难。当前科学家们正在忙着制定种种抵抗"外部威胁"的战略，比如说如何阻止小行星同地球相撞，却很少去考虑主要危险有可能来自地球内部。

地球物理学家们断言，有些火山的喷发强度要比过去的大好几百倍，而且地球在出现文明前不久曾经历过如此大规模的灾难。

基本小知识

地球物理学

地球物理学是地球科学的主要学科，它主要用物理学的方法和原理研究地球的形成和动力，研究范围包括地球的水圈和大气层。地球物理学研究广泛的地质现象，包括地球内部的温度分布；地磁场的起源、架构和变化；大陆地壳大尺度的特征，诸如断裂、大陆缝合线和大洋中脊等。现代地球物理学研究还可延伸到地球大气层外部的现象，甚至延伸到其他行星及卫星的物理性质。

美国地质学家早些时候曾在黄石国家公园发现了火山灰死层，他们认为其形成的原因是发生在 62 万年前的一次超级火山喷发，结果是至今这里还可以见到一些漏斗形的大坑，它们都是那些毁灭性的火山喷发形成的火山口。

在写给英国政府自然灾害工作小组的报告中，对这种超级火山喷发所造成后果曾有过详细的描述：很大一片地域会被熔岩覆盖，而且撒向大气层的尘土和灰烬将会使不少阳光到达不了地球表面，这无疑会使全球性的气候发生变化。

据纽约大学的迈克尔·拉姆皮诺称，发生于 7.4 万年前的苏门答腊火山的超强度喷发曾导致全球变冷和北半球 3/4 的植物毁于一旦。

中国最早记录的活火山是山西大同聚乐堡的昊天寺，那个火山在北魏（公元 5 世纪）时还在喷发（据《山海经据》记载）；东北的五大连池火山在 1719 年至 1721 年，也猛烈喷发过，《宁古塔记略》中详细地描述过它喷发的

汤加海底火山爆发

情形；1916 年和 1927 年，台湾东部海区的海底火山先后爆发过两次，呈现出"一半是海水，一半是火焰"的壮观景象；1951 年 5 月，新疆于田以南昆仑山中部有一座火山爆发，当时浓烟滚滚，火光冲天，岩块飞腾，轰鸣如雷，这种情况整整持续了好几个昼夜，喷出的物质堆起了一座 145 米高的锥状体；至于台湾北部海拔 1130 米的活火山——七星山，迄今还在喷发着大量硫黄热气体。

2008 年 5 月 2 日，柴藤火山突然活动加剧，喷发出大量气体和火山石，与此同时开始喷射岩浆。火山爆发还引发了地震，周围的居民被紧急疏散。科学家通过研究揭开了柴藤火山爆发如此迅猛的原因。

柴藤火山邻近柴滕市，位于智利首都圣地亚哥以南约 1200 千米。柴腾火山喷发如此突然，主要是因为它属于流纹熔岩火山。这种火山的岩浆富含二氧化硅且处于不断的流动之中，经过一段时间的能量积累后，很容易在瞬间爆发。当时，火山附近的柴滕、富塔莱乌富及帕莱纳等区市的 8000 多居民在智利军警的帮助下成功撤离。但是，科学家警告说，生活在其他地区流纹熔岩火山附近的人可能未必就这么幸运了。瞬间发生的火山喷发使人们没有逃生的时间。

根据英国《自然》杂志发表的研究报告，柴腾火山的岩浆以每秒 3 英尺（约 0.9 米）的速度向上喷涌，在大约 4 小时内从深度超过 5 千米的地下喷发到火山口表面。柴腾火山的巨大破坏力和爆发突然性及其罕见程度，使它成为第一个能够利用科学手段进行评估测度的流纹熔岩火山。然而，还有很多巨大的流纹熔岩火山区分布在美国的怀俄明州、加利福尼亚州和墨西哥州以及日本诸岛和新西兰的陶波火山带等地。科学家认为，尽管流纹熔岩火山喷发并不常见，但其研究结果对于增强对潜在活火山喷发的监控仍然具有重要的预警作用。

最新科学发现表明，火山喷发产生的气体可能是过去 5.45 亿年间大量物种（包括恐龙）灭绝的原因。

现在印度境内的德干岩群是一系列火山喷发活动后的产物。6500万年前的火山喷发使空气中充满硫黄，并对地球的气候造成了极具破坏性的影响。

大型的火山喷发还形成了"洪流玄武岩"，并且是造成史上周期性大量物种灭绝的两个主要原因之一。

另外一个原因是小行星活动的影响，这被认为是6500万年前恐龙灭绝的最重要原因。

从前，研究人员对火山的杀伤力一直心存怀疑，因为他们不知道火山喷发究竟能释放多少有毒气体。但是在对德干岩石的研究中，一支英国考察队发现了至关重要的线索，揭开了原始火山气体成分的神秘面纱。

广角镜

物种灭绝

物种灭绝泛指植物或动物的种类不可再生性的消失或破坏。一株植物枯萎，一只动物死亡，有时并不仅仅意味着单个生命有机体的消失，也许凑巧是整个此类物种的灭绝。在世界范围内，生物物种正以前所未有的速度消失。而其中有一些物种已灭绝。1681年，渡渡鸟便在地球上消失了。从1600~1800年，地球上的鸟类和兽类物种灭绝了25种；从1800~1950年地球上的鸟类和兽类物种灭绝了78种。

他们在《科学》杂志上撰文总结道，火山喷发释放的含有大量硫黄和氯气的气体，很可能对环境产生严重影响，"在大片洪流玄武岩形成的同时，许多物种神秘地消失了"。

冰河期之谜

现在人们对"冰河"这个词已经十分熟悉。人们相信，随着几百年的工业化发展，气候恶劣变化的趋势越来越明显，许多冰川可能会在短时间内全部融化。

在过去的3.5亿年间，地球上曾经出现过多次极其寒冷的冰河期，而位于两个冰河期"山峰"之间的较为暖和的"山谷"便是间冰期。恐龙生活了2.5亿年，当它们在地球上悠闲地散步的时候，地球比现在热得多，那时候北极附近也长着绿树。据推测，最后一次冰河期结束于 1.2 万年前。

南极冰川

他因此得出结论：冰河曾经覆盖的地区远不止阿尔卑斯山和其北部地区。后来，随着地质学家的继续研究，更多的这种含有化石的地层被发现了。这意味着冰河有好几次沿着欧洲和北美洲向南部移动，每次开始新的移动之前都隔了一段很长的时间。一种对地球过去的新的认识诞生了：地球曾经遭遇过多次的冰河期。

20 世纪 20 年代，南斯拉夫数学家米卢丁·米兰科维奇精确地计算出了影响地球在太空运行的三个重要因素。第一，地球以椭圆轨道运行而不是正圆——它的轨道更像一个鸡蛋的形状而不像一个篮球的圆形。另外，这个轨道会从椭圆形逐渐向圆形转变，然后又变成椭

让·路易·阿加西这个瑞士科学家起初是一个动物学家，后来成为现代地质学的奠基者之一，1846 年移居美国后成为哈佛大学的教授，他的思想影响了一代科学家。当他于 19 世纪 30 年代在瑞士阿尔卑斯山研究冰河的时候，他注意到阿尔卑斯山缩小过，并发现了在英格兰到处都能找到的牡蛎壳化石。

拓展阅读

冰期影响

冰期对全球的影响是显著的。

1. 大面积冰盖的存在改变了地表水体的分布。晚新生代大冰期时，水圈水分大量聚集于陆地而使全球海平面大约下降了 100 米。如果现今地表冰体全部融化，则全球海平面将会上升 80～90 米，世界上众多大城市和低地将被淹没。

2. 冰期时的大冰盖厚达数千米，使地壳的局部承受着巨大压力而缓慢下降，有的被压降 100～200 米，南极大陆的基底就降到海平面以下。北欧随着第四纪冰盖的消失，地壳缓慢在上升。这种地壳均衡运动至今仍在继续着。

3. 冰期改变了全球气候带的分布，大量喜暖性动植物物种会灭绝。

圆形，这个周期为 10 万年。第二，地轴是倾斜的，与铅垂线方向的倾角在 21.5°～24.5°（目前正在这两个极值的中间）变化，变化周期为 4.1 万年。第三，地球还围绕地轴作螺旋形自转，就像一个"摇头晃脑"的陀螺，这种摆动称为"岁差"。它保持 2.2 万年的周期，另外每隔 1.9 万年会出现一次小的跳跃。

米兰科维奇认为当"岁差"周期和倾角周期达到它们的极端的时候，到达地面的太阳能将大大减少，冰河将再一次开始扩张。科学家们尽管对影响地球环绕太阳运行的椭圆轨道的周期有些怀疑，但还是认为它是有道理的。地球公转轨道从椭圆到圆再到椭圆变化的幅度小于 0.3%，这相对于宇宙尺度来说是微不足道的。但是，人们知道地球大气容易受极其微小的因素影响，因此即使利用最先进的计算技术，要想预报范围约 482 千米区域的长期天气情况也是很困难的事。因此，一些科学家愿意接受这样的事实，即尽管地球轨道只有 0.3% 的改变也可能引起全球气候发生极大的变化。

1976 年，支持米兰科维奇的方程理论终于出现了。当时，研究者发现海洋底部有一些特殊的沉积物，它记录了过去数千年来海水温度的变化，堪称海水温度的指示器。原来，沉积物中含有一些被称为有孔虫的贝壳，有孔虫的壳的化学组成随着海水温度变化而变化，这种化学成分就是氧元素。这种动物壳中氧元素的普通同位素^{16}O 与比它更重的同位素^{18}O

北极冰川

的比率随着海水温度变化而变化，当地球变冷时，海水温度较低，有孔虫的壳中的^{16}O 含量较少。通过对深海钻探获得的最深层的沉积物的测定表明，白垩纪时期的海洋温度比我们现在的温度高出将近 20℃。这是一个巨大的变化。海水温度不是很激烈但是非常明显的变化已经被发现了，它与开始于 11.5 万年前的逐渐变冷（那时，英格兰实际上还是热带）一致。这种变冷一直延续到 1.5 万年前的最后一次冰河期的顶峰，那时，覆盖纽约北部的冰达 1 英里（约 1.609 千米）厚——最后，冰的消融露出了岛，冰融化后的水把陆地变成海洋。

　　1979 年，一个名叫汉斯·厄斯杰的瑞士物理学家前往格陵兰岛，加入了纽约州立大学的切斯特·兰韦领导的小组，通过压碎冰样本，收集到数千年前被冰捕获的气泡中的气体。厄斯杰发现，1.2 万年前当世界开始变暖时，与 1.7 万年前最近的冰河期比较，二氧化碳水平在每 100 万份中高出 100 份。当这些结果被公之于众的时候，新的验证工作在深海沉积物中进行，并得出了同样的结果，二氧化碳似乎是一种加强地球大气的太阳能循环效果的气体。

　　事实上，许多科学家对完全破解冰河期之谜是持怀疑态度的。人们提出了很多理论，一些已经证明是正确的。当然，如果米兰科维奇的理论是像许多科学家所认为的那样正确的话，某种答案应该出现在以后 2000 年左右的时间里，我们会看到一个新的冰河期的开端。然而，还有一个问题，因为人类活动导致过多的二氧化碳和其他温室气体的释放，结果引起全球气候变暖，可能造成整个进程紊乱，如果真是这样，我们可能会迎来一个极地冰雪融化的时期，而不是一个预期的冰河期。据说由于近年来气温快速上升，南极和北极的冰川已经开始大规模融化，北极的冰川可能在 2100 年左右完全融化，海平面可能会明显升高。2009 年 12 月在哥本哈根召开的世界气候大会上，就摆放着人们制作的"气候难民"的雕塑，以提醒人们如果再不采取有效措施遏制气候变暖，很多岛屿和海边都会变成泽国。

▶ 物种大灭绝

　　随着地球变得越来越热、气候环境越来越恶劣，关于物种大灭绝的讨论也越来越强烈。2009 年 12 月初，哥本哈根世界气候大会的开幕，把有关生物灭绝的预测推向了新的高峰。据说只要全球气温再平均升高 1℃，很多如今的"米粮仓"就会成为撒哈拉那样的不毛之地，新一次的物种大灭绝已经来临。据说，物种大灭绝已经在地球上发生过不止一次，恐龙的灭绝就是最好的例子。在我国云南发现的澄江化石群和在辽宁发现的化石群，都证明确确实实发生过多次的物种大灭绝。

　　据科学家估计，以单细胞细菌形式存在的一些种类的生命，在地球上已经存在 35 亿年了，而曾经存在过的 99.9% 的物种最终都灭绝了，这不是夸张的数字。究竟发生了什么使得亿万物种惨遭灭绝？劳普于 1991 年著的《大灭绝：坏基因还是坏运气》一书中介绍了两个学派。

坏基因学派认为，因为地球在不断变化，它的大陆板块在不知不觉中形成新大陆，它的气候冷暖有序，即使很微弱的地磁场反转，也将引发地震、火山喷发、冰河和热带热浪等灾害，这些肯定会对现存的生物带来挑战。那些具有复杂的遗传结构并能适应这种变化的生物自然最有希望生存下来。这也意味着具有最大和最复杂的

恐　龙

有机体的生物将不会灭绝。另外，当物种经历长时间的进化以获取更大的遗传效率时，即使没有外来的大规模的环境变化的压力，它的不太适应环境的祖先也将逐渐灭绝。适者生存对许多科学家来说，解释大多数物种灭绝似乎足够了。

然而，随着时间的推移，当从记录了地球生命史的化石中了解到越来越多的东西后，科学家注意到这种方法出现了越来越多的问题。单独靠进化论不能解释 5 次物种大灭绝发生的原因，在这 5 次大灭绝中，大多数曾经存在的生命形式灭绝了。经历了过去的半个世纪后，越来越多的科学家转向了"坏运气假说"，这一假说认为大灭绝是由于经历了罕见的自然灾难，其强度足以毁灭整个行星。在讨论这种灾难性事件的证据之前，先让我们来看一看过去约 6 亿年间所发生的 5 次物种的大灭绝。

大灭绝发生在 5 个不同的地质时期：奥陶纪、泥盆纪、二叠纪、三叠纪和白垩纪。大灭绝发生在整个 6 亿年间（被称为显生宙，在这段时间中，复杂的生命已经在地球上形成了）是毫无疑问的，其他 6 个地质时期并没有发生大灭绝。生存于奥陶纪（从 5.05 亿年前到 4.40 亿年前）的唯一的生物是海洋生物。将近 4.1 亿年前到 3.6 亿年前的泥盆纪，才出现陆地生物，它们迅速在陆地上扩张。从大约 2.86 亿年前的泥盆纪开始，大大小小的脊椎动物

才开始在陆地上盛行。从二叠纪往前，出现了爬行动物和哺乳动物，但是哺乳动物的种类在大约6500万年前恐龙灭绝后才开始渐渐多了起来。

你知道吗

恐 龙

恐龙是指生活在距今2亿3500万年至6500万年的一类爬行类动物，它们支配全球生态系统超过1亿6000万年之久。一般认为真正意义上的恐龙已经全部灭绝，它们和今天的爬行类相比，除与鳄鱼有较远的亲缘关系外，与爬行类主流相差甚远；还有一部分小型兽脚恐龙的近亲类群可能演化为鸟类。

1989年，一本名为《精彩的生命》的著作提出把显生宙划分成独立的分类，如鱼类时代、爬行类时代和哺乳类时代是极其简单的，但当海洋和陆地被复杂的物种占据的时候，经常会发生一定程度的交叉。人们对恐龙巨大身躯的特别兴趣导致使用诸如"当恐龙统治地球时"这样的措词，但是事实上只是有些恐龙身形庞大，有些恐龙的身体和小鸟差不多。恐龙的种类大约只有50种，而现存的松鼠就有150种之多。我们不会说松鼠在统治地球，也不会说数量正在急剧减少的最大的陆地哺乳动物——大象在统治地球，可见身形庞大并不一定重要。此外，如果严格按数量来评判，那么昆虫从二叠纪开始就应该统治地球了，如果说生物多样性在统治地球，那就更不正确了——人类正在不断地毁坏多样性，尽管我们的生活依靠多样性延续。

尽管没有一种动物主宰地球，但在大灭绝期间总有一些生命形式像恐龙一样地永远毁灭。

证明恐龙的灭绝是目前大灭绝原因的争论的关键。有两个原因：其一，自从1842年理查德·欧文创造了"恐龙"这个词以后，恐龙就成了公众感兴趣的对象；其二，因为恐龙消失在5次大灭绝的最后一次，世界各地都有记录了它们1.4亿年存在

三叶虫化石

史的化石，在中国的四川、河南等地都发现了大量的恐龙化石，恐龙化石比其他早期的生命形式的化石更完好。

诺贝尔奖获得者、加州理工大学物理学家路易斯·W. 阿尔瓦雷茨和他的儿子沃尔特——一位地质学家一起建立了一个新的理论，在 20 世纪 70 年代震惊了恐龙研究界。他们开辟了一条思考大灭绝的全新道路。

1973 年，沃尔特·阿尔瓦雷茨和一个地质学家小组在意大利北部的古比欧的一个地方发掘出了能证明地球磁场反转的证据。因为某种未知的原因，地球磁场每 100 万年反转一次。在古比欧，沃尔特·阿尔瓦雷茨发现一个夹在两个石灰层之间的泥土层没有化石，而这两个石灰层都有很多化石遗迹。这件事引起了他极大的兴趣，因为泥土层在地质年代上与白垩纪末期一致，恐龙就是白垩

出土的恐龙蛋

纪末期灭绝的。1977 年，沃尔特回到美国，随身带了一些泥土层的样本。然后，他就这件事情跟他的父亲路易斯·W. 阿尔瓦雷茨进行了讨论。古比欧的地层样本激起了他父亲的极大兴趣，他的父亲开始测量这些泥土样本的化学成分，在 1978 年又得到了一些额外的样本，并发现在地层中铱元素的含量是其上下层的石灰层的含量的 30 倍。铱是地球上的稀有元素，但在陨星上很普遍，白垩纪末期的地层中铱含量之高令人惊奇。

阿尔瓦雷茨认为可能在那段时间银河系正好有一颗超新星发生爆炸，富含铱元素的爆炸碎片大量落到地球上，但是还没有找到有力证据的支持。路易斯和沃尔特·阿尔瓦雷茨转向了另一个假说：一颗大陨星坠落地球。它的直径至少有 10 千米，撞击后扬起的尘埃遮天蔽日达数年之久，海洋和陆地的植物得不到充足的阳光而深受影响，食物链的崩溃导致了包括恐龙在内的大量物种同时灭绝。

阿尔瓦雷茨父子的假说于 1980 年 6 月发表在《自然》杂志上，当时很多人认为这不过是一个带科学性质的戏剧性故事而已。许多地质学家拒绝接受这

广角镜

银河系

银河系是太阳系所在的恒星系统，包括1200亿颗恒星和大量的星团、星云，还有各种类型的星际气体和星际尘埃等。它的直径约为100 000光年，中心厚度约为12 000光年，总质量是太阳质量的1400亿倍。银河系是一个旋涡星系，具有旋涡结构，即有一个银心和两个旋臂，两个旋臂相距4500光年。太阳位于银河的一个支臂猎户臂上，至银河中心的距离大约是26 000光年。

一假说，他们认为猛烈的火山喷发也可能造成遮天蔽日的尘埃。有的科学家认为陨石撞击假说可能是真实的，但有待验证。富含铱元素的类似沉积物在全球的其他不同地方还能找到吗？是否存在一个正好产生于白垩纪末期、并且足够大的陨石坑来证明确实有这样一颗陨星曾经撞击过地球呢？

结果在两年内，地质学家在世界各地都找到了包含确切年代的富含铱元素的地层。但是有些科学家开始提出一个新的问题：铱元素能在大气中长期停留、从撞击点散布到全球吗？计算机模拟的模型显示"冲击扩散"是可行的。陨石假说还存在一个大问题：这个巨大的陨石坑究竟在哪里？1989年，海洋学家在绘制尤卡坦半岛的北部海滨的地形图时，发现了一个海底陨石坑，随后科学家对这个名为奇休鲁布的陨石坑展开了测量。1993年，科学家宣布这个陨石坑直径为180千米，比西弗吉尼亚州还大，是现在已知的地球上最大的陨石坑，年代测量显示这个陨石坑正好形成于6500万年前，与恐龙灭绝的年代相符。通过对从陨石坑中取得的样本进行的测试，1977年，一些研究者得出结论：这个陨石坑中铱元素含量与古比欧、丹麦、新西兰所发现的地层的铱元素含量相同。到此为止，大多数科学家都接受陨石撞击是导致恐龙灭绝的重要原因。1996年11月宣布的一项研究成果指出，尤卡坦半岛陨石撞入地球，这曾在

恐龙化石

北美洲产生过巨大的风暴性大火。

　　尽管这些试图证明过去约 6 亿年间地球经历的 5 次大灭绝都是因为陨石撞击所致的发现和推论极具煽动性，但仍有一些科学家对这些假说持怀疑态度，甚至怀疑恐龙灭绝并非完全是因为陨石撞击所引起。这些科学家只愿意承认陨石撞击只是恐龙灭绝的部分原因，而不是全部。印度西部的高原地区分布着广阔的火山岩堆积物，被称为德干高原火成岩，一些科学家认为这种不断出现的火山活动也可起到与陨石撞击相似的效果，他们认为火山爆发和陨石撞击都存在，同样起决定性作用。而其他专家坚持恐龙在北美洲比在其他地方灭绝得快，尤卡坦半岛的陨石撞击应该是主要的原因。还有一部分人认为恐龙在陨石撞击前就开始消失了，陨

尤卡坦半岛陨石坑

石撞击只不过是加速了它们灭亡而已。因为在他们看来，许多恐龙因为体积太大，食量惊人，一旦环境稍有变化，就会引起它们的食物匮乏，而体积小的恐龙，可能进化成像现代爬行类的动物了，有的可能进化成原始的鸟类了。

三叶虫化石

　　一些庞然大物般的恐龙，显然对适应环境变化具有脆弱性，而小的物种则更具适应性。大卫·劳普指出，有些物种灭绝是因为遗传问题，这类问题出现的范围，可能从疾病影响了一个物种或一些物种；栖息环境的改变可能对一些栖息在一个狭窄的生活空间的物种来说是致命的。这些问题是显然存在的，劳普本人相信三叶虫也是受坏基因的影响。在寒武纪地层的化石中发现了 6000 种三叶虫物种，在接下来的两次大灭绝中，它们的数目急剧减少，到了 3.25 亿年以后的古生代末期，它们统

统消失了。

古 生 代

古生代是地质时代中的一个时代，开始于同位素年龄 542 ± 0.3 百万年，结束于 251 ± 0.4 百万年。古生代属于显生宙，上一个代是新元古代，下一个代是中生代。古生代包括了寒武纪、奥陶纪、志留纪、泥盆纪、石炭纪、二叠纪。

然而，劳普也说明，坏基因并不能解释这么多物种在大灭绝中为何会全部消失。应该发生过一些重大的事件，不仅杀死了具有坏基因的物种，同时也杀死了具有好基因的物种。劳普本人对一个被大量引用的数字承担责任，即在二叠纪末期，96% 的物种已经灭绝了。这个数字出自他于 1979 年发表的一篇文章，在那篇文章里他把这个数字作为一个上限提出来，而且还附了许多防止误解的说明。即使有 70% 的灭绝率对于灾变性事件来说也还是太大。

尽管如此，劳普认为陨石撞击是 5 次大灭绝的主要原因的假说，依然得不到许多科学家的承认。尽管他有他的支持者，但仍有人对他的理论提出异议。对那些坚持认为不断发生的火山活动扮演了主要角色的人（他们确实有一些地质学证据支持他们的观点）来说，这可能意味着，巨大陨石撞击引发了大规模的剧烈火山活动。虽然如此，一些专家还是认为，任何一次大灭绝都不是由单一的原因引起的，而是几个原因共同作用的结果。还有人认为 5 次大灭绝都有一个最主要的原因，但是可能每次大灭绝的主要原因都不一样。有一次可能是因为火山活动，还有一次可能是因为海平面上升，

火山爆发引起生物灭绝

另外一次可能是因为气候突变。所有这些灾难，包括陨石撞击，也许发生过不止一次。

自从发生了6500万年前白垩纪末期的那次最大的灭绝事件后，一些科学家担心我们可能正在经历一次环境崩溃，它将使我们人类自身灭绝。另外，如果一颗足够大的陨星再次撞击地球，我们将面临和白垩纪大灾难一样的灾难。我们已经知道小行星有好几次与地球擦肩而过，一些天文学家怀疑地球迟早会遭遇到巨大的撞击，除非我们能把这种小行星在太空中击碎。有些科学家认为利用原子弹也许可以达到这个目的。如果真有小行星撞击地球，我们将能获得造成恐龙突然灭绝原因的第一手资料。且把这种获得大灭绝发生原因的灰暗的方法搁置一边，最初的4次大灭绝依然是一个谜。关于灭绝发生的原因引发了无休止的争论，但能得出可信结论的只是第5次和最近发生的大灾难。

🐾 中国西峡恐龙遗迹园

中国西峡恐龙遗迹园是一座大型恐龙主题公园，位于秦岭山脉东段、伏牛山南麓的河南省南阳市西峡县丹水镇三里庙村。该园是继中国四川自贡恐龙动物群、英国科莫恐龙与哺乳动物群、加拿大阿尔伯达恐龙公园之后的又一座大型恐龙主题公园。公园园区由地质科普广场、恐龙蛋化石博物馆、恐龙蛋遗址和阳城－丹水晚白垩纪层型地质剖面、樊营－刘营西峡巨型长圆柱形及戈壁棱柱形蛋化石产地、龙虎山－石板河恐龙化石产地等1园1线4区组成。

南阳西峡白垩纪恐龙蛋化石群，赋存于中国中央造山系秦岭造山带拉张盆地内，陆相地层中的含恐龙蛋化石层位有17层，化石种类多达6科9属13种。以数量之

西峡恐龙蛋化石

多、分布之广、保存之完善、类型之多样，堪称"世界之最"。其中，西峡巨型长圆柱形蛋化石、戈壁棱柱形蛋化石是世界范围内的独有或稀有品种。恐龙蛋化石与鸭嘴类、鸟脚类以及蜥脚类恐龙骨骼化石共生，不同种类的恐龙蛋化石赋存一个层位，数十枚恐龙蛋共居一层，一窝恐龙蛋成双成对或呈放射状、曲线状、似梅花状排列，或呈微倾斜竖立式、多层平行式、交错平行式排放，它们承载了远古时代恐龙生命科学的重要信息。而未孵化蛋化石的大量出现，反映出了白垩纪晚期恐龙蛋低孵化率现象。

你知道吗

化 石

化石是存留在岩石中的古生物遗体或遗迹，最常见的是骸骨和贝壳等。研究化石可以了解生物的演化并能帮助确定地层的年代。保存在地壳的岩石中的古动物或古植物的遗体或表明有遗体存在的证据都谓之化石。

西峡恐龙遗迹园主要由地质科普广场、恐龙蛋化石博物馆、恐龙蛋遗址和仿真恐龙园四部分组成。西峡恐龙遗址属于白垩纪断陷盆地沉积。恐龙蛋遗址的蛋化石层是西坪－丹水盆地的最高层位，已暴露的蛋化石达1000多枚。在它的下部地层至少还有16个产蛋层，现已确定蛋化石分别归于6科9属13种。最近大量的鸭嘴龙、禽龙、原角龙、肉食龙等恐龙骨骼的发现，也为西峡蛋化石增加了新的内容，西峡恐龙遗迹被誉为继"秦始皇陵兵马俑"之后的世界第九大奇迹。恐龙遗迹承载着远古时代生命科学的重要信息，蕴藏着有待人类去破解的恐龙灭亡之谜。中国西峡恐龙遗迹园，为研究地球演化、天体演变、灾变事件和恐龙的生活习性、生态环境与物种灭绝等提供了理想的科学研究基地，为科普和旅游开辟了一处崭新的园区。

◉ 辽西古生物化石群

近几年来，辽宁西部陆续发现了十分珍贵的古生物化石，其中距今1.5亿年至1.3亿年的4种20多件鸟类老祖宗化石，引起了中外学术界的瞩目。

据介绍，早在 1989 年，朝阳县胜利乡一个农民，在本乡梅勒营子村发现了一具完整的鸟化石。后来，这以前从无记载的鸟被命名为"三塔中国鸟"。接着，中科院古脊椎动物与古人类研究所的学者侯连海、周忠和等人，又在朝阳县波罗赤乡的大西沟先后发掘出 20 余件完整或比较完整的鸟化石，其中包括被命名为"燕都华夏鸟"和"北山朝阳鸟"的化石。

辽西鸟化石

朝阳发现的这三种鸟，都生活在距今 1.3 亿年前后。这是世界上发现早白垩纪时期鸟化石最多的一次。

知识小链接

白垩纪

白垩纪，位于侏罗纪和古近纪之间，距今 1 亿 4550 万年至 6550 万年。白垩纪是中生代的最后一个纪，长达 7000 万年，是显生宙的较长一个阶段。发生在白垩纪末的灭绝事件，是中生代与新生代的分界。

辽西三塔中国鸟

1994 年春天，考古工作者又征集到两件鸟化石。最新的研究结果表明，化石距今已有 1.5 亿年，是侏罗纪鸟类化石在我国的首次发现。这是迄今为止发现的世界上最早的有角质喙的鸟化石。欣喜之余，科学家给这种鸟起了一个似乎是风马牛不相及，实际上是要弘扬中华民族文化的名字，叫"圣贤孔子鸟"。

辽西发现的鸟化石具有重要意义：

一是填补了鸟类早期进化资料的空白。鸟类起源于古代的爬行动物，上个世纪末在德国发现的距今 1.5 亿年"始祖鸟"化石被认为是鸟类动物的祖先。后来，人们又多次发现了距今 9500 万年至 6500 万年的晚白垩纪时期鸟化石。但令人遗憾的是，在这中间缺了一个连接的"链条"，即尚未发现 1.5 亿年前至 9500 万年前这一段期间的鸟化石。辽西的发现正好补上了这一关键环节。

二是辽西发现的鸟化石为研究鸟类的进化和分异提供了珍贵资料。专家通过对 4 种鸟化石的研究，认为至少在白垩纪早期，鸟类已向着多方位辐射，鸟类的进化水平已有了很大的差异，而鸟类最早的祖先则可能在晚侏罗纪以前就出现了。

中华龙鸟、原始祖鸟和尾羽鸟是最重要的科学发现之一。

中华龙鸟这一自然奇迹是由中国科学家在中国辽宁省西部的朝阳市境内发现的。重要的发现起始于 1996 年

带羽毛的"恐龙"化石

8 月，中国地质博物馆馆长季强在该地获得了一块奇妙的小型"恐龙"化石。"恐龙"长有很短的原始羽毛，具有似恐龙又似鸟类的特点，季强将其命名为中华龙鸟，并认为它是介于恐龙与鸟类之间的过渡型动物。顿时，这次发现轰动了新闻界，轰动了古生物界，震惊了全世界。

中华龙鸟化石发现于朝阳市北票四合屯，保存于晚侏罗纪地层的凝灰质粉砂岩中。据中国和世界古鸟类专家研究考证，中华龙鸟是恐龙向鸟类演化的过渡型动物。这一重大发现，为鸟类起源于小型兽脚类恐龙的假说提供了重要证据。1996 年 12 月，在四合屯又出现了中华龙鸟后代的化石，该化石产出层位在中华龙鸟化石层之上的 5.5 米、孔子鸟化石层之下的 8.5 米处。据专家研究考证，该鸟类具有很低的飞行能力，比德国巴伐利亚州索伦霍芬始祖鸟要原始些，故命名为原始祖鸟。1997 年夏天，在四合屯又发现尾羽鸟化石，经专家研究确认，尾羽鸟与原始祖鸟相似，而比原始祖鸟又进化了一步，

但仍比德国始祖鸟原始。

国内外著名古鸟类专家对朝阳市北票四合屯地区发现的各种鸟化石进行了深入研究，多数认为中华龙鸟虽然不会飞行，却是鸟类的鼻祖；原始祖鸟和尾羽鸟是具有很低飞行能力的初鸟类；孔子鸟是具有短距离飞行能力的鸟类。这一发现和研究成果，是20世纪最重要的科学发现之一，它为生命发展中鸟类起源与演化的研究迎来了曙光，取代了130多年来德国始祖鸟是鸟类祖先的地位。以美国耶鲁大学教授、著名古鸟类专家奥斯特隆为首的欧美专家考察队，在结束对四合屯的考察后，一致认为中国辽西四合屯是回答鸟类起源与演化问题的最完美的地点，这一地点的国际意义是空前的。

基本小知识

始 祖 鸟

始祖鸟是古脊椎动物，头部像鸟，有爪和翅膀，稍能飞行，有牙齿，尾巴很长，由多数尾椎骨构成，除身上有鸟类的羽毛外，跟爬行动物相似。一般认为它是爬行动物到鸟类的中间类型，是原始鸟类，出现在侏罗纪。

到目前为止，在中国辽宁省西部的朝阳地区共发现鸟类化石250多枚，经专家研究确定为3个亚纲、11个属、14种鸟类。仅四合屯地区就发现鸟类化石200多枚，包括4个属、6种鸟类。朝阳地区发现的化石种类和数量之多，演化遗迹保存得如此系统、完整，是世界上独一无二的。正如著名的美国古鸟类专家奥斯特隆所说："这些沉积和这些化石，不仅是中国的财富，也是世界的财富。"因此，中国辽宁省西部的朝阳是全球古鸟类研究学者神归梦想的地方，中华龙鸟已经由朝阳飞向了世界。

1998年10月，国家已批准以朝阳市北票四合屯为中心，建立面积为46.3平方千米的鸟化石群自然保护区，保护区管理处遵照"依法保护、科学研究、合理开采、有效利用"的原则，管理工作已全面到位。在朝阳地区以及鸟化石群自然保护区内，中华龙鸟化石层位以下，还有厚度达千米以上的早、中侏罗纪陆相沉积地层，且保存系统完好，是进一步研究生物演化和鸟类起源的理想场所，这不但在中国，在全世界也是典型的、罕见的。

辽西古鸟类化石的发现与研究成果具有很重要的意义，且由中华龙鸟引起的古生物理论与实践的大碰撞并没有完结，研究工作还将继续。科学家们普遍认为，随着研究工作的深入，朝阳市作为世界鸟化石的宝库对这一领域的贡献将越来越重要，这一地区将越来越为世界所瞩目。

辽西孔子鸟化石

拓展阅读

两性异形的孔子鸟

孔子鸟的化石样品在羽毛上显示了样品差异：5%～10%的样品显示有一对长的尾羽。很多研究人员相信这是性别特征。如果这一观点成立，孔子鸟就是最早的两性异形鸟类。

1996 年发现于辽宁省西部朝阳地区的孔子鸟化石，距今约 1.3 亿年，被称为世界上"最早具有角质喙的鸟类"。

在复原过程中，长期工作在中国刑警学院法医学系刑事相貌研究室的赵成文教授，综合运用了现代技术和考古知识。在对孔子鸟复原时，他根据化石情况首先复原出孔子鸟平面图，并通过仪器测量出其身体各部位的比例关系；然后通过文献、图像记载等进行综合分析研究，确定出化石中哪些是孔子鸟固有的身体结构，哪些是化石形成过程中造成的变形；最后利用他自己研发的软件把复原基础图进一步细化、完成。从复原结果看，孔子鸟外形近似中国民间传说中的"凤"，让人们自然联想到"丹凤朝阳"的典故。

1998 年在辽宁发现的中华古

辽西孔子鸟化石

果化石，已有 1.45 亿年历史，是迄今为止世界上所发现的最古老的被子植物，被称为"世界最早的花"。中华古果一部分茎根和须根叶为条针叶，有点像我们今天的豆类。史前花鸟的有形化复原，让世人更直观地了解了珍贵的历史文化遗存。

此外，赵成文教授同时还公布了他所复原的迄今为止所发现的中国最早的女神像——红山女神，以及中华龙鸟、辽宁古果等世界文化瑰宝。

◑ 澄江生物群

1984 年 7 月 1 日，在云南澄江县帽天山首次发现了现已闻名于世的澄江生物化石群，并立即进行了大规模系统采集。在 1984 年和 1985 年的野外地质调查中发现，澄江生物化石群分布广泛，在滇东地区下寒武统、筇竹寺组、玉案山段中的泥质岩层中均有发现，其时代为寒武纪早期，距今约 5.3 亿年。虽经 5 亿多年的沧桑巨变，这些最原始的不同类型的海洋动物软体构造依旧保存完好，千姿百态，栩栩如生，是目前世界上所发现的最古老、保存最好的一个多门类动物化石群；它们生动如实地再现了当时海洋生命的壮丽景观和现生动物的原始特征，为研究地球早期生命起源、演化、生态等理论提供了珍贵证据。澄江生物化石群的发现，引起了世界科学界的轰动，被称为"20 世纪最惊人的发现之一"。

澄江生物化石群产生于寒武纪生物大爆发时期，除了低等植物藻类外，大量代表现生各个动物门类的动物已同时出现。也就是说，大多数现生各动物门类代表在澄江生物化石群中都有其发现。而在寒武纪之前，除了分散的海绵骨针外，还没有出现过这些动物。

澄江生物化石

藻类为最简单最古老的植物，现分布于世界各地，海水、淡水中及潮湿地区，都可见其踪迹。澄江生物化石群包括大量的藻类化石，它们常富集在岩层面上保存，其特征多为不分支的粗、细不同的丝状体，极少类型呈螺旋状体。

多孔动物门也称海绵动物门，属于最原始的多细胞动物，它整个身体是由内、外两层细胞构成，过着水底生活，体形多样，均属辐射对称型。澄江生物化石群中海绵动物丰富多彩，至少包括20个不同属种，分属于六射海绵纲和普通海绵纲。

刺胞动物门（腔肠动物门）是真正的后生动物的开始，它在组织分化上比多孔动物更进一步，有了神经和原始肌肉细胞。澄江生物化石群中现已发现2属2种，分属于海葵类和栉水母类。

现生线形虫动物体呈长线形，大多数种类幼虫习惯于寄生生活，成虫生活在水中。线形虫是澄江生物化石群中最常见的种类之一，体呈细长的圆筒状，有3属3种。

鳃曳动物门中的鳃曳动物均为海生，全身分为吻、躯干和尾部。在澄江化石中发现了4属4种。

澄江化石中的动吻动物也称奇虾类动物，体大，体长可达1米，是当时海洋中的庞然大物。澄江化石中的动吻动物也被认为是节肢动物的一个分支，但它们的口部及附肢构造完全不同于节肢动物。至少4属4种动吻动物存在于澄江生物化石群中。

叶足动物门包括现生的有爪类，也称栉蚕，有的也把它归入节肢动物门的有气管亚门原气管纲，全为陆生，仅分布于南半球少数地区。至少6属6种存在于澄江生物化石群中，其类型的多样性令科学界大为吃惊。

腕足动物门主要为保存肉茎的舌形贝类，是目前世界上保存最好的具肉茎腕足类化石。通过和现代舌形贝之比较，显示出该类动物在漫长的历史长河中进化的极端保守。在澄江化石中目前发现了4属4种。

软体动物门是以现已绝灭的软舌螺动物为代表，澄江化石中有4属4种。

节肢动物是澄江生物化石群中最为庞大的一类，40属40种已被描述，它们分别属于3个超纲。单肢类动物没有被发现。

目前有12属12种由于研究程度不够，还不能把它们分类到现生的各动物门中，包括水母状化石、云南虫、火把虫等。

以前所知道的最老的保存软体的生物群是中寒武世的加拿大布尔吉斯页

岩生物群，它存在的时期比早寒武世寒武纪大爆发要晚 1000 多万年。因此，加拿大布尔吉斯页岩生物群不可能指出地球上最古老的动物都是些什么。我们对寒武纪生物大爆发所产生的生物及生物群落结构所知甚微。在现代的海洋中，70% 以上的动物物种和个体实际上都是由软组织构成的，因而极少有形成化石的可能。那么寒武纪生物大爆发时是不是也会产生如此众多的软躯体动物？澄江生物群的发现，使我们如实地看到了地球海洋中最古老的动物原貌。这使我们认识到，自寒武纪生物大爆发时，地球海洋中就生活着种类众多、生态各异的动物；绝大多数地层中保存的硬骨骼化石误导了我们对早期生命的认识。例如叶足动物门的有爪动物，现在只生活在南半球的少数陆地地区。澄江动物群告诉我们，有爪动物在寒武纪大爆发时不但存在，其形态还出乎意料地比现代有爪动物更加丰富多彩。

澄江动物群化石保存在细腻的泥岩中，动物的软体附肢构造保存精美，且呈立体保存。构造细节能比较容易地在显微镜下用针尖揭露出来。通过澄江化石的研究，我们完全能够修正某些同类生物群原先的错误观点。如动吻动物门的大型奇虾类动物，具有 100 余年的研究历史，过去一直认为此类动物是无腿的巨大怪物。澄江生物群不但存在着这类

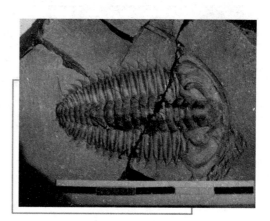

澄江化石之一

动物，而且保存好，类型多，我们的研究从根本上改变了原来的观点。对于加拿大布尔吉斯页岩叶足动物门的怪诞虫，科学界一直把它看成不可思议的怪物。澄江同类化石的研究，证明原来的研究成果是错误的。如果没有澄江动物群，我们对这些动物的认识永远是一个谜。

节肢动物是动物界中非常庞大的一类，但是关于节肢动物的原始特征以及各类群之间的关系，科学界了解很少。以往所发现的化石，多是节肢动物的外骨骼，而解决节肢动物的分类，论述其演化关系，关键构造是腿肢。保存好的腿肢在化石中很少发现。因此关于寒武纪节肢动物的系统分类处于一

个混乱状态。通过对澄江节肢动物的研究，我们对节肢动物分类关系和原始特征有了一个清楚的认识。澄江节肢动物具有一个非常原始的体躯分化，例如现代虾大约有 18 个不同类型的体节，而澄江节肢动物仅仅有 3 或 4 个。这充分展示了随着漫长时间的推移，节肢动物体节特化而行使不同功能的演化趋势。澄江生物群中，双瓣壳节肢动物多种多样，小的 1 毫米左右，大的可达 100 毫米以上，许多种类保存有完美的软体附肢。研究证实，相似壳瓣却包裹着十分不同的软体和附肢。因此它们的壳瓣不能作为分类和相互关系的依据，壳是趋同演化的结果。同是双瓣壳节肢动物，它们可以分属于不同的超纲。因此，澄江生物群为我们研究早期生命起源、演化提供了宝贵证据。

基本小知识

寒　武　纪

寒武纪是在地质时间上为距今 5 亿 7000 万年至 5 亿 500 万年古生代初期的一段地质时间。它可区分为 3 个时期：始寒武纪、中寒武纪以及后寒武纪。

澄江生物群告诉人们各种各样的动物是在寒武纪大爆发时立即出现的，现在生活在地球上的各个动物门类几乎都已存在，而且都处于一个非常原始的等级，只是在后来的演化中，各个不同类群才演化为一个固定模式。如现在所有昆虫的头部体节数量都是一样的，而原始的节肢动物类群头部体节的数量变化则相当大（从 1 节到 7 节）。从形态学的观点来讲，早寒武纪动物的演化要比今天快得多。新的构造模式或许能在"一夜间"产生，门和纲一级的分类单元特征所产生的速度或许就如我们认为物种所产生的速度一样地快。而达尔文认为，较高级的分类范畴是生物种级水平演化慢慢堆积的结果，依次达到属、科、目、纲和门级水平。这并不意味着达尔文是不正确的，只能说由于受当时科学条件的束缚，其理论是不全面的。自然选择很大程度上是一个稳定选择，这种选择有可能阻碍演化。另外，正如在现生的昆虫和植物中所遇到的情况，新种或许通过单个或少数几个突变就可以形成，而杂交种却难以产生。在寒武纪，新门（例如腕足动物门）通过不同器官在成长速度上发生简单的转换就可以产生，以至于成年个体能够保存祖先幼虫的滤食生活方式。这个过程在几百年或几千年内就可以形成、产生新门。澄江动物群提供的生物高级分类单元快速演化的证据（突变）在教科书中是读不到的。

澄江生物群给我们提供了一个完整的古老的海洋生态群落图，关于这种生态群落，之前我们的认识几乎是一片空白。现在，我们不仅能知道在寒武纪大爆发时产生了哪些动物，还能初步了解不同动物的生活方式和食性。澄江动物群或许还能帮助我们了解寒武纪生物大爆发中生物演化的原因，以及诱发这种大爆发的理由。

◉▶ 澄江帽天山化石群

帽天山是距抚仙湖仅 6 千米、状似草帽的不起眼小山。但这却是世界著名的"古生物圣地"，是我国首批 10 个国家地质公园之一。

澄江化石管委会副主任陈爱林说："帽天山古生物化石群的发现，被国际古生物界誉为'20 世纪最惊人的科学发现之一'。澄江古生物化石群的保护工作，得到国家的高度重视。"

海拔 2026 米的帽天山山腰，有一块长约 100 米的岩层剖面。25 年前，中国科学院南京地质古生物研究所研究员侯先光不经意敲下的一锤，敲出了"纳罗虫"化石，也敲开了一个沉睡了 5.3 亿年的寒武纪早期世界：那时这里是一片茫茫海洋，地球生物在这一时期发生了重大突变，生命结构的基本形式由此奠定，一些新的生物豁然出现，地球生命在澄江集体爆发，沉寂了 40 亿年的地球突然生动起来……站在山上，不知道还有多少生命之初的远古动物埋在脚下，这一刻人们仿佛又回到了生命的起点。如今，这个地球生命的摇篮正静静地矗立着，看着越来越多的人来到这里。

极光和地光

极光，是地球北极和南极特有的自然现象，多出现于高纬度地区。如俄罗斯、挪威、加拿大北部平均每年能看到上百次极光。

基本小知识

高纬度地区

地理学意义上的高纬度，是指地球表面南北纬度60°到南北极之间的区域，是地球表面接受太阳辐射最弱的地带。高纬度地区的特殊地理位置，导致其所具有的物理特性和化学特性与其他纬度带明显不同。其形成的气候、自然环境等地理要素与其他纬度带差异显著，自然资源和生物资源相对较少，人类活动比其他地区较为冷清。

极 光

在我国东北地区，有时也可以一睹极光的魅力，20世纪50年代，我国东北边境的漠河和呼玛县一带，就看到了几十年少见的极光。这天晚上，只见一团红灿灿的霞光突然腾空而起，眨眼间变成一条瑰丽的弧形光带，从黑龙江上空一直向南延伸，在夜空停留时间达45分钟，把我国东北地区映得一片通红。1959年7月15日，在我国北纬40°以上地区也出现过一次瑰丽的极光，从晚上10点到次日凌晨2点34分，极光一直在天空。

对极光的研究，是比较晚的事。因为它主要发生在北极、南极以及高纬度地区，加上光只能观测，不能收集，所以，在古代是难以进行研究的。极光是怎样形成的呢？极光之源在哪里？一般认为，极光的形成与太阳活动、地球磁场以及高空天气都有关系。太阳，是一个庞大的炽热的星球，它并不平静，太阳里面不断发生热核聚变反应，释放出大量的能量。太阳活动的结果是向宇宙空间喷射出大量的带电粒子。这些带电粒子像来自太阳的一阵大风（太阳风），冲进地球外围的大气层。由于地磁场的作用，使它们集中到地球的南极和北极上空。大气中的各种气体分子受到这些带电粒子的激发，便产生发光现象，这就是极光。但是，把极光说成是太阳风造成的，并不那么确切。因为太阳风总是在不断地刮，按理说极光也应该不断发生，事实上极光又不是经常发生。这又是为什么？这样说来，极光的形成仍是一个没有研究清楚的问题。

拓展阅读

粒　子

粒子是能够以自由状态存在的最小物质组分。最早发现的粒子是电子和质子，1932年又发现中子，确认原子由电子、质子和中子组成，它们比起原子是更为基本的物质组分，于是称之为基本粒子。以后这类粒子被发现的越来越多，累计已超过几百种，且还有不断增多的趋势；此外这些粒子中有些粒子迄今的实验尚未发现其有内部结构，有些粒子实验显示具有明显的内部结构。看来这些粒子并不属于同一层次，因此基本粒子一词已成为历史，如今统称之为粒子。

地光，是在地震前的一段时间里发生的闪光现象。例如1975年2月4日，在我国辽宁海域发生7.3级地震。就在这天晚上，海城地区上空弥漫着大雾，能见度很低，公路上的汽车只有打开灯才能勉强行驶。当发生地震时，出现了强烈的地光，使整个天空都变亮了。地光，是地震前的征兆。因此，可以根据地光预报地震。

在我国古代就有关于地光的记载，但是，没有揭示地光的成因。也是到近代和现代，才对地光进行比较仔细的研究，并提出了多种解释。一种认为地光的产生与大气圈、岩石圈和水圈都有关系。地震过程是地球释放能量的过程。由于地球不停地转动，促使地壳中的岩石发生变形。与此同时，岩层也产生出一种反抗变形的力，叫作地应力。随着岩层变形，地应力不断增加，当这些渐变积累到一定程度后，岩石突然破裂和错动，释放出大量能量形成地震波。地震波有高频波和低频波之分。这些波很可能是形成地光的一个原因。也有学者认为，地壳中的岩石在具有较高电阻率的情况下，地震波会使岩石产生高压电场，从而使空气受激发光。也有人认为，深层地下水的流动，也可能使大地产生电流而引起地光的发生。

会出声的岩石

在美国加利福尼亚州的沙漠地带，有一块足足有好几间房子那么大的岩石。在此居住着许多印第安人。每当月夜宁静之际，印第安人就纷纷来到这块巨石周围，点起一堆堆篝火，冲着那块巨石顶礼膜拜。

一堆堆篝火熊熊地燃烧着，卷起一团团滚滚烟雾，不一会儿，就把巨石紧紧地笼罩住了。

这时候，那块巨石慢慢地发出了一阵阵迷人的乐声，忽而委婉动听，就好像一首优美抒情的小夜曲；忽而哀怨低沉，就好像一首低沉的悲歌。巨石周围的印第安人一边顶礼膜拜着，一边如醉如痴地欣赏着这美妙的乐声。

滚滚的浓烟带着这神奇的乐声，飘向了空旷的沙漠，飘向了深邃的夜空。

那么，当地的印第安人为什么要对这块巨石那样顶礼膜拜呢？这块岩石为什么会发出那样动听的乐声呢？这块巨石为什么只有在寂静的月夜，并且只有在滚滚的浓烟笼罩的时候才会发出这优美神奇的乐声呢？这块巨石里面到底隐藏着什么样的秘密呢？这一连串的问题，没有人知道，也没有人能够说得清楚。

在美国，还有一个地方也有这样一种会发出声音的岩石，人们管这一地方叫"出声岩石"异常地带。这里堆满了大大小小的岩石，它们不仅能够发出声音，而且发出来的声音就好像一首首美妙的乐曲。

如果人们在这个"出声岩石"异常地带散步，就会发现，磁场在这里失常了，人们甚至连方向也辨认不清。更有意思的是，当人们用小锤轻轻敲打这里的岩石的时候，无论是大岩石，还是小岩石，或者那些小小的碎石片，都会发出一种特别悦耳动听的声音。这奇妙的声音不但纯美动听，而且音响十分清脆，就好像是从高山流下来的叮叮咚咚的清泉一样，令人听起来如痴如醉，妙不可言。

如果不是亲眼所见、亲耳所听的话，人们根本不会想到这声音是靠敲打岩石发出来的。可是，更让人感到纳闷的是，这里的岩石只有在这个地方才能被敲击出如此悦耳动听的音乐。有人曾经做过一种试验，把这里的岩石搬到别的地方，结果不管怎么敲打也发不出那种美妙的声音。

基本小知识

岩　石

岩石是天然产出的具稳定外形的矿物或玻璃集合体，按照一定的方式结合而成。它是构成地壳和上地幔的物质基础，按成因分为岩浆岩、沉积岩和变质岩。其中岩浆岩是由高温熔融的岩浆在地表或地下冷凝所形成的岩石，也称火成岩或喷出岩；沉积岩是在地表条件下由风化作用、生物作用和火山作用的产物经水、空气和冰川等外力的搬运、沉积和成岩固结而形成的岩石；变质岩是先成的岩浆岩、沉积岩或变质岩，由于其所处地质环境的改变经变质作用而形成的岩石。

那么，到底是什么原因使得这个地带产生出这种奇异的现象呢？这里的岩石为什么在别的地方就发不出那种美妙的音乐呢？科学家们针对这些问题进行了一次又一次的研究和考察，对产生这种现象的原因也进行了种种推测和解释。有人说，这是个地磁异常带，存在着某种干扰源，岩石在辐射波的作用下，敲击的时候就会受到谐振，于是就发出了声音。可是，这只是一种推测。所以，科学家们一直到现在也没有找到一个令人信服的答案。

在意大利西西里岛上，有一个叫"狄阿尼西亚士的耳朵"的山洞。关于这个山洞流传着这样一个传奇故事：

古时候，有一个名字叫狄阿尼西亚士的国王，谁要反对他，他就把谁关在这个山洞里面。看守山洞的狱卒们趴在山洞的顶上，用耳朵就能够监视犯人们的一举一动。因为，犯人之间说什么话，都可以传到狱卒的耳朵里。就这样，狱卒们把偷听到的话告诉那个国王，国王处死了不少犯人。到了后来，犯人们才知道，原来这山洞里到处都有耳朵呀！

这个山洞从洞顶到洞底有40米深，为什么狱卒趴在洞顶就能听见洞里犯人们的说话呢？一直到现在，人们也弄不明白。

看来，这个"狄阿尼西亚士的耳朵"的山洞和那个奇特的"出声岩石"异常地带之谜一样，只能是一个没有解开的谜团了。

☞ 会发声的鸣沙

鸣沙，也叫响沙、消沙或音乐沙，是指会发出声音的沙子。鸣沙现象属于一种普遍存在的自然现象。在美国的长岛、马萨诸塞湾、威尔斯两岸；英国的诺森伯兰海岸；丹麦的波恩贺尔姆岛；波兰的科尔堡；还有蒙古戈壁滩、智利阿塔卡玛沙漠、沙特阿拉伯的一些沙滩和沙漠，沙子都会发出奇特的声响。据说，世界上已经发现了100多种类似的沙滩和沙漠。

人们发现，鸣沙一般会在海滩或沙漠里。鸣沙发出来的声响，一般都是在风和日丽或刮大风的天气时，要不就得有人在沙子上边滑动。潮湿的天气、雨天和冬天，鸣沙一般不会发声。另外人们还发现，只有直径是 0.3 ~ 0.5 毫米的洁净的石英沙，才能发出声响，而且沙粒越干燥声响越大。

鸣沙在世界上不仅分布广，沙子发出来声音也是多种多样的。比如，在美国夏威夷群岛的高阿夷岛上的沙子，会发出一阵好像狗叫的声音，所以人们称它是"犬吠沙"；苏格兰爱格岛上的沙子能发出一种尖锐响亮的声音，好像食指在拉紧的丝弦上弹了一下；在中国的鸣沙山上，滚落下来的沙子会发出轰隆的巨响，像打雷一样。

中国有3处著名的鸣沙地，第一处是甘肃省敦煌县城南6000米的鸣沙山。《太平御览》和《大正藏》这两部书中都曾记载过它，那时候称它为"神沙山""沙角山"。鸣沙山东西大约有40千米长，南北大约有20千米宽，高有数十米，山峰陡峭。它的北边就是著名的月牙泉。

如果登上鸣沙山向下看，就会看见一个接一个的沙丘；如果从山顶顺着沙子下滑，沙子就会发出阵阵的声响。据史书记载，天气晴朗时，鸣沙山上就会有丝竹弦的声音，好像在演奏音乐一样，所以人们称它为"沙岭晴鸣"，这也是敦煌的一大景观。

关于鸣沙山，还有一个传说。古时候有一个大将率领军队出征作战，曾在此宿营。一天夜晚，天上突然刮起狂风，黄沙漫天飞舞，遮天盖地，神鬼哭泣。风停后，大将和士兵全都被埋在漫漫黄沙下边，没有一个能够活下来。后来，人们就常常听见从山上沙子里传来阵阵鼓角之声，就仿佛那名大将正在带领军队行军作战，所以人们就叫它"鸣沙山"。

中国第二处鸣沙地是宁夏回族自治区中卫县的沙坡头黄河岸边的鸣沙山。中国著名的科学家竺可桢在《沙漠里的奇怪现象》一文中描述过它："沙高约100

拓展阅读

沙坡头

沙坡头位于宁夏回族自治区中卫市，1984年建立，面积1.3万余公顷，主要保护对象为腾格里沙漠景观、自然沙尘植被及野生动物。沙坡头地处腾格里沙漠东南，是草原与荒漠、亚洲中部与华北黄土高原植物区交汇地带，植物有422种，野生动物有150多种，充分展示了一个由亚洲中部北温带向荒漠过渡的生物世界。该保护区是中国第一个具有沙漠生态特点，并取得良好治沙成果的自然保护区，是干旱沙漠生物资源"储存库"，具有重要的科学研究价值。

米，沙坡面南坐北，中呈凹形，有很多泉水涌出，这块沙地向来是人们崇拜的对象。据说，每逢农历端阳节，男男女女便会听到这块沙地发出的轰隆的巨响，像打雷一样。"

第三处鸣沙地是位于库布尔漠罕台川两岸的响沙湾。响沙湾位于内蒙古自治区达拉特旗以南25千米的地方，又叫"银肯响沙"。这处沙山有60米高，100米宽。只要一走进响沙弯，就会听到各种声音，有的像手风琴拉出的低沉乐声；有的又像叮当作响的银铃。

究竟是什么原因使得沙子发出各种各样的声响呢？古代由于科学不发达，人们认为这是鬼神作怪，是地狱的魔鬼在喊叫。现在科学发达了，能否用科学的方法解释这一现象呢？于是，科学家通过研究和试验，就提出了各种各样的看法。

有人认为，沙粒和沙粒之间的空隙有空气，空气在运动时就相当于构成了一个个"音箱"。当沙丘山崩塌以后，空气在空隙之间进进出出，就会引起空气振动。当空气振动频率刚好与这个无形的"音箱"产生共鸣时，沙子就会发出声响。

还有人认为，由于不同的风向长期吹动沙粒，使它们变得颗粒大小均匀，非常洁净，也具有了像蜂窝一样的孔洞。而鸣沙之所以能发出声响，可能就是由这种具有独特表面结构的沙粒之间的摩擦共振造成的。

前苏联的一位科学家在考察前苏联卡尔岗上的鸣沙后，提出了这样的一种看法。他认为，每个沙丘的内部都有一个密集而潮湿的沙土层，它的深度随雨水的多少而改变的。夏天雨水多的时候，潮湿层就比较深，就被上面的沙土层全部覆盖起来，而潮湿层的底下又是干燥的沙土层，这就可能构成一个天然的共鸣箱。当沙丘崩塌、沙粒沿着斜坡向下滑动时，干燥沙粒的振动波传到潮湿层时，就会引发共鸣，使得沙粒的声音扩大无数倍而发出巨大的声响。

前苏联另一个学者在考察我国宁夏的鸣沙山和内蒙的响沙湾后，发现这两处鸣沙地都属于细沙尖，当中的石英沙占了其中的1/2。据此他认为，石英沙里有石英晶体。石英晶体具有特殊的压电性质，使得沙里的这些石英沙粒对压力非常敏感。只要一受挤压，就会带电，在电的作用下它又会来回伸缩振动。振动越厉害，产生电压越高；电压越高，振动就越厉害。如此一来，沙子就会发出奇妙的声响。

拓展阅读

响 沙 湾

响沙湾在包头南边，通过雄伟壮观的黄河大桥，进入库布齐沙漠（响沙湾为其一角），即可到达。一年四季只要天气晴朗干燥，沙子从沙顶下滑便会产生"嗡嗡"的似直升机马达的轰鸣声。若用双手刨沙，还会发生如同青蛙"哇哇"的叫声，独特奇妙。

不过，石英沙分布很广泛，响沙却没那么普遍，而且一般的鸣沙换了地方，就会变成"哑巴"，什么声响也不会发出来。所以有人认为，鸣沙的形成和当地的特殊地理环境也有关。

1979 年，我国学者提出新的见解。认为响沙的"共鸣箱"不在地下，而在地面上的空气里。响沙发出声响，应有 3 个条件，①沙丘要高大陡峭；②背风向阳，而且背风坡沙面必须是月牙状的；③沙丘底下一定要有水渗出，形成泉和潭，或有大的干河槽。同时还提出，由于空气湿度、温度和风的速度经常变化，不断影响着沙粒响声的频率和"共鸣箱"结构，再加上策动力和沙子本身带有的频率变化，所以响沙的声音也会经常变化。

不过也有人不同意这种看法，因为国外一些海滨的响沙沙滩非常平坦，根本不存在又高又陡峭的月牙形沙丘，而且经常只会在下雨后，表面层刚刚干燥时发出声响。比如日本京都府北侧有个丹后半岛，那里的海水浴场上有两处鸣沙地，两处滩涂的声响不仅音色完全不一样，而且季节不同发出来的声响也不一样。所以有日本学者认为，海滨响沙最重要的条件是要有洁净的海水不断冲刷。如果海水弄脏了，沙子就不响了。

由此可见，关于鸣沙的秘密至今还没有一个令人满意的答案，希望科学家通过不断探索，能在不久的将来给我们一个满意的结果。

▶ 海底下沉谜团

海洋中最深的地方是海沟，它们的深度基本都在 6000 米以上，而且海沟附近发生的地震是十分强烈的。据统计发现，全球 80% 的地震都集中在太平洋周围的海沟及附近的大陆和群岛区内。地震会释放出大量的能量。据估测，地震每年释放的能量几乎能与爆炸 10 万颗原子弹相比。有趣的是，海沟附近发生的都是浅源地震。而向着大陆方向，震源的深度才会逐渐变大，最大深度可达 700 千米。如果我们把这些地震震源排列起来，就会构成一个从海沟向大陆一侧倾斜下去的斜面。

1932 年，荷兰人万宁·曼纳兹利用潜水艇测定海沟的重力，结果他惊奇地发现，这些海沟地带的重力值都非常低。这个结果使他感到很迷惑，因为根据地块漂浮的地壳均衡原理，重力过小的地壳块体应向上浮起才对，而实际上海沟却是在如此深的地方。经过研究，曼纳兹认为，可能是海沟地区受到地球内部一股十分强大的拉力作用，才呈现出下沉的趋势，从而形成了幽深的海沟。

知识小链接

海 沟

海沟是海底最深的地方，最大水深可达到1万多米。海沟是位于海洋中的两壁较陡、狭长的、水深大于5000米（如毛里求斯海沟深5564米）的沟槽。

20世纪60年代，人们通过探索逐渐认识到，大洋中脊顶部是新洋壳不断生长的地方。在中脊顶部，每年都会长出几厘米宽的新洋底条带，面积约达3平方千米。而地球表面的面积却并没有逐年增大。由此可见，每年也必定会有等量的洋底地壳在其他别的地方被破坏消失了，这样才能保持均衡。

科学家发现，在地下100~200千米厚的坚硬岩石圈下面，是炽热、柔软的软流圈，在那里是不可能发生地震的。而之所以发生中、深源地震，应该是坚硬岩石圈板块下插入了软流圈中的缘故，这些中、深源地震就发生在尚未软化的下插板块之中。海沟地带两侧板块相互冲撞，从而激起了全球最频繁、最强烈的地震。也正因为洋底板块沿海沟向下沉，才造成了如此深的海沟。

通过以上分析，可以看出曼纳兹的理论也是有道理的。

那么，究竟是什么力量导致洋底板块俯冲潜入地下的呢？

日本有学者研究后认为，洋底岩石圈的密度较大，而其下面的软流圈密度却偏低，所以洋底岩石圈板块容易沉入软流圈中。俯冲过程中，随着温度和压力升高，岩石圈也会发生变化，密度也会进一步增大。这就如同桌布下垂的一角浸入到一桶水中一样，变重了的湿桌布可能会把整块桌布都拉向水桶。海沟总长度最长的太平洋板块，在全球板块中具有最高的运动速度，研究人员据此认为，海沟处下插板块的下沉拖拉作用可能是板块运动的重要驱动力。如果事实真的如此，那么洋底板块应该遭受到扩张应力作用。而近年来的测量发现，洋底板块内部却是挤压应力占优势。这一事实对于重力下沉的说法是个不小的打击。

另外，还有一些学者提出地幔物质对流作用的观点。这种观点认为，大洋中脊位于地幔上升流区，而海沟则处在下降流区，正是汇聚下沉的地幔流把洋底板块拉到地幔中去的。

这一看法与上述万宁·曼纳兹的见解是一脉相承的。但是，目前还是缺乏地幔对流的直接证据。而且，还有一些学者认为地幔物质的黏度太高，很难发生对流。因此，对于海底为什么会出现下潜的问题，科学家们仍在积极地进行研究和探索。

◆ 南极奇湖

谈到南极洲，人们总会联想到白雪皑皑、坚冰酷寒，或是极昼、极夜、冰盖，然而令人惊讶的是，科学家们在这个冰封的世界里，却发现了一个水温高达25℃的热水湖。

这个热水湖名叫华达湖，位于南极洲威特尔冰谷中央。它是一个咸水湖，湖水的含盐量要比地球其他海洋海水的含盐量高出 5 ~ 6 倍。华达湖的湖底深达 66 米，湖表面虽有薄薄的冰层覆盖，冰层下水温为 0℃，但在水深 1.5 ~ 40 米，水温却上升到了 7.7℃；而在距湖面 60 米处，湖水温度骤升，竟高达 25℃。南极洲干冷

南极洲

的世界中，出现了一个十分温暖的湖泊，这给科学界带来了难解之谜。

围绕着南极为何会出现热水湖的问题，科学家们进行了深入的考察，也提出了各种各样的看法，并对形成原因争论不休。其中，有两种观点颇得人们的赞同，一种是太阳辐射说，另一种是地热活动说。

持太阳辐射说观点的科学家认为，热湖是太阳辐射能量的积蓄。南极的夏季日照时间长，湖面接受的太阳辐射能也较多，从而导致湖面水温升高。而湖面水由于冬季结冰盐度增高，致使密度变大。因此，即使夏季水温升高时，表面水的密度仍然维持较大的数值，从而导致温暖的表面水下沉，使底层的水温变高。

对这一说法，也有人持反对意见。反对观点认为，南极夏季日照时间长，

但天气终日阴沉，因此到达地面的太阳辐射其实很弱；况且冰面又会反射90%以上的辐射能，到达地面的辐射能就更少了，不可能会使湖面水温升得那么高。再说，暖水下沉后，必然会使整个水层的水温都升高，而不可能仅使底层的水温增高。

辐 射 能

电磁波中电场能量和磁场能量的总和叫作电磁波的能量，也称为辐射能。

这样，太阳辐射说就很难站住脚了，因而地热活动说逐渐占了上风。

地热活动说认为，华达湖距离罗斯海50千米，而罗斯海靠近正处于活动期的默尔本火山和目前仍在喷发的埃里伯斯活火山。这表明，这一带地底岩浆活动比较剧烈，岩浆上涌现象严重。而受地热的影响，湖水的温度就会出现上冷下热现象。

这一解释非常直观，也容易被人接受。但是，国际南极干谷钻探计划实施后，人们了解到，华达湖所在的赖特干谷区中并没有地热活动，这也彻底否定了地热活动说。

随着地热说的被否定，太阳辐射说重新被人们提起。美国学者威尔逊和日本学者鸟居铁也就是太阳辐射说的主力派。而且经过多年研究，他们还提出了新的论点，从而获得了更多人的支持。

他们认为，尽管南极夏季的日照时间特别长，但因为天气终日阴沉，加上冰面的强烈反射，地面接收到的太阳辐射能的确少得可怜。然而，冰是有一定透明度的，对太阳光也有一定的透射率，因此表面以下的冰层也或多或少地获得了太阳辐射的能量。再加上当地风大，冬季积雪被风吹走。积雪层很薄，多为裸露的岩石，这也使得夏季地面吸热增多，气候较为温暖。久而久之，表层及以下的冰层温度就会有所上升，最后达到使之融化的地步。又因为湖水底层盐度较高，密度较大，底层水就不会升至表层，结果就使高温的特性保留了下来。同时，表层冬季有失热现象，底层则依靠其上水层的保护，失热微小，因而底层水温高。

透射率

透射是入射光经过折射穿过物体后的出射现象。被透射的物体为透明体或半透明体，如玻璃，滤色片等。若透明体是无色的，除少数光被反射外，大多数光均透过物体。为了表示透明体透过光的程度，通常用入射光通量与透过后的光通量之比 τ 来表示物体的透光性质，τ 称为光透射率。

近年来，科学家们也观测到，湖水底层的水温却有缓慢升高的趋势，而且还发现了氯化钙之类的盐类溶液，这些盐类溶液的确可以有效地积蓄太阳能。这也为这一理论提供了有利的依据。

但是，并非所有的人都支持这种新的观点。曾经持地热活动说的学者认为，上述论点有许多属于想象成分，还很难找到令人信服的证据，比如十几米厚的冰层究竟能透过多少阳光？这些透过冰层的阳光使冰层融化并使水温升达如此高的程度，有什么具体的科学依据？如果事实真是如此，那么像华达湖这样的湖泊就不会只有一个，应当还有很多，可实际情况又如何呢？因此，持地热论观点的人仍然坚持自己的观点，认为虽然南极干谷钻探计划证明那里没有地热活动，但因钻孔数有限，深度也不很大，并不能排除仍有地热活动的可能。

看来，谜团至今还没有揭开，还有待于科学家们进一步的探索和研究。

▶ 海上光轮

1880 年 5 月的一个黑夜里，美国"帕特纳号"轮船正在波斯湾海面上航行。突然，船的两侧各出现一个直径 500～600 米的圆形光轮。这两个奇怪的光轮在海面上围绕着船旋转，几乎擦到了船边，并跟随着轮船前进了大约 20 分钟，然后才逐渐消失。

1884 年，在英国某协会举行的一次会议上，有人宣读了一艘船只的航行报告。报告中讲到两个"海上光轮"向着船旋转靠近。当靠近船只时，桅杆突然倒了，随后又散发出一股强烈的硫黄气味。当时，船员们把这种奇怪的光轮叫"燃烧着的砂轮"。

硫 黄

硫黄别名硫、胶体硫、硫黄块。外观为淡黄色脆性结晶或粉末，有特殊臭味。硫黄不溶于水，微溶于乙醇、醚，易溶于二硫化碳。作为易燃固体，硫黄主要用于制造染料、农药、火柴、火药、橡胶、人造丝等。

1909年6月10日凌晨，一艘丹麦汽船正航行在马六甲海峡中。突然，船长看到海面上出现了一个奇怪的现象：一个几乎与海面相接的圆形光轮在空中旋转，过了好一会儿光轮才逐渐消失。

1910年8月12日夜里，荷兰"瓦伦廷号"在南中国海航行时，船上的人也看到了一个"海上光轮"在海面上飞速地旋转着，随后消失。

据统计，"海上光轮"现象大部分都是在印度洋或印度洋的邻近海域被发现的，而其他海域却鲜有发生。

对于海上光环现象，人们也有了种种推论和假设。

有人认为，航船的桅杆、吊索电缆等的结合，可能会产生旋转的光圈；还有人认为，海洋浮游生物也会引起美丽的海发光，有时，两组海浪相互干扰也会使发光的海洋浮游生物产生一种运动，这也可能造成旋转的光圈。但是，这些说法都仅仅是假设，似乎都不能令人满意地解释那些并不是在海水表面而是在海平面之上的空中所出现的"海上光轮"现象。

于是，就又有人提出一种猜测：也许是由于球型闪电的电击而引起了此种现象，或者可能是其他物理想象造成的。但这都仅仅是猜测，没有确切的证据证实这些观点。

如今，神秘的"海上光轮"还是个谜。目前，人们对这种变幻莫测的"海上光轮"了解得还很少，需要海洋科学家进行大量工作，收集更多资料，以便早日揭开这个谜团。

🔳 幽谷之谜

　　1947 年，阿尔及利亚以及一些外国专家组成了一支联合探险队，前往阿苏伊幽谷，准备探明它的深度。

　　探险队挑选了一个身强力壮、又有丰富经验的探险队员，第一个下去尝试。这个探险队员系好保险绳，朝着幽谷下边看了一眼，就顺着陡峭的山崖一步步滑了下去。上面的探险队员们则紧紧地抓着保险绳，保护着他的安全。保险绳上拴着深度的标记。

　　这个探险队员一步步向下滑动着，时间也一分一秒地过去了，保险绳上的标记也在 100 米、300 米、500 米地往下移动着，而这个探险队员也在一步步向着谷底摸索着。然而当他下到 505 米时，还是没有看见谷底。忽然，这个探险队员感到身体越来越不舒服，由于担心发生危险，便只好要求上面的探险队员赶紧将他拉了上来。

　　就这样，一次探险活动结束了，但人们对阿苏伊幽谷的秘密依然是一无所知。

　　1982 年，阿苏伊幽谷又来了一支探险队，他们决心一定要下到超过 505 米的深度。一个队员系好保险绳后，慢慢地朝着谷底滑了下去。然而当他下到 810 米深时，却无论如何也不敢再往下走了，只好爬了上来。这时，一个经常跟山洞打交道的队员已经系好保险绳。他十分镇静地朝着谷底看了看，然后就一米一米地滑了下去。

　　山顶上的队员们睁大眼睛死死盯着保险绳上的标志，800 米、810 米、820 米，只见保险绳又往下滑动了 1 米。这个洞穴专家已经下到阿苏伊幽谷 821 米的深度了！但是，山顶上的人们也不由得为这个洞穴专家捏了一把汗：队员的情况怎么样了？还能不能再往下滑呀？大家真想看一看这个洞穴专家现在正在干什么，可那幽谷深得什么也看不见，只能静静地等待。

　　洞穴专家沿着刀削斧凿般的峭壁一步步下到 821 米深度时，深深地吸了一口气，稍微休息了一会儿，便抓紧保险绳准备再接着往下滑动。没想到，这个洞穴专家突然出现了一种莫名其妙的恐惧，连向谷底深处看一眼的勇气也没有了。就这样，他只好摇了摇保险绳，一步步返回了。

这么一来，821米这个深度就成了阿苏伊幽谷探险家们所创造下的最高纪录了。至于阿苏伊幽谷究竟有多深，神秘的谷底到底有些什么东西，至今也没人能解开这个谜。不过，阿苏伊幽谷还在继续吸引着许多探险家们，不知道将来哪个探险家能够最后揭开谜底！

人们对朱尔朱拉山阿苏伊幽谷里的这些谜团还没有解开，山上的一些奇异现象又为朱尔朱拉山蒙上了一层神秘的色彩。

人们发现：在朱尔朱拉山上，每当雨季来临之际，当倾盆大雨汇集成大水流沿着地面冲出去几十米以后，就会奇怪地消失在山谷里面，然后在千米之下的地方再重新流淌出来。当地的人们利用水流的这个特点，在山谷涌出的急流上建起了一座小型的发电站。

那么，朱尔朱拉山水流的这种奇怪现象到底是怎么回事呢？许多科学家也非常想解开这个谜团。他们纷纷来到这里，考察、研究，最后提出了各自的见解。阿尔及利亚有一个名叫谢巴布·穆罕默德的洞穴专家，曾多次探索和研究了这种奇异的现象。他认为，这种现象只能说明在朱尔朱拉山的深处有一个巨大的水潭，而当雨水沿着峡谷流入这个水潭里面汇集到一块儿时，就会急速地奔流出来，这样就形成了山下的急流。

不过，许多科学家都不赞同谢巴布·穆罕默德的这种看法。他们认为，如果流出几十米远的水都可以流到千米外的那个深水潭，那么整个朱尔朱拉山就是一座千疮百孔的漏斗山了。如果真的是那样，人们就应该能够看到许许多多一直通往山底的峡谷。

这些解释听起来都有一定的道理，但是科学家们都各说各的道理，很难有一个统一的结论，只有事实才能真正地证实谁的看法是正确的。看来，人们如果想要揭开朱尔朱拉山的这些谜团，只能靠进一步地考察了。当地政府也正在组织专家们继续进行勘察探索，以找到那个想象中的积水潭，探明阿苏伊幽谷的真实面目，揭开朱尔朱拉山神秘的面纱。

▶ 旋转岛

《日本沉没》是日本畅销书作家小松左京的小说。然而，观众们不禁会问：作品中那惊心动魄的沧桑巨变，仅仅是艺术家浪漫的想象呢，还是确有科学根据？日本列岛会不会真的发生类似"沉没"那样的巨大灾变？

让我们先来看看日本列岛的历史吧。地质学家指出，日本列岛所在的地方，早在5亿年前（奥陶纪）还是平静的海底，至2亿年前（三叠纪）才变成植物茂密的陆地。而日本列岛面对的日本海，却连1亿岁也不到。因为像日本海这样大小的海，只消1亿年的时间就会被冲积物完全填平。这就是说，日本海的历史比日本列岛的历史短得多。据此，过去有的人认为，日本列岛原来是紧靠着大陆边缘的，或者甚至是亚洲大陆的一部分，只是在3000万～6000万年前，被某种巨大的力量推离亚洲大陆，并且折弯成了现在的弯弓形状。

20世纪80年代以来，由于放射性年代测定和古地磁测定技术的发展，科学家们不但证实了上述推想基本可信，而且有了许多令人吃惊的重大发现。原来，日本列岛在地质史上变动最激烈的时间不是3000万或6000万年前，而是在1500万年前。其剧烈程度更是罕见。当时，日本列岛的西南部分曾以朝鲜半岛和北九州之间的一点为中心，在100万年间沿顺时针方向相对于欧亚大陆旋转了47°，这意味着旋转部分的东端移动了600千米，即平均每年60厘米（一般的地壳变动每年不过几厘米而已）。而在同一时间里，列岛的东北部分则沿着逆时针方向旋转了23°。日本列岛真的是被折弯成弓形的，或者说，像是亚洲大陆上的两扇对开的门，向着太平洋的方向打开了。有人认为，两个门之间也许原来并不相连，而是由冲积物填满了中间的缝隙形成了现在的本州岛。还有的学者发现，今天的地震之乡、温泉胜地伊豆半岛，原来也并不同本州岛相连，它是在仅仅200万～300万年前由南向北移动，撞到了本州岛上面的。也许正是它起了门闩的作用，才造成了今天日本列岛这种形状。

总之，日本列岛是一个旋转的列岛。这个说法听起来似乎有点玄；但科学家们确是根据古地磁学的研究成果才有了这个判断的。地球内部，并非如过去人们所想象的那样藏着一块巨大的永久磁铁，实际上，任何强磁体在地球内部那种高温下也会失去磁性的。地球磁场的产生，其实完全是由地球本身的运动造成的。原来，地球内部的岩浆一直在做一种流体运动，这就使地球变成了一台巨大的发电机，并通过电磁感应造成了地球的磁场。这台"超巨型发电机"的运行经常会发生一些变动，从而使地球磁场也跟着不断变化。同时，各个时代地球磁场的变化，还会在当时形成的岩石中打上印记，记下当时地球磁场的方向。近年来出现的"大陆漂移""板块理论"等学说，都已由古地磁学提供的具体数据所证实。近年来日本神户大学的乙藤洋一郎、日本工业技术院地质调查所的当舍利行以及京都大学古地磁研究组根据古地磁学的研究，终于提出了"日本列岛旋转"的结论。

那么，究竟是哪一股力量推动日本列岛旋转的呢？现在还不能完全解开这个谜。有的科学家认为，是印度次大陆板块与欧亚大陆板块的碰撞，造成了世界最高的喜马拉雅山脉的隆起。日本列岛以及与它大致相连的另外几个形状和方向相同的弧状列岛（如千岛列岛、马利亚那列岛、琉球列岛等），都是在这个巨大的地壳变动中从亚洲大陆上撕下来的。今天日本作为世界上著名的地震与火山之国，它的地壳变动更比其他许多地方活跃和激烈，难怪会使艺术家产生"日本沉没"那样的大胆想象。从科学的角度来看，今天的日本列岛尽管还保持着一种优美的弓形的平衡状态。但这种平衡能否永远保持下去呢？如今谁也不敢断言。

知识小链接

发 电 机

发电机是将其他形式的能源转换成电能的机械设备，最早产生于第二次工业革命时期，由德国工程师西门子于1866年制成。它由水轮机、汽轮机、柴油机或其他动力机械驱动，将水流、气流、燃料燃烧或原子核裂变产生的能量转化为机械能传给发电机，再由发电机转换为电能。

择捉岛

1936年夏天，法国旅行家安让·李甫在海上遇难，被海浪抛到了一个人迹稀少的择捉岛上。他当时的记述很有趣："……我身上除了一个载炊具的旅行包外，便一无所有。正当我饥饿的时候，却意外地发现在一个浅水洼里有几尾僵硬的小鱼；我大喜过望，随即燃起薪草，烧鱼煮汤。锅里还未冒气，我已急不可耐了，猛地揭开盖子，想看看小鱼熟了没有。谁料不揭犹可，一揭之下，竟吃了一惊，原来锅里的'死鱼'竟然在热气蒸腾的水里活过来了！要知道，这时锅里的水温已经起码有50℃啦！这真使我大惑不解。要说是幻觉吗？扔下的几颗荞麦粒又被它们抢个精光……这真是何等神奇！不仅如此，择捉岛上还有一个有如神话般的境界——岛上有一个直径 3000 米的古火山口，形状就像一口巨型的石锅。附近的蝴蝶硕大，蜻蜓有巨眼。锅底荡漾着蓝色的湖水。山洞流淌着透明炽热的酸河……"李甫记述的"在热汤

择捉岛

锅里遨游的小鱼"并不是幻觉。这些"怪鱼"，就是被古火山活动所"烫"热的一个小湖泊里的"居民"。当年它们的祖先在火山爆发中幸存了下来，逐渐适应了这酷热环境，一旦落在凉水里反倒不适，竟至僵硬如死了一般。

　　择捉岛的疑谜主要集中在古火山的南部，那里堆满了一块块打磨圆滑的巨石，既有黑色的、灰色的，也有褐色的和浅绿色的，每块石头上面还凿满了奇异的线条和花纹，据考古学家猜测，这可能是现代语言科学上还不知道的文字；另有几块黑石上刻的却不大像文字，而最多只是一些符号。有一块描画的全都是飞鸟，有的伸长着脖子呈急飞状，有的又仿佛是刚起飞的样子。有一块甚至只雕凿着一个大箭头，直指峭壁脚，仿佛告诉来访者：瞧，那儿埋有宝贝！

你知道吗

罗马数字

　　罗马数字是欧洲在阿拉伯数字（实际上是印度数字）传入之前使用的一种数码，现在应用较少。它的产生晚于中国甲骨文中的数码，更晚于埃及人的十进位数字。但是，它的产生标志着一种古代文明的进步。

更妙的是，有几块绿色圆石上竟刻着现代人类社会里所熟知的符号，比如角度、加号、减号和等号；五和四字样的罗马数字；四方形和矩形；甚至还能清晰地看到拉丁字母"Y"和"S"，以及一些圈得异常端正的圆点……它们一个紧接着一个，仿佛组成一篇数学论文似的。

　　半个世纪以来，各国学者对

择捉岛的奇异文字已做过多方面的探测，但迄今为止仍未能取得多大进展。岛上的现有居民是后来从日本列岛迁移过去的，对择捉岛的过去一无所知；而据考证，千岛群岛上的古代居民——大胡子民族，又从来没有过文字。那么，那些石块是天外来客留下的遗迹，还是欧亚大陆的远古来访者留下的纪念物？这就看哪位勤奋的考古学家能给我们解答了。

◢ 辐射光

马提尼克岛位于加勒比海列斯群岛的中部，面积仅1091平方千米，现属法国，被划为法国的海外省。

20世纪60年代初，法国科学家格莱华博士到马提尼克岛进行科学考察。在比利山区，格莱华博士和他的助手涅连博士发现了一种性质不明的辐射光。生物（包括人类、动物、植物）受这种怪光的影响，体内会发生奇妙的变化，使生长速度大大加快。格莱华博士公布了他的发现，引起了全世界科学家们的极大兴趣。

据报道，由于这种辐射光的作用，格莱华博士（64岁）和涅连博士（57岁）虽然在那儿只呆了2年，却分别长高了2英寸（约0.05米）。这对于两个年过半百的老人来说，几乎是不可思议的。格莱华博士还指出，

马提尼克岛

从1948年起，10年左右的时间内，当地的成年居民都增高了3~4英寸，而动物、植物和昆虫的增长尤为迅速。岛上的蚂蚁、苍蝇、甲虫、蛇和蜥蜴等都比正常的增大了几倍，并且还有继续增长的趋势。尤其是岛上的老鼠，竟然长得有猫般大。科学家在辐射光最强的比利山区种植了树木，这些树木的增长速度更为惊人。

知识小链接

甲　虫

甲虫是鞘翅目昆虫的统称，其身体外部有硬壳，前翅是角质，厚而硬，后翅是膜质，如金龟子、天牛、象鼻虫等。

这种辐射光是一种什么性质的光？它的来源是什么？为什么会有这种神奇的力量？它为什么到 1948 年才出现？对于这些问题，科学家们是众说纷纭。一些火箭专家提出了这样的观点：在 1948 年，可能有一只飞碟（或者是别的天外来物）坠落在比利山区，使该岛生物迅猛生长，神秘辐射光就来自一个埋藏在地下的飞碟（或天外来物）的残骸。这情形与 1908 年的通古斯大爆炸颇为相似。不过，在飞碟之谜被揭开之前，这种观点很难被所有人所接受。有人则认为，那个岛上大约埋藏着一种强烈的放射性矿物，这样就造成了一系列的奇迹……

马提尼克岛上的神秘辐射光到底是怎么回事，仍有待科学家们研究解答。

🔘 百慕大三角

所谓百慕大三角，即指北起百慕大，西到美国佛罗里达州的迈阿密，南至波多黎各的一个三角形海域。在这片海域上，从 1945 年开始数以百计的飞机和船只，在这里神秘地失踪。当然，这些失踪事件不包括那些机械故障、政治绑架和海匪打劫等，因为这些本不属于那种神秘失踪的范畴。

现在，百慕大三角已经成为那些神秘的、不可理解的各种失踪事件的代名词。

在我们熟悉的地球上，怎么独独有这么一个神奇而无法解释的角落？怎么会发生一连串不可思议的事情？究竟是什么在百慕大三角作祟？

◎ 失踪的飞机群

美国空军上尉泰勒是一位极有经验的飞行员。他已经驾驶飞机在空中飞行了 2500 个小时，这个飞行纪录并不是一般人能够做到的。

1945 年 12 月，泰勒上尉作为第 19 飞行队的队长，率领飞行队从佛罗里达州的劳德代尔堡机场起飞。他和 14 位飞行员驾驶着 5 架复仇式鱼雷轰炸机，去执行一项飞行训练任务。

一切正常，天气良好，这是个理想的飞行天气。

他们的任务是飞一个三角形航程，向正东方向飞过巴哈马群岛，接着向北飞行，然后沿三角形最后一个边线返航。

失踪的飞机

当飞行队越过巴哈马群岛上空时，基地突然收到泰勒上尉和飞行员鲍尔斯的报告，称罗盘失灵，他们弄不清楚自己的高度。片刻，基地指挥部收到的信号越来越糟糕，好像所有的飞行员都慌了神。当然指挥部也慌了。

下午 4 点钟，指挥部听到了泰勒上尉志忐而颤抖的呼叫：

"发生了异常现象！我们不知道为什么偏离了航向。"

指挥部道："报告你们的位置！"

泰勒："我弄不清自己的位置，不知在什么地方!"

指挥部："那么你们向西飞行!"

泰勒："方位仪出了故障，指针不动。我们辨不清方向，看到的只是大海!"

基地指挥部当时未感到问题的严重性。因为，飞机上燃料充足，可以应付 4 个小时的飞行。再说，泰勒上尉的飞行

拓展阅读

罗盘

罗盘主要由位于盘中央的磁针和一系列同心圆圈组成。罗盘的发明和应用是人类对宇宙、社会和人生的奥秘不断探索的结果。罗盘逐渐增多的圈层和日益复杂的指针系统，代表了人类不断积累的实践经验。

技术是让人放心的。

可是十几分钟后，基地指挥部又接到报告：

"我们现在又迷航了，看不见陆地……一切全乱套了，连大海也好像和往常不一样了！"

这时候也传来泰勒上尉的声音：

"我们好像在墨西哥湾上空……"

基地吃惊了，他们怎么偏离航向飞到墨西哥湾去了？下午6时，这5架飞机不知位于何处，还盲目地在飞行，他们之间彼此联系的对话，让基地大大震惊，所有的仪表都失灵了。他们的读数都不相同，连西斜的夕阳都没看见，如果看见太阳他们就会校正航向的。最后，终于传来令基地心碎的声音：

"我们完了……开始往水里沉了……"

电波讯号越来越微弱，直到一片沉寂。这时候，时针正指着7点零4分。泰勒上尉连同他的14个伙伴，以及那5架飞机，在地球上消失了。

指挥部感到这事不可理解，立刻决定派飞机寻找。

几分钟后，一架马丁式海上搜索机应命起飞。这架海上搜索机由13名机组人员驾驶。

但是，这架海上搜索机也失踪了。它好像直奔那个失踪的虎口，连点声息都没有传回，便悄悄地消失了。

短短几个小时，6架飞机、27位飞行员都不见了，简直是莫名其妙。难道他们被天空吞噬了吗？

次日，美国当局对这次事件予以高度的重视，进行了有史以来最大的一次搜寻救援活动。美国海军出动了包括航空母舰在内的21艘舰艇，数百艘快艇和摩托艇，300多架飞机，也就是说美国海军动用了佛罗里达海域附

广角镜

航空母舰

航空母舰，是一种大型水面舰艇，舰体通常拥有巨大的甲板和坐落于左右其中一侧的舰岛。航空母舰是航空母舰战斗群的核心，舰队中的其他船只提供保护和供给，而航空母舰则提供空中掩护和远程打击能力。它是现代海战中最重要的舰船之一。

近所有能够动用的舰船和飞机。搜索从百慕大到墨西哥湾的每一寸海面，结果一无所获。

按常理分析，假如飞机坠入海中，那么起码也应当在海面上留下漂浮的油花等痕迹。然而，什么也没留下，就像什么也没有发生过似的。大海依然那么蔚蓝、那么宁静。

负责搜寻救援的官员沮丧地对上司说：

"天知道发生了什么，我们甚至无法估计可能发生了什么！"

当这件事披露之后，百慕大三角就出了名。随着人们对这片海域的关注，不可思议的飞机失踪事件，就显得越发令人感到恐怖……

1948 年 12 月 27 日 22 点 30 分，一架 DC–3 型大型民航班机，从旧金山机场起飞，途经百慕大三角上空，地面指挥塔曾听到机长惊诧的话声：

"这是怎么回事？都在唱圣诞歌吗？"

谁也没有想到这句话里所包含的是什么。

28 日凌晨 4 点 30 分，班机还向机场发过电讯——"接近机场，灯光可见，准备降落。"机场做好了接受着陆的各项准备，可是这架 DC–3 型班机始终没在机场降落。它在降落前消失了，机组人员和全部乘客当然无一生还。

一分钟前还与机场保持着正常联系，这次失踪仿佛是在一瞬间发生的。就像天空破了个洞，飞机一下被吸进洞里而无声无息了。

◎ 航海者的墓地

百慕大三角究竟是一片什么样的海域呢？我们从最早扬帆驶过这片海域的哥伦布的见闻中，也许能窥见 500 年前这片海域的一些情况。

1502 年，哥伦布第四次渡过美洲时，曾途经百慕大三角。这天，哥伦布伫立船头，晴空万里，海面平静。突然间，狂风骤起，天昏地暗，几十米高的巨浪像墙一样向船队扑来。水手们齐心协力试图调转航向，但船上所有的导航仪器全部失灵，磁罗盘上的指针不是指着正北方向，而是指向西北方向，偏离 6°。船失控了，任随风浪推打。

哥伦布是幸运的，经过几天几夜的颠簸，船总算没有沉没。令他奇怪的是，这场从天而降的风暴结束时竟是戛然而止的，风浪说结束就结束，马上就风平浪静了。

哥伦布把这一切详细地写在他的航海日记里。他在给西班牙国王的信中，也谈到这次难忘的经历：当时，浪涛翻滚，一连八九天时间，我们看不到太阳和星辰……我这辈子见过各种风暴，可是从来没遇到过时间这么长，这么狂烈的风暴。

问题在于哥伦布活过来了，他的经历至少说属于那些尚可解释的遭遇。那么，那些没能活过来的人，他们的遭遇呢？当然，那是一种不可解释的、谁也没看到的经历……

1840年8月，一艘法国帆船"洛查理号"正在百慕大三角航行。这艘船扬着帆，而且风帆饱满，说明它在平静地航行着。令人感到迷惑的是，它好像没有目标似的随风漂荡。人们感到奇怪，便划船靠上去。他们发现船上静悄悄的。上船后才知道，船上空无一人，但货舱里装着的绸缎等货物完整无损，水果仍很新鲜，也没有碰过。然而，为什么船上的水手都跑光了呢？没有人能够解答，船上唯一健在的生物，就是一只饿得半死的金丝鸟，可惜它不能说话。

拓展阅读

百慕大三角

百慕大三角，又称魔鬼三角，位于北大西洋的马尾藻海，是由英属百慕大群岛、美国波多黎各及美国佛罗里达洲南端所形成的三角区海域，面积约390万平方千米。据称这里经常发生超自然现象及违反物理定律的事件。

到底发生了什么，没有人知道，但谁都敢肯定船上肯定发生了一件不可思议的事情。

1872年，这一带海域又发生了一件怪事。

一艘双桅船"玛丽亚·采列斯特号"，在亚速尔群岛以西100海里（1海里≈1.85千米）的地方漂浮。当它被人们发现时，船上又是空无一人，而且船舱的餐桌上还摆着美味佳肴，茶杯里还盛着没喝完的咖啡和水。壁上的挂钟正常地走动，缝纫机台板上还放着装着机油的小瓶子。这一切除了说明这艘船没有遇到风浪之外，丝毫不能解释它的主人为何弃船而去。

1944 年，古巴籍的货船"鲁比康号"在同一海域同样出现人去船空的奇案。当人们登上这艘漂浮不定的船时，只有一只狗孤独地躺在甲板上。

1963 年，美国籍油轮"玛林·凯恩号"穿过这片海域，航行的第二天，船上的报务员还向岸上通报说："航行正常，位置北纬 26°4′，西经 73°。"但这是"玛

百慕三角大沉船

林·凯恩号"传给世界的最后信息，它从此失踪了。谁也无法想象这样一艘装有现代化导航和通讯设备的油轮，竟然连一点油花都没留下，就从这片海域上失踪了。

潜艇

潜艇是既能在水面航行又能潜入水中某一深度进行机动作战的舰艇，也称潜水艇，是海军的主要舰种之一。潜艇在战斗中的主要作用是：对陆上战略目标实施核袭击，摧毁敌方军事、政治、经济中心；消灭运输舰船、破坏敌方海上交通线；攻击大中型水面舰艇和潜艇；执行布雷、侦察、救援等任务。

美国籍货轮"独眼号"是一艘长达 542 英尺（1 英尺 = 30.48 厘米）、拥有 309 名水手的巨型货轮。1918 年 3 月，它从巴西装满锰矿砂在返回弗吉尼亚的诺福克的途中失踪了。当时天气很好，不存在风浪掀翻船只的可能。有人推测说当时正值第一次世界大战期间，"独眼号"很可能遭德军潜艇的袭击。可是战后人们查阅了德国海军的战时记录，发现当时没有一艘德国潜艇在"独眼号"航线上出现过。如此庞大的一条巨轮，又有无线电通讯设备，它怎么连个 SOS 的信号都没发出就失踪了呢？

1935 年 8 月，意大利籍的货轮"莱克斯号"的水手们，亲眼看到美国籍帆船"拉达荷马号"被海浪渐渐吞没，他们奋不顾身地从海上救起了"拉达荷马号"溺水的水手。但 5 天之后，"莱克斯号"的水手却惊讶地发现，"拉

达荷马号"竟然漂浮在海上。这并不是幻觉，因为"莱克斯号"上的水手，连同被他们救起的"拉达荷马号"上的水手，一同登上了"拉达荷马号"纵帆船。

一艘已经沉没了的船，怎么可能又重新漂游海上呢？人们无法解释。

◎ 究竟谁在这里作怪

既然这里出现如此众多的奇异事件，那么，人们当然要问究竟是什么在这里捣鬼？

1951 年 10 月，一艘巴西的军舰在亚洛尔群岛西南方向的海面上航行，后来船和水兵一起神奇地失踪了。次日，巴西派出飞机和舰船前往找寻，一架水上飞机在海面上被发现，海面下有一个庞大的黑色物体在飞速前进，而且速度快得惊人。这说明它绝非海底生物，同时庞大的体积又说明，它又非水中的鱼类。在这天夜里和次日凌晨，有人在这一海域看见了一种极其明亮的光，但谁也无法说清这奇异的物体和光芒从何而来。

那么，从这片魔鬼三角海域侥幸逃脱出来的人，他们的回忆是否能给我们提供一点线索呢？

美国海难救助公司一位船长说，他有一次从波多黎各返回佛罗里达，途中船上罗盘的指针突然猛烈摆动，虽然柴油机仍在运转，但毫无功率。海浪从四面八方朝船扑来，看不到水平线，船的四面都是浓浓的大雾。他急忙命令轮机手全速前进，终于冲出大雾。奇怪的是这大雾以外的海面浪并不大，也没有雾。水手们都说，这辈子从未见过这种怪事。

1972 年 9 月，美国籍货轮"噩梦号"航行经过百慕大三角海域时，突然船上所有的灯都暗了下来，罗盘也失灵了。水手们感到事情不妙，赶紧根据陆地的灯光定向，把船朝西驶去。航行片刻，他们发现船原本是向北行驶，但无论如何他们也纠正不了航向。这时候，天空出现一个庞大的黑色物

恐怖的百慕大三角

体，遮住了星星。一道亮光射进这个物体。不久，它又不见了，船也恢复了正常航行。

天空中这个黑色物体和前面说到的水下的那个黑色物体有无联系？或者说，它们是否为同一物体？没有人能够回答。人们只能说：这是耐人寻味的。

显然，这里存在着一股神秘而强大的、看不见的力量。

1977年2月，一架私人水上飞机掠过百慕大三角海域，飞机上的几位朋友正在吃饭，突然发现盘子里的刀叉都变弯了。当时罗盘指针偏转了几十度，他们加速逃离了这个可怕的航区。返航后他们发现，录音机磁带里录下了强烈的海的噪音。

海，怎么能发出噪音呢？

一位老飞行员说了件怪事。一次，他在百慕大三角海域7000米高空做夜间飞行。起初，一切正常。忽然他发现机翼两侧光芒闪闪，他以为是机舱玻璃反光，但反光不可能这么强烈，强光刺得他睁不开眼，连仪表也看不清楚，而飞机亮得像个透明的玻璃物体。他抬起头，觉得天空亮得连星星都看不见了。他赶紧关闭自动操纵杆，改用手操纵着飞机飞行，几分钟后，亮光渐渐消失，一切恢复正常。

夜空中的亮光从何发射而来？老飞行员也答不上来。

◎ 永无休止的怪事

1963年，美国海军在波多黎各东南部的海面下，发现了一个不明物体以极高的速度在潜行。美国海军派出一艘驱逐舰和一艘潜水艇前去追寻。他们追踪了4天，还是让那东西跑丢了。这个水下不明物体，不仅航行速度快，而且又有奇异的潜水功能，可以下潜至8000米以下的深海，令声呐都无法搜捕。人们只看到它有个带螺旋桨的尾巴，而无法窥清其真实面目。

消息披露后，有人估计可能是前苏联的潜艇。然而，美国方面称，以现代的加工制造技术，莫说是前苏联，谁都无法制造这种可高速行驶，又可下潜深海的物体。

1982年的一天，在百慕大三角海域一条邮轮上出生的一个女孩，具有一身令人吃惊的超人能力。这个具有超能的女孩面部出现异常的特征，脑部发育极为迅速。她的两眼比常人大，并向上斜飞。由于她脑部发育太快，因此前额高高隆起，使头部看起来很像个灯泡。她能够在 15 英尺（1 英尺 = 30.48 厘米）范围内用目光移动甚至提取小物件，并能洞悉别人的思维活动，准确度达 9 成。

驱逐舰

驱逐舰是以导弹、鱼雷、舰炮等为主要武器，具有多种作战能力的中型军舰。驱逐舰主要用于攻击潜艇和水面舰船，以及护航、侦察、巡逻、警戒、布雷、袭击岸上目标等，是现代海军舰艇中，用途最广泛、数量最多的舰艇。

据了解，这个女孩出生时，她母亲正乘坐在一艘由巴哈马群岛驶往迈阿密的邮船上，航线位于百慕大三角海域。当她出生前 45 分钟时，船上的人都突然产生一种奇异的感觉，心里十分烦躁，坐立不安。女孩的父母相信她的超能和身体的异常变化，都是来自神秘的百慕大三角。

美国佛罗里达州一位 45 岁渔民，于 1996 年 9 月，随渔船到神秘的百慕大三角海域捕鱼，不料遇上大风，渔船沉没。同事们全部罹难，只有他爬上筏子，在大海中漂流了两周后，才遇到过往船只搭救回家。他的妻子对来访问的人说，她的丈夫以前当建筑工人，后来又当渔民，多年来经受日晒雨淋，因此脸上布满皱纹，而且已半秃顶，从外表看起来要比他的真实年龄大上 10 岁。这次他获救后，初时十分虚弱，而且受惊过度，显得更为苍老。但约在一周后，他开始复原，而且显得精力更甚于以前。过不了几天，他的外貌也出现了惊人的变化：脸上原来的皱纹完全消失，头发逐渐长满头顶；同时，他脚踝上的一个疤痕也渐渐消失，整个人看起来就像 20 多岁的青年人一样。

◎ 种种学说

全世界的科学家似乎都不允许百慕大三角的谜继续存在下去。他们运用自己已知的各种知识，来解释发生在百慕大三角的种种怪事。

在各种解释中比较有代表性的是以下 5 种：

（1）磁场说。在百慕大三角出现的各种奇异事件中，罗盘失灵是最常发生的。这使人把它和地磁异常联系在一起。人们还注意到在百慕大三角海域失事的时间多在阴历月初和月中，这是月球对地球潮汐作用最强的时候。

地球的磁场有两个磁极，即地磁南极和地磁北极。但它们的位置并不是固定不变的，而是在不断变化中。地磁异常容易造成罗盘失误而使飞机和轮船迷航。

还有种看法认为，百慕大三角海域的海底有巨大的磁场，它能造成罗盘和仪表失灵。

1943 年，一位名叫裘萨的博士曾在美国海军配合下，做过一次有趣的试验。他们在百慕大三角海域架起两台磁力发生机，输以十几倍的磁力，看会出现什么情况。试验一开始，怪事就出现了。船体周围立刻涌起绿色的烟雾，船和人都消失了。试验结束后。船上的人都受到了某种刺激，有些人经治疗恢复正常，有的人却因此而神经失常。事后，裘萨博士却莫名其妙地自杀了。临死前，他说试验出现的情况与爱因斯坦的相对论有关。他没有留下任何论述，以致连试验的本身也成了一个谜。

（2）黑洞说。黑洞是指天体中那些晚期恒星所具有的高磁场超密度的聚吸现象。它虽看不见，却能吞噬一切物质。不少学者指出，出现在百慕大三角区机船不留痕迹的失踪事件，颇似宇宙黑洞的现象。

你知道吗

恒星是运动着的

恒星是由炽热气体组成的，是能自己发光的球状或类球状天体。太阳系的主星太阳就是一颗恒星。恒星距离地球很远，不借助于特殊工具和方法，很难发现它们在天上的位置变化，实际上恒星是不断运动着的。

（3）次声说。声音产生于物体的振动。人所能听到的声音之所以有低浑、尖脆之分，就是由于物体不同的振荡频率所致。频率低于 20 次/秒的声音是人的耳朵听不见的次声。次声虽听不见，却有极强的破坏力。

百慕大三角海域地形的复杂性，加剧了次声的产生及其强度。波多黎各海岸附近的海底火山爆发、海浪和海温的波动与变化都是产生次声的原因。

（4）水桥说。有人认为百慕大三角海域的海底有一股不同于海面潮水涌动流向的潜流。因为有人在太平洋东南部的圣大杜岛沿海，发现了在百慕大三角失踪船只的残骸。当然只有这股潜流才能把这船的残骸推到圣大杜岛来。

当上下两股潮流发生冲突时，就是海难产生的时候。而海难发生之后，那些船的残骸又被那股潜流拖到远处，这就是为什么在失事现场找不到失事船只的原因了。

（5）晴空湍流说。晴空湍流是一种极特殊的风。这种风产生于高空，当风速达到一定强度时，便会产生风向角度改变的现象。这种突如其来的风速方向改变，常常又伴随着次声的出现，这又称"气穴"。航行的飞机碰上它便会激烈震颤。当然严重的时候，飞机就会被它撕得粉碎。

可惜，这些仅仅是假说而已，而且每一种假说只能解释某种现象，而无法彻底解开百慕大三角之谜。何况，除了飞机和船只无端失踪之外，百慕大三角海底和海面还有一些令人难以置信的怪事呢！

◎百慕大三角新探

宇宙中常发生我们还不能认识的现象。100多年来，各国媒体对百慕大三角的异常现象有种种说法。有的研究者认为，在这个神秘的区域有一种强大的大气激光在作祟。

有的学者则说，那里有一种突发性的磁场在起作用。还有的把反常现象的出现与所谓来地球造访、潜入海底的外星人联系起来，说他们掌握了强大的激光，凡进入该激光作用场的人要么死亡，要么就受到"第四维"即时间隧道的制约。

过去的飞行员，现亚利桑那州立大学研究员洛易林斯·库谢写道：美国C－119大型军用飞机在百慕大三角海域失踪的那些日子，"泽米尼－Ⅳ号"宇宙飞船正在轨道上飞行，宇航员詹姆斯·迈克和副手爱德华·怀特曾发现一个带抓钩状设备的不明飞行物。他们当时就把它摄录下来。对录像带的研究表明，他们发现的不明飞行物与常见的人造卫星毫无共同之处。当时谁也说不清，宇航员遇到的究竟是何物。长期以来，不明飞行物、吞食飞机、轮船的海水已经成了百慕大三角的特有现象，事实是否如此呢？

有一点是确定无疑的：百慕大三角海域情况异常，十分危险。不过对异常的原因，俄罗斯学者、发明家柯洛维亚科夫另有解释。

这种解释与"第四维"即时间隧道有关。根据柯洛维亚科夫的假说，地核并非处于地球中央。它受太阳、月球和其他星球引力的影响，也处在不停的运动中。地核旋转犹如在地壳下面滚动一样，会引起地壳与地核之间岩浆的逆向流动，结果就产生了电磁场。此外，由于地球旋转轴的倾斜，地核会上下移动：夏天在北半球，冬天就移到南半球。因此，地核的赤道与地球的赤道就不吻合，相差有 28 个纬度。而这个区域恰恰就是岩浆流的改向口。

知识小链接

地 核

地核是地球的核心部分，主要由铁、镍元素组成，半径为 3480 千米。地核又分为外地核和内地核两部分。地核占地球总质量的 16%，地幔占 83%，而与人们关系最密切的地壳，仅占 1% 而已。

柯洛维亚科夫把地核赤道定于 28°纬线，正是在这一区域大自然设下了许多神秘的陷阱。这一区域处于地球赤道以北 5°、以南 5°范围之内。如果利用想象力把它们用直线连接起来，那么我们眼前就会出现两个正五角形。五角形的顶点就是陷阱所在地点。在那里船只和飞机会消失得无影无踪；在那里失而复现的船只要么空无一人，要么载着全体航员的尸体。百慕大三角就是这些陷阱中的一个。

我们假设，地核开始向南移动。由于自身的巨大质量，它也像地壳一样具有自己的引力场。在地壳与地核旋转的同时，即共同构成地球唯一的力场。此时，地球表面就不会发生重大的异常。

但当地核向另一极移动时，或说地核的旋转与地壳不吻合时，地面上就出现异常：由于相反的力的作用。像平静湖泊水中突然冒出一股激流那样，地壳下软流的岩浆就开始像湖水旋涡似的环绕上涨，竭尽全力要把沉睡的地壳搅个地覆天翻。这就是引力旋涡。

柯洛维亚科夫认为，百慕大三角之谜的谜底就在于此。当旋涡发作冲出壳区时，光和无线电波的出入口都被封死。谁也不能接收遇难者的无线电讯号，谁也不能看到探照灯的灯光。陷入旋涡中心的船只必然失去行驶能力，束手无策，最终沉没。从百慕大三角中心区复出的船只，通常船员和乘客都无影无踪。

　　在这种灾难中，每个活细胞都会积累巨大的能量，而这些能量最终会把细胞毁掉。能量积累的大小取决于船只运动的方向。在逆旋涡行驶时，能量最大，人必死无疑。而且人在死亡前还会经受难以忍受的突发剧痛。当船只航向与旋涡旋转的方向吻合时，疼痛只会缓慢增加，直到人失去知觉。离旋涡中心越远，这种可怕的力量就越弱。在其外围，人们通常只会发现仪表失常。船只和飞机若与旋涡同向，还会获得额外的速度，提前到达预定点。

　　柯洛维亚科夫肯定，引力旋涡造成的危害不仅在水下，而且也存在于空中。它的临界高度为 11 ~ 12 千米。据此假说，他计算出了地球某些地区不宜飞行的日期，还制造出分成扇面的地球仪。此地球仪能帮助进入异常区域的海洋船只、飞机摆脱神秘陷阱。

▶ 会说话的植物

　　20 世纪 70 年代，一位澳大利亚科学家发现了一个惊人的现象，那就是当植物遭到严重干旱时，会发出"咔嗒、咔嗒"的声音。后来通过进一步的测量发现，声音是由微小的"输水管震动"产生的。不过，当时科学家还无法解释，这声音是出于偶然，还是由于植物渴望喝水而有意发出的。如果是后者，那可就太令人惊讶了，不久之后，一位英国科学家米切尔，把微型话筒放在植物茎部，倾听它是否发出声音。经过长期测听，他虽然没有得到更多的证据来说明植物确实存在语言，但科学家对植物"语言"的研究，仍然热情不减。

　　1980 年，美国科学家金斯勒和他的同事，在一个干旱的峡谷里装上遥感装置，用来监听植物生长时发出的电信号。结果他发现，当植物进行

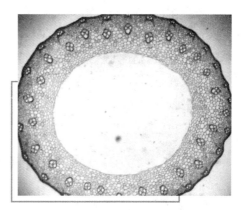

植物茎切片

光合作用，将养分转换成生长的原料时，就会发出一种信号。了解这种信号是很重要的，因为只要把这些信号翻译出来，人类就能对农作物生长的每个阶段了如指掌。

金斯勒的研究成果公布后，引起了许多科学家的兴趣。但他们同时又怀疑，这些电信号的"植物语言"，是否能真实而又完整地表达出植物各个生长阶段的情况，它是植物的"语言"吗？

1983年，美国的两位科学家宣称，能代表植物"语言"的也许不是声音或电信号，而是特殊的化学物质。因为他们在研究受到害虫袭击的树木时发现，植物会在空中传播化学物质，对周围邻近的树木传递警告信息。

最近，英国科学家罗德和日本科学家岩尾宪三，为了能更彻底地了解植物发出声音的奥秘，特意设计出一台别具一格的植物活性翻译机。这种机器只要接上放大器和合成器，就能够直接听到植物的声音。

这两位科学家说，植物的"语言"真是很奇妙，它们的声音常常伴随周围环境的变化而变化。例如有些植物，在黑暗中突然受强光照射时，能发出类似惊讶的声音；当植物遇到变天刮风或缺水时，就会发出低沉、可怕和混乱的声音，仿佛表明它们正在忍受某些痛苦。在平时，有的植物发出的声音好像口笛在悲鸣，有些却似病人临终前发出的喘息声；而且，还有一些原来叫声难听的植物，当受到适宜的阳光照射或被浇过水以后，声音竟会变得较为动听。

罗德和岩尾宪三充满自信地预测说，这种奇妙机器的出现，不仅在将来可以用于检测植物对环境污染的反应、诊断植物本身健康状况，而且还有可能使人类进入与植物进行"对话"的阶段。当然，这仅仅是一种美好的设想，目前还有许多科学家不承认有"植物语言"的存在。植物究竟有没有"语言"，看来只有等待今后的进一步研究才能有答案。

◉ 有情绪的植物

植物是否有感情呢？科学家们经过研究发现，植物也有着丰富的感情，并且同人类一样，在成长过程中会受到感情的影响。可是，植物既不会发声，也不会活动，科学家是怎样知道植物的喜怒哀乐的呢？

天南星

那是在 1966 年 2 月的一天上午，有位名叫巴克斯特的情报专家，正在给庭院的花草浇水，这时他脑子里突然出现了一个古怪的念头，也许是经常与间谍、情报打交道的缘故，他竟异想天开地把测谎仪器的电极绑到一株天南星植物的叶片上，想测试一下水从根部到叶子上升的速度究竟有多快。结果，他惊奇地发现，当水从根部徐徐上升时，测谎仪上显示出的曲线图形，居然与人在激动时测到的曲线图形很相似。

难道植物也有情绪？如果真的有，那么它又是怎样表达自己的情绪呢？尽管这好像是个异想天开的问题，但巴克斯特却暗暗下定决心，要通过认真的研究来寻求答案。

巴克斯特做的第一步，就是改装了一台记录测量仪，并把它与植物相互连接起来。接着，他想用火去烧叶子。就在他刚刚划着火柴的一瞬间，记录仪上出现了明显的变化。燃烧的火柴还没有接触到植物，记录仪的指针已剧烈地摆动，甚至超出了记录纸的边缘。显然，这说明植物已产生了强烈的恐惧心理。后来，他又重复多次类似的实验，仅仅用火柴去恐吓植物，但并不真正烧到叶子。结果很有趣，植物好像已渐渐感到，这仅仅是威胁，并不会受到伤害。于是，再用同样的方法就不能使植物感到恐惧了，记录仪上反映出的曲线变得越来越平稳。

后来，巴克斯特又设计了另一个实验。他把几只活海虾丢入沸腾的开水中，这时，植物马上陷入到极度的刺激之中。试验多次，每次都有同样的反应。

实验结果变得越来越不可思议，巴克斯特也越来越感到兴奋。他甚至怀疑实验是否正确严谨。为了排除任何可能的人为干扰，保证实验绝对真实，他用一种新设计的仪器，不按事先规定的时间，自动把海虾投入沸水中，并用精确到 0.1 秒的记录仪记下结果。巴克斯特在三间房子里各放一株植物，让它们与仪器的电极相连，然后锁上门，不允许任何人进入。第二天，他去看试验结果，发现每当海虾被投入沸水后的 6~7 秒后，植物的活动曲线便急剧上升。根据这些，巴克斯特指出，海虾死亡引起了植物的剧烈曲线反应，这并不是一种偶然现象。几乎可以肯定，植物之间能够有交往，而且，植物和其他生物之间也能发生交往。

巴克斯特的发现引起了植物学界的巨大反响。但有很多人认为这难以令人理解，甚至认为这种研究简直有点荒诞可笑。其中有个坚定的反对者麦克博士，他为了寻找反驳和批评的可靠证据，也做了很多实验。有趣的是，他在得到实验结果后，态度一下子来了个大转变，由怀疑变成了支持。这是因为他在实验中发现，当植物被撕下一片叶子或受伤时，会产生明显的反应。于是，麦克大胆地提出，植物具备心理活动，也就是说，植物会思考，也会体察人的各种感情。他甚至认为，可以按照不同植物的性格和敏感性对植物进行分类，就像心理学家对人进行的分类一样。

> **趣味点击 含羞草**
>
> 含羞草为豆科多年生草本或亚灌木，由于其叶子会对热和光产生反应，受到外力触碰会立即闭合，所以得名。它原产于南美热带地区，喜温暖湿润。其花为粉红色，形状似绒球，讨人喜爱，开花后结果，果实呈扁圆形。含羞草的花、叶和果实均具有较好的观赏效果，且较易成活，是适宜阳台、室内的盆栽花卉，在庭院等处也能种植。

人们对植物情感的研究兴趣更趋浓厚了。科学家们开始探索"喜怒哀乐"对植物究竟有多少影响。

不仅如此，植物也爱听音乐。许多科学家通过实验证明了这个问题。

有一位科学家每天早晨都为一种叫加纳菇茅的植物演奏 25 分钟音乐，然后在显微镜下观察其叶部的原生质流动的情况。结果发现，在奏乐的时候原生质运动得快，音乐一停止即恢复原状。他对含羞草也进行了同样的实验。听到音乐的含羞草，在同样条件下比没有听到音乐的含羞草高 1.5 倍，而且叶和刺长得满满的。

其他科学家们在实验过程中还发现一个有趣的现象：植物喜欢听古典音乐，而对爵士音乐却不太喜欢。美国科学家史密斯对着大豆播放《蓝色狂想曲》音乐，20天后，每天听音乐的大豆苗重量要比未听音乐的大豆高出1/4。

看来，植物的确有活跃的"精神生活"，轻松的音乐能使植物感到快乐，促使它们茁壮成长。相反，喧闹的噪音会引起植物的烦恼，生长速度减慢，有些"精神脆弱"的植物，在严重的噪音袭击下，甚至枯萎死去。

在现代社会中，许多因素会使人神经紧张，比如忙碌、噪声、考试等。科学家们发现，植物同样也会因生命受到威胁而紧张。植物在紧张时，会释放出一种名为乙烯的气体。植物越紧张，释放出的乙烯也就越多。人对这种气体是感觉不到的。美国科学家设计出了一种气相层析仪，可以测出植物紧张时释放出的极少量的乙烯。

研究人员利用气相层析仪进行测量发现，当空气严重污染、空气湿度太大或太小、火山喷发、动物啃食植物的树叶或大量昆虫蚕食植物时，植物都会紧张，释放出乙烯气体。

科学家们还发现，经常受到威胁而紧张的植物，它们的生长速度会因受影响而减慢，甚至会枯萎。

使用气相层析仪监测植物发生紧张的频繁程度和紧张的强烈程度，可以使种植者及时找出令植物紧张的原因，设法消除使植物紧张的因素。这样，就可以大大增加收获量。

前苏联科学家维克多做过一个有趣的实验。

他先用催眠术控制一个人的感情，并在附近放上一盆植物，然后用一个脑电仪，把人的手与植物叶子连接起来。当所有准备工作就绪后，维克多开始说话，说一些愉快或不愉快的事，让接受试验的人感到高兴或悲伤。这时，有趣的现象出现了。植物和人不仅在脑电仪上产生了类似的图像反应，更使人惊奇的是，当试验者高兴时，植物便竖起叶子，舞动花瓣。当维克多在描述冬天寒冷，使试验者浑身发抖时，植物的叶片也会瑟瑟发抖。如果试验者感情变化为悲伤，植物也出现相应的变化，浑身的叶片会沮丧地垂下"头"。

尽管有以上众多的实验依据，但关于植物有没有情感的探讨和研究，迄今还没有得到所有科学家们的肯定。不过在今天，不管是有人支持还是有人反对、怀疑，这项研究已成为一门新兴的学科——植物心理学。在这门崭新的学科中，有无数值得深入了解的未知之谜，等待着人们去探索、揭晓。

鸟类觅路

物理学家埋头研究太空航行的时候，另一些优秀科学家却在研究飞禽如何在地球上飞行。例如北极燕鸥，出生在北极圈10°以内的地方，出生后6个星期就离家南飞，它是用什么方法认路，飞到1.8万千米外的南极浮冰区？它在南极过冬以后，又怎么回到北方原来的伏窝地点去度过夏天呢？它那简单的头脑怎样解决曾困扰人类千年之久的那些航行上的问题呢？

北极燕鸥

一般人们相信，罗盘在12世纪被发明。300年后，哥伦布才横渡大西洋。但是早在几百万年以前，鸟类就已经若无其事地在世界各地飞翔了！时至今日，我们仍未能充分了解飞禽是怎么认路的。

直到18世纪，鸟类学家才开始知道夜间也有鸟类飞行，而且一起飞行的鸟类的数目很庞大。1898年，一位观鸟客估计，秋季最多鸟类移栖时，夜晚飞经他观鸟地点的鸟，每小时达9000只之多！这种报告使科学家想起飞禽迁徙所牵涉的觅路问题，这个问题一直到今天都还是疑团重重。

与这个问题密切相关的，自然是鸟类的"还乡本能"，那是它们的另一遗传天性。人类自初次利用鸽子传信以来，即开始利用鸽子的这种天性。但觅路回家的世界纪录，可能是一只形似海鸥叫作曼鸟的小鸟所创下的。英国威尔士海岸悬崖的洞穴里有很多这种小鸟。其中一只曾经被绑起来用飞机送到美国麻省波士顿，于1952年6月4日在波士顿把它释放。在6月16日下午，也就是12天半之后，它又钻进它在威尔士的巢穴中了。它飞越了4800千米无迹可寻的茫茫大海!

它们靠什么来决定航向? 北极星? 太阳? 月亮? 风? 气候? 地磁? 它们的方向意识又是从哪里来的?

德国鸟类学家克莱默进行的一项实验, 是真正了解飞禽觅路问题的第一步。他设计了一套方法, 用以测验 20 世纪初有人信口提出鸟类依靠太阳指引方向的一个假说。他注意到迁徙季节来临时, 笼中的鸟会惶惶不可终日地乱跳。于是他把几只关在笼子里的欧椋鸟放进一个圆形的亭子里, 亭子开了只能看见天空的窗。他接着记录下亭中各鸟栖止的位置, 发现它们经常头朝着它们要迁徙的方向。蒙起窗户以后, 它们就失去准则, 四面乱飞乱跳。后来他装了一个类似太阳会发光的灯, 让鸟在错误的时间和方向升落。亭中的鸟又朝向迁徙方向, 但是向着人工太阳决定的错误方向。他因此为太阳决定航向学说找到了有力的证据。只有一点无法解释: 鸟怎么能不分昼夜, 不论阴晴凭太阳指引呢?

太阳位置不断改变, 利用太阳测定方向, 也是个非常复杂的问题。别的不说, 鸟的身体里至少需要具备一种几乎相当于钟表的计时工具。

曾在剑桥大学任职的英国生物学家马修斯指出, 靠太阳指引飞行方向存在各种困难, 但是他深信迁徙和觅途还乡的飞鸟确实具备这种本能。

1955 年, 他的实验摘要发表, 有一件事无法充分说明, 那就是夜间迁徙又如何解释?"夜航方向可以凭当天日间的太阳方位决定,"他推论说,"然后尽可能整夜维持不变, 也许还可以从月亮和繁星的位置获得若干引导。"另一飞禽学家, 德国佛雷堡大学的邵尔对这个相当含糊的理论并不满意。邵尔主要研究长途飞行的莺, 莺多半在晚间飞行。他一连做了很多夜间实验。他在迁徙季节把一批关在笼子里的莺, 摆在只能看见天上繁星的地方。他发现鸟儿一瞥见夜空就开始拍翅欲飞, 而每只鸟都会选好一个位置,"像罗盘上的指针一样"朝向迁徙的方向。当邵尔把鸟旋转到另一方向时, 它们仍要固执地转回去。

邵尔博士又把他的莺放在人造星空模型里, 莺仍选出了飞往它们非洲冬季居住的正确方向。旋转圆顶把星辰位置摆错时, 它们也跟着错!

这种小小的莺, 在夜间出发, 孑然一身, 能够毫无偏差地飞到遥远的非洲。邵尔博士已经确定莺除根据太阳之外, 同样也能依据星辰来决定它们的飞行方向。

很多鸟类具有沿纬度季节迁移的特性，夏天的时候这些鸟在纬度较高的温带地区繁殖，冬天的时候则在纬度较低的热带地区过冬。夏末秋初的时候这些鸟类由繁殖地往南迁移到渡冬地，而在春天的时候由渡冬地返回到繁殖地。这些随着季节变化而南北迁移的鸟类称之为候鸟。

这种巧妙的本能是怎样遗传下来的呢？马修斯博士认为，那是"生物学上的重要奥秘之一"。他还提醒我们，这门科学的积极研究和实验，目前才刚刚开始。邵尔博士现在正想把各星座从他的行星仪中逐一移去，希望查出莺在夜间飞行主要是靠哪些星座。暂假定只要有北极星就行。

几十多年来专心研究飞禽觅路问题的学者，一致同意一个基本的事实：每一候鸟的微小脑子里，生来就有某种仪器，使它与天空中的亮光结成复杂的关系，在地球上来去自如，而人类枉有那么多种发明，却永远都难达到那样玄妙的境界。还有，上述例子表明，有些情况下环境可以影响体型模式，既然这样，从遗传和发育的角度来看，又该怎样解释呢？

总之，在这个问题上，还存在着许许多多的未知数，就像其他生命之谜那样。一系列谜底的揭晓都有待于生物学家的继续努力。

◆ 聪明的海豚

◎ 认人之谜

春天是美丽的，湛蓝的大海波光闪动，吸引着无数游客，远处过冬的鱼虾也赶到岸边找吃的，大海又热闹起来了。

故事就发生在30年前的这个季节里。

这一天，到新西兰奥波伦尼海滨游泳的人们特别高兴，因为有一些不平常的客人来陪他们一起玩了。

这些客人就是海豚。它们一开始只是单独玩耍，不敢接近人群。后来，游客们注意到它们有趣的动作，就纷纷向它们游去，好奇地观看着。海豚大概是感到没有任何威胁，就紧挨着人群，继续开心地玩起来。只见一只海豚用嘴把一片羽毛顶出海面，抛到空中，等羽毛落下来的时候，其余的海豚就玩儿命地游过去争抢。而得到羽毛的那只海豚就显得十分得意，骄傲地在伙伴们面前游来游去，但一不当心，嘴里的羽毛就被另一只海豚抢走了。

你知道吗

海　豚

海豚属于哺乳纲、鲸目、齿鲸亚目、海豚科，通称海豚，是体型较小的鲸类，共有近 62 种，分布于世界各大洋。其体长 1.2～4.2 米，体重 23～225 千克。海豚嘴部一般是尖的，上下颌各有约 101 颗尖细的牙齿，主要以小鱼、乌贼、虾、蟹为食。海豚喜欢过"集体"生活，少则几条，多则几百条。海豚是一种本领超群、聪明伶俐的海中哺乳动物。

于是，又掀起了一场羽毛争夺战。海豚们就这样你追我赶，你抢我夺，足足玩儿了 1 个多小时，人们津津有味地观看着，特别开心。

从这以后，可爱的海豚们差不多天天都来玩耍，跟游泳的人们也渐渐熟悉了。

其中有一只海豚，特别受小朋友们的欢迎。它常常游到孩子们中间，跟他们一起玩球。孩子们用手托球，海豚没有手，就用嘴顶，而且顶得特别准，球还没落下来，它早就游过去等着啦。因此，孩子们十分喜欢这只海豚，并且跟它交上了朋友，还给它起了个名字叫奥波。

奥波每天都来到岸边，跟孩子们玩上几个小时，然后就游到平静的海湾里找东西吃。有一个小女孩叫贝克尔，特别喜欢奥

海　豚

波，别的孩子有时候凶猛地冲向它，贝克尔却轻轻地抚摸它，所以她和它很快就成了最好的朋友。只要贝克尔一下水，奥波就离开其他小朋友，游到贝克尔身边，跟她一起玩。有一天，贝克尔两腿分开站在水里，奥波突然游到她腿当中，把她背了起来。这下儿可把贝克尔吓了一跳，以为是奥波要捉弄她呢。可奥波并没有恶意，它背着贝克尔在海上兜了一个大圈子，然后又把她带回到原来的地方，贝克尔开心极啦。别的孩子看了，特别羡慕，都想骑着海豚逛大海。有个男孩子猛地一把抓住奥波的背鳍，想骑到它身上去，可奥波怎么也不干，拼命扭动身子，把那个男孩摔了下去。奇怪的是，当贝克尔把那个孩子抱到奥波背上的时候，它却一动也不动，高兴地背着那个男孩在海上转了一大圈。这样一来，别的孩子都让贝克尔帮他们骑奥波去玩儿，贝克尔也特别乐意帮助小伙伴们，孩子们高兴极了。

这件有趣的事，很快就在小镇一带传开了。人们好奇地赶到海滨观看，沙滩上人山人海。为了保护海豚奥波的安全，当地人竖立起广告牌，政府还颁布法令，禁止伤害它。

海豚为什么有这样的认人本领呢？

这个谜一样的问题吸引了很多人。人们很想对聪明的海豚进行一番研究。

可有些人认为，海豚奥波的行为，是非常偶然的，根本不值得研究。

但是，几年以后，在苏格兰福恩湾又出现了一只奇特的海豚。人们给它起了个名字叫查理。有一支冲浪队在海湾里训练，聪明的查理很快熟悉了他们。它跟快艇后面的冲浪运动员进行比赛，而且同一个叫斯文森的女孩成了好朋友，友好相处了几个月。查理和奥波一样，给当地的人们带来了不少乐趣。

1968 年 8 月，在的耶夫帕托里亚海滨，有一只小海豚也在那里整整呆了1 个月。它经常跟游泳的人一起玩耍，人们喂它吃鱼，抱着它，抚摸它，与它相处得特别亲热。人们给它起了个名字叫阿里法。它还常常游到码头附近，向坐在岸边垂钓的人要鱼吃，有意思极了。

看起来，能够认人，跟人交朋友的海豚确实不少，它们的行为绝不是偶然的。于是，人们决心揭开这里面的奥秘。

海洋生物学家们经过多年观察实验，认为海豚是一种非常聪明的海洋动物。在陆地上生活的黑猩猩和猴子，是人们公认的非常聪明的动物，它们的动作很像人，而且还能模仿人的一些复杂动作。可是要跟海豚比起来，它们就逊色多了。有人教猴子和海豚打开电源开关，猴子用手，也就是用前爪；海豚用嘴。训练结果是，猴子要教它几百次才会，而海豚只需用 20 次就行了。有一只海豚更能干，只训练 5 次就学会了。可见，海豚比猴子还要聪明。

它们为什么会这样聪明呢？

为了揭开这个谜，科学家们解剖了一些已经死去的海豚尸体，发现海豚的脑子特别大，而且很复杂。大家都知道，动物的脑子越大，结构越复杂，就越聪明。一只成熟的海豚，脑子的重量大约有 3.5 磅（约合 1.59 千克），这个重量，占整个海豚身体总重量的 1.17%，而黑猩猩只占 0.7%。再说，海豚的脑子也很发达，形状像核桃仁一样，上面有很多回转和深沟，跟我们人类的脑子很相似。所以海豚很聪明。

海豚为什么特别聪明这个谜好像是解开了。可是海豚认人光靠聪明是不行的，还要有识别目标的特殊本领。

那么，海豚的这种特殊本领是怎么来的呢？

一开始，人们认为海豚是靠一双敏锐的眼睛识别目标的。为了证明这一点，科学家们让海豚在浑浊的水池里找鱼吃，结果不管水多浑，海豚每次都能迅速地找到鱼，从不走弯路。这说明海豚的视力确实敏锐。

但也有人认为，海豚能迅速找到鱼，不一定靠眼睛，也可能是别的器官在起作用。科学家们把海豚的眼睛蒙起来继续实验，结果，只要把鱼放到水池里，海豚虽然蒙着眼，照样能直接奔向目标。这就说明，海豚并不是靠眼睛来识别目标的。

科学家们又进行了很多次实验，发现海豚不仅听觉灵敏，而且有发出声信号和对声信号

拓展阅读

声呐

声呐的中文全称为：声音导航与测距，是一种利用声波在水下的传播特性，通过电声转换和信息处理，完成水下探测和通讯任务的电子设备。它有主动式和被动式两种类型。

做出反应的能力。科学家们推断：海豚是靠声呐来探测目标的。什么是声呐

呢? 声呐就是发射超声信号,再接收目标反射的回声信号,根据发出信号和接到信号的时间长短、回声信号传来的角度、回声信号的强弱,来判断目标的远近、方位、性质的一种装置,目前在潜艇和其他舰船上广泛应用。人们设想,海豚身上的声呐要比人造声呐精巧得多。它身上还有一台"微型电脑",用来分析、监听和翻译各种回声信号。它不仅能判断目标的大小,而且还能判断目标的性质,这是人造声呐做不到的。

可是,海豚的声呐为什么这样灵巧? 要彻底揭开这个谜,还有很多工作要做。

◎ 领航之谜

1871 年的一天,一位船长指挥的"布里尼尔号"航船,航行到离新西兰首都惠灵顿不远的地方,就要驶入伯罗鲁斯海峡了。同行们告诉过船长,那里礁石如林、波涛汹涌,再加上浓雾迷漫,船行起来特别困难,弄不好就会船毁人亡。船长特别关照水手们,要加强瞭望,千万不要出差错。

"布里尼尔号"在船长的指挥下,驶入狭窄的海峡了,船员们一个个严守岗位,不敢有一点儿马虎。瞭望人员目不转睛地搜索着海上的动静,船在风浪和激流中艰难地航行着。突然,一个负责瞭望的船员喊了起来:

"船长,前面有礁石!"

这一喊不要紧,全船上下都被惊住了。人们提心吊胆,可千万别撞到礁石上啊!

船长镇定地站在驾驶室里,用望远镜仔细地观察着目标,自信地说:"别紧张,那不是礁石。你们仔细看看,它在动呢,哪有礁石会动的事情。"

一个水手接过船长的望远镜观察了一会儿,也说:"会动,那块礁石真的会动!"

"我看,那可能是一条鲸鱼在游呢。"船长又补充了一句。

听船长这么一说,一场虚惊才算过去。

"布里尼尔号"离那个黑点越来越近了,大家这才看清楚,原来是一条大海豚。

奇怪的是,这条海豚见船来了不但不游走,反而跟着一起航行,不一会儿工夫又游到前头,与"布里尼尔号"保持一段距离,就是不肯离去。

"这条海豚真有意思！"船长自言自语地说。

"船长先生，我看它好像在给我们领航呢。"正在操舵的舵工提醒说。

"领航？"船长也好像发现了什么。

"海豚能通过的地方，一定没有礁石，咱们先跟它走一段。"在船长的指挥下，航船紧紧地跟着那条大海豚前进。

海豚在水流湍急的航道上向前游着，灵活地避开一个又一个暗礁，带领着"布里尼尔号"，平安地驶出了海峡。

到达目的地以后，这件事就被水手们传开了。后来的船只也遇到了同样的事，只要跟着那条海豚航行，就能顺利通过海峡。海员们为了表达对这只海豚的感激之情，就用海峡的名称给它起了个名字：伯罗鲁斯·杰克。后来就干脆叫它杰克。

杰克自愿为船只领航，把一艘又一艘船引过危险的海峡，勤勤恳恳工作了22年。没想到在1892年，却差点儿遇到杀身之祸。

那一天，有一艘叫"企鹅号"的航船经过海峡，船上的一个醉汉对着杰克连开几枪。枪声响过之后，杰克就无影无踪了。全船的人气坏了，把醉汉狠揍了一顿。

可爱的海豚杰克到底哪儿去了呢？

是受了惊吓躲起来了，还是受伤以后远走他乡了？要不就是中弹身亡，葬身海底了？失去了杰克，人们伤心极了。

没想到半个月以后，杰克又突然出现。和往常一样，继续为过往海峡的船只领航。但它的记忆力特别好，只要它一见到"企鹅号"驶过来，就远远地躲开了。"企鹅号"的水手们也纷纷到别的船上工作了。后来，这艘没有杰克领航的船，终于触礁沉没了。而其他的很多船只，却在杰克的帮助下，平安地在海峡里来来往往。

为了保护这只海豚，新西兰总督在1904年9月26日，发布了一项特别命令，严禁伤害在海峡内护送船只的海豚，违犯者罚款。

杰克为人们辛勤工作了41年之后，于1912年4月的一天突然不见了。从此就再也没有见到它，它永远地消失了。

为了纪念这只为人类造福的海豚，人们在新西兰首都惠灵顿为它修建了一座纪念碑。

海豚杰克为什么会领航呢？

为了解开这个谜，有人专门查阅了当时的文献和报刊，询问了当时的海员，了解到海豚杰克在伴随船只一起行进的时候，常常喜欢用身子擦船舷，蹭船底。

据此，有的学者推测，海豚之所以对航船感兴趣，是因为它能用自己的身体去蹭光滑的船壳，或者喜欢在航船激起的浪花和水流里玩儿，这样会使它的皮肤感到舒服。

拓展阅读

新 西 兰

新西兰位于太平洋西南部，是个岛屿国家。新西兰两大岛屿以库克海峡分隔，南岛邻近南极洲，北岛与斐济及汤加相望。面积26.8万平方千米。首都是惠灵顿，最大的城市是奥克兰。

但事情真是这样吗？海豚在船前头领航又怎么解释呢？

所以，这还是一个没有彻底揭开的谜。

◎ 救人之谜

1964年，一艘名叫"南阳丸"的日本渔船在海上沉没了。船上的10名船员中，有6个人很快就被淹死了。另外4名船员在风浪中拼命地游着，几个小时以后，他们累得精疲力竭，再也游不动了。没想到，就在他们快要淹死的时候，两条海豚向他们游了过来，船员们好像看到了一线生的希望，他们试着用最后一点儿力气抓住海豚，谁知这两条海豚不但不游走，反而往下一沉，自动地游到船员们的身体下面，好让他们骑在自己背上。等船员们骑上海豚以后，它们又慢慢浮出水面，一直把船员安全地送到岸边。

两年以后的一天，一艘保加利亚货船正在黑海上航行，一名船员突然不小心掉到海里。他在风浪中挣扎着，货船上的水手们急得束手无策，因为风浪实在太大了。就在这危急时刻，游来了一群海豚，它们围成了一个圆圈，把落水的船员托出水面，直到船员们把他救上货船，才逐渐离开。

1981年1月底，一艘轮船在爪哇海上失火了，熊熊大火吞没了整条船，一些旅客不愿看着孩子们被火活活烧死，把 3 个孩子抛到海里，留给他们一线活的希望。3 个孩子一落水，就有一群海豚游了过来，把孩子们托到了救生艇上。而这些孩子的爸爸妈妈，却在这场大火中死去了。

海豚不但救助落水的人，而且还会救助其他海洋生物。

你知道吗

抹香鲸

抹香鲸隶属齿鲸亚目抹香鲸科，是齿鲸亚目中体型最大的一种，雄性最大体长达 23 米，雌性 17 米，体呈圆锥形，上颌齐钝，远远超过下颌。由于其头部特别巨大，故又有"巨头鲸"之称呼。

1983 年 9 月的一天清晨，在新西兰北岛的海滩边，人们发现了 8 条巨大的抹香鲸。它们静静地躺在沙滩上，默默地等待死亡。

前来考察的动物学家罗伯逊博士发现这一情况后，立即动员附近小学的所有师生参加抢救。但是，无论大家怎样推，巨鲸就是不向海中去。正在为难之时，远方出现了一群海豚，它们飞快地朝海滩游来。海豚来到巨鲸身边，发出吱吱的叫声，同时用身体轻轻地碰擦巨鲸，好像在安慰它们。奇怪的是，巨鲸一见海豚如此"热情"，便转头游向大海，然后随海豚一起向远处游去。

为什么海豚会来抢救濒临绝境的巨鲸？为什么巨鲸会乖乖地服从海豚的指引？至今人们还不了解其中的秘密。

海豚救人，海豚救鲸群，这些离奇的行为使科学家们迷惑不解。

海豚为什么要这样做？它们是怎样知道人和抹香鲸处境危险需要帮助的？这些疑问现在还没有一个圆满的解释。

抹香鲸

◎ 游动健将

　　你知道关于海豚的"格雷怪论"吗？1936年，英国研究水生动物运动的科学家格雷发现，海豚的游动速度远远超出了它的肌肉所能胜任的限度，根据计算推出的结论是，海豚游动的时速不可能超过20千米，而事实上海豚在水中的速度可达40～48千米/时。这究竟是怎么回事呢？格雷当时提出两种推测，①海豚的肌肉可能具有超自然的高效率，比一般哺乳动物的肌肉强6倍；②海豚可能有某种奇怪的方法可减少水的阻力，这就是被人们所说的"格雷怪论"。

　　后来的事实证明，格雷提出的第一种可能是不存在的。而格雷提出的第二种可能却被美国的马·克拉默通过实验所证实。克拉默用普通外壳板制成了一个与海豚大小和形状相同的模型，他发现在水中二者运动时，海豚受到的阻力比模型要小9/10。海豚的皮肤富于弹性，不沾水，高速游动时可减少阻力。

　　那么海豚减少水中阻力的生理机制又是怎样的呢？对此的推测、假说颇多，可谓众说纷纭。有人认为海豚的皮肤能分泌一种润滑剂，而事实上海豚连皮脂腺都没有，更谈不上有分泌物了。还有人认为海豚的皮肤常脱落表皮，从而也清除了身上的附着物，使得前进速度不受影响，但这种说法也并非无懈可击。还有人认为，海豚在高速游动时，热量从皮肤上一点点传导下去，这样能减少身体周围形成的紊流。还有一种假说是，海豚的皮肤表面能减少水的阻力，一旦前进速度提高，可消除紊流现象。

基本小知识

紊　流

　　速度、压强等流动要素随时间和空间随机变化，质点轨迹曲折杂乱、互相混掺的流体运动叫紊流。

　　克拉默试图从海豚的皮肤结构中寻找减少阻力的答案。他发现，海豚的皮肤由1.5毫米左右的极软的海绵状表皮和6毫米厚的致密而结实的真皮构成，这种皮肤结构可像减震器一样，有效地防止身体表面产生紊流，使之快速前进。克拉默人工仿制了一种海豚皮，并把它套在鱼雷模型上，结果它在水中受到的阻力比普通模型小60%。

但是，人工仿制的海豚皮终究不如海豚的皮肤，女科学家尔·舒尔金娜分析说，这是因为海豚有大量神经通向皮肤，能积极地操纵皮肤。而且这些肌肉收缩时，整个皮肤层都能活动，使体表肌肉此起彼伏，呈波浪状，以便减少水中阻力。

海豚高速游动的原因是否是如上所述，还有待于生物学家们的进一步研究和证实。

◎ 睡眠之谜

大千世界，无奇不有。按说，动物运动了一段时间，就会疲劳，就需要睡眠。任何动物在睡眠时总有一定的姿势，这时身体的肌肉是完全松弛的。可海豚却从未出现过肌肉完全松弛的状况，难道海豚不睡觉吗？

美国动物学家约翰·里利认为，海豚是利用呼吸的短暂间隙睡觉的。这时睡眠不会有呛水的危险。经多次实验，他还意外地发现，海豚的呼吸与其神经系统的状态有特殊的联系。里利在自己的著作中记载了这一发现：把海豚放在一张实验台上，然后给它注射一定量麻醉剂，剂量是每千克体重约30毫克。半小时后，令人沮丧的后果发生了：海豚的呼吸变得越来越弱，最后死了。以后的实验证明，海豚不宜注射麻醉剂，否则会死亡。

为什么会有这种现象？初步的解释是，海豚是在有意识的状态下睡眠的。因而对海豚的神经系统施加轻度影响，必然导致海豚死亡。

海豚的睡眠之谜，引起了研究催眠生理作用的生物学家的浓厚兴趣。他们通过微电极来统计海豚入睡后的状况。结果表明，海豚在睡眠时，呼吸活动依然如故。与其他动物不同的是，海豚在睡眠时依然游动，并有意识地不断变换着游动的姿势。进一步的研究证明，睡眠中的海豚，其大脑两半球处于不同状态。一个半球处于睡眠状态时，另一个却在觉醒中；每隔十几分钟，它们的活动状态变换一次，很有节奏。正是海豚大脑两半球睡眠和觉醒的交替，维持着正常呼吸的进行。而麻醉剂一下子破坏了大脑两半球的正常平衡，使之都处于休眠状态，从而阻塞了呼吸的进行。

到目前为止，人们仍没有真正看到睡眠中的海豚。但科学家们正在做出极大努力。他们坚信，研究海豚的睡眠，必将为揭示人类睡眠之谜提供新的启示。

为自己疗伤的动物

动物们有自己给自己治病的本领。有些动物会用野生植物来给自己治病。春天来了，当美洲大黑熊刚从冬眠中醒来的时候，身体总是不舒服，精神也不好。它就去找点儿有缓泻作用的果实吃。这样一来，便把长期堵在直肠里的硬粪块排泄出去。从此以后，黑熊的精神振奋了，体质也恢复了常态，开始了冬眠以后的新生活。

黑 熊

在北美洲南部，有一种野生的吐绶鸡，也叫火鸡。它长着一副稀奇古怪的脸，人们又管它叫"七面鸟"。别看它的样子怪，它很会给自己的孩子治病。当大雨淋湿了小吐绶鸡的时候，父母会逼着小吐绶鸡吞下一种苦味草药——安息香树叶，来预防感冒。中医告诉我们，安息香树叶是解热镇痛的，小吐绶鸡吃了，当然就没事儿了。

热带森林中的猴子，如果出现了怕冷、战栗的症状，就是得了疟疾，它就会去啃金鸡纳树的树皮。因为这种树皮中所含的奎宁，是治疗疟疾的良药。

贪吃的野猪到处流浪，它如果吃了有毒的东西，又吐又泄，就会急急忙忙去寻找藜芦草。这种味苦有毒的草含有生物碱，吃了以后引起呕吐，野猪的病也就慢慢儿地好了。你看，野猪还知道"以毒攻毒"的治疗方法呢。

在美洲，有人遇到了一只长臂猿，发现它的腰上有一个大疙瘩，还以为它长了什么肿瘤呢。仔细一看，才发现长臂猿受了伤。那个大疙瘩，是它自己敷的一堆嚼过的香树叶子。这是印第安人治伤的草药，长臂猿也知道它的疗效。

有一个探险家在森林里发现，一只受了伤的野象在岩石上来回磨蹭，直到伤口盖上一层厚厚的灰土和细砂，像是涂了一层药。有些得病的大象找不到治病的野生植物，就吞下几千克的泥灰石。原来这种泥灰石中含氧化镁、钠、硅酸盐等矿物质，有治病的作用。

在乌兹别克，猎人们常常遇到一种怪事儿：受了伤的野兽总是朝一个山洞跑。有一个猎人决定弄个水落石出。有一天，一只受伤的黄羊朝山洞方向跑去，猎人就跟踪到隐蔽的地方观察，只见那只黄羊跑到峭壁跟前，把受伤的身子紧紧贴在上面。没过多久，这只流血过多、十分虚弱的黄羊，很快恢复了体力，离开峭壁，奔向陡峭的山崖。猎人在峭壁上发现了一种黏稠的液体，像

拓展阅读

微量元素

微量元素是相对主量元素（大量元素）来划分的，根据寄存对象的不同可以分为多种类型，目前较受关注的主要是两类，一种是生物体中的微量元素，另一种是非生物体中（如岩石中）的微量元素。

是黑色的野蜂蜜，当地人管它叫"山泪"，野兽就是用它来治疗自己的伤口的。科学家们对"山泪"进行了研究，发现里面含有30种微量元素。这是一种含多种微量元素的山岩受到阳光强烈照射而产生出来的物质，可以使伤口愈合，使折断的骨头复原。用它来治疗骨折，比一般的治疗方法快得多。在我国的新疆、西藏等地区，也发现了多处"山泪"的蕴藏地。

温敷是医学上的一种消炎方法，猩猩也知道用它来治病。猩猩得了牙髓炎以后，就把湿泥涂到脸上或嘴里，等消了炎，再把病牙拔掉，你看猩猩还是个牙医呢。

温泉浴是一种物理疗法。有趣的是，熊和獾也会用这种方法治病。美洲熊有个习惯，一到老年，就喜欢跑到含有硫黄的温泉里洗澡，往里面一泡，好像是在治疗它的老年性关节炎；獾妈妈也常把长了疮的小獾带到温泉中沐浴，直到把小獾身上的疮治好为止。

野牛如果长了皮肤癣，就长途跋涉来到一个湖边，在泥浆里泡上一阵，然后爬上岸，把泥浆晾干，洗过几次泥浆浴以后，它的癣就治好了。

更让人惊奇的是，动物自己还会做截肢手术呢。

1961 年，日本一家动物园里的一头小雄豹左胳膊被一头大狗咬伤，骨头也折了。兽医给它做了骨折部位的复位，上了石膏绷带。没想到，手术后的第二天，小豹就把石膏绷带咬碎，把受伤的胳膊从关节的地方咬断了。鲜血马上流了出来，小豹接着又用舌头舔伤口，不一会儿，血就凝固了。截肢以后，伤口渐渐地长好了，小豹给自己做了一次成功的"外科截肢手术"。小豹好像知道，骨折以后伤口会化脓，后果是很危险的。经过自我治疗，就会保存自己的生命。

人们发现，一只山鹬的腿被猎人开枪打断后，它会忍着剧痛走到小河边，用它的尖嘴啄些河泥抹在那只断腿上，再找些柔软的草混在河泥里，敷在断腿上。像外科医生实施"石膏固定法"一样，把断腿固定好以后，山鹬又安然地飞走了。它相信，自己的腿会长好的。

昆虫学家曾经仔细观察了一场蚂蚁激战：一只蚂蚁向对方猛烈袭击，另一只蚂蚁只是实行自卫防御，结果它的一条腿被折断了。原来这不是一场真正的格斗，而是蚂蚁在给受伤的同伴做截肢手术呢。

除此以外，不少动物还能给自己做复位治疗呢。

黑熊的肚子被对手抓破了，内脏漏了出来，它能把内脏塞进去，然后再躲到一个安静的角落里，"疗养"几天，等待伤口愈合。

如果青蛙被石块击伤了，内脏从口腔里露了出来，它就始终呆在原地不动，慢慢吞进内脏，3 天以后就身体复原，能跳到池塘里捉虫子啦。

动物自我医疗的本领，引起了科学家很大的兴趣。

它们是怎么知道这些疗法的呢？现在还没有一个圆满解释。

难以破解的古代文明之谜

　　人类是从哪里诞生的，人类的未来又将往何处去？这是一个困扰人类很久的谜。

　　自从第一个人站起身向前方眺望，人类就踏出了生存发展的第一步。直到今天我们才知道，人类的发展充满了艰辛与挣扎，无数的奇迹与秘密，我们都无从知晓。

　　幸好，在人类发展的每一阶段，都有各式各样的文明相伴。尸体会腐烂，天地会轮回，但唯有祖先的思想，唯有智慧的光芒，在历史的长河里闪闪发光。几万年前的神秘岩画、两河流域的人类文明、预言千年的玛雅文化……我们一路走来，身后的文明如璀璨珍珠，被时间的素手牵起，构成了这个蔚蓝星球上最伟大的一抹风景。

三星堆之谜

与玛雅文化和埃及金字塔一样沉浸于神秘谜团的，还有我国的三星堆文化遗址。早在1929年，四川省广汉市南兴镇月亮湾的农民燕道诚在住宅旁发现了一坑精美的玉器，这不经意间叩开了沉睡三四千年的三星堆文明的大门。随着大批珍稀文物出土，惊人之谜接踵而来：三星堆出土的数量可观模样不同寻常的青铜面具，造型几乎全是粗眉毛、大眼睛、高鼻梁、阔扁嘴，几乎没有下巴颏。这种面具意味着什么？从何而来？属什么人种？在达到其最高峰时，三星堆文明又为何突然从成都平原消失？这都为人们留下了一连串的谜团。

三星堆青铜面具

三星堆遗址位于四川广汉南兴镇，距成都40千米，面积达12平方千米，是四川境内目前所知的范围最广、延续时间最长、文化内涵最为丰富的古蜀文化遗址。燕道诚居住的月亮湾，位于三星堆遗址古蜀国内城的宫殿位置，正是当地所说"三星伴月"中的"月"；而"三星"指的是目前在1号、2号祭祀坑出土的三座土堆，"月"与"星"距离很近。古遗址群存在的时间为距今4800年到3000年，它的发现将古蜀国的历史推前，证明了长江流域与黄河流域一样同是中华民族的发祥地。现已发现总面积达12平方千米的大型遗址群；已发掘出粮食容器、海贝、青铜雕像、玉石器群等珍贵文物。真正使三星堆名扬四海的还是1986年两个商代大型祭祀坑的发现，两坑中上千件国宝重器惊骇出世，使世界为之震惊。

70年来对于三星堆的系列考古发掘和不懈研究，已初步形成了巴蜀文化的考古学年代序列，三星堆遗址的文化面貌、内涵和特征已基本确定。

在巴蜀民间，历来传说蚕丛是其始祖，经柏灌、鱼凫，再延续到后来有较多实物证据的杜宇、开明时期。但是，蚕丛及鱼凫这段历时数千年的历史时期，一直被认为是神话。三星堆古文化古城古国的发现，彻底地证实了鱼凫族的存在，并初步找到了一些蚕丛氏和柏灌氏存在的线索。

考古材料反映出巴蜀文化的历史进程。在距今5000年到3700年以前，成都平原北部形成了一个具有民族文化特色的古代氏族

你知道吗

三星堆遗址

三星堆遗址属全国重点文物保护单位，是中国西南地区的青铜时代遗址，位于四川广汉南兴镇。1980年起发掘，因有三座突兀在成都平原上的黄土堆而得名。三星堆文明上承古蜀宝墩文化，下启金沙文化、古巴国，前后历时约2000年，是我国长江流域早期文明的代表，也是迄今为止我国信史中已知的最早的文明。

部落群体。到距今4000年左右，三星堆人已形成了"三星堆古文化古城古国"，成为中国与黄河文明等并存的又一古代文明中心。在距今3000年左右，即商末周初时期，三星堆文化突然神秘地消失，给后世留下一片"茫然"，而巴蜀文化的中心则转移到成都地区。

三星堆考古专家们指出，三星堆遗址这个再现于世的"鱼凫古国"，为探讨中华统一多民族国家在各地文明起源的具体形态、进程及相互关系，为整个社会发展史的研究，提供了大量新的认识和新的资料，值得进一步大规模深入研究。

从发掘情况看，三星堆是一座无论规模、布局，还是建筑工艺都令人吃惊的古城。1985年初，四川省文物考古研究所首次提出了三星堆可能是蜀国古都的推断。这一推论很快通过考古发掘得到证实。关于三星堆的神秘消失，四川省考古研究所三星堆工作站站长、三星堆考古专家陈德安介绍说，从现有资料看，整个古城呈北窄南宽布局，东西宽2000米，南北宽2000米，面积约3.5平方千米，估计当时城内居住人口应在3万~5万。而城墙墙基宽40多米，顶部宽约20米，可容5辆桑塔纳轿车在城墙上并排行驶。他认为三星堆毁于一场大洪水。他认为当时的三星堆很像今天的成都，北邻鸭子河，马牧河由西而东贯穿全城。虽然由于三星堆的古蜀先民"择水而居"的理念，

成就了它的繁荣，同时也埋下了巨大的隐患。

关于三星堆遗址及其出土文物的许多重大学术问题，至今仍是难以破译的千古之谜。虽然专家学者对其中"七大千古之谜"（①三星堆文化来自何方？②三星堆遗址居民的族属为何？③三星堆古蜀国的政权性质及宗教形态如何？④三星堆青铜器群高超的青铜器冶炼技术及青铜文化是如何产生的？⑤三星堆古蜀国何以产生、持续多久，又何以突然消亡？⑥出土上千件文物的两个坑属何年代及什么性质？⑦晚期蜀文化的重大之谜"巴蜀图语"。三星堆出土的金杖等器物上的符号是文字？是族徽？是图画？还是某种宗教符号？）争论不休，但终因无确凿证据而成为悬案。

三星堆博物馆副馆长张继忠道出了谜团长期无法破解的原因：主要是还没有发现任何相关的文字记载。

三星堆文化之谜的破译究竟如何进展，还有待进一步考证。

龙的传说之谜

龙，实在是中国文化最古老的谜之一。

汉代学者许慎在《说文解字》中对龙的描写，给永远也见不到龙的人们增加了更多神秘感。

关于龙的起源，从古至今不知有多少文人学者进行过考证。今天，人们最终得到了一种比较一致的结论：龙起源于原始氏族社会的图腾崇拜，它是许多种动物图腾的综合体。作为一种共同的观念和意识形态，龙代表着整个中华民族的图腾，它浓缩着、沉积着原始社会

龙图腾

晚期到阶级社会初期人们强烈的感情、思想、信仰和期望，乃至最后成为中华民族的象征。

那么，龙究竟是什么图腾？或从哪几种图腾中产生的呢？

基本小知识

图　腾

　　图腾是原始人群体的亲属、祖先、保护神的标志和象征，是人类历史上最早的一种文化现象。社会生产力的低下和原始民族对自然的无知是图腾产生的基础。运用图腾解释神话、古典记载及民俗民风，往往可获得举一反三之功。图腾就是原始人迷信某种动物或自然物同氏族有血缘关系，因而用来做本氏族的徽号或标志。

　　有的考古学家认为，龙是一种对于爬行动物的原始宗教崇拜的延续和发展，最早的龙就是有角的蛇；有的学者指出，龙的起源最早可以追溯到蜥蜴，新石器时代一些陶器上有这种动物逼真的浮雕；还有的人则认为，龙身来源于蛇，龙首则来自马首和牛首；有的民族学家说，最早的龙应该是鳄鱼而不是蛇，传说时代的"豢龙"，就是古代人工驯养的鳄鱼；更多的学者则同意闻一多先生早年的考据：龙是蛇加上各种动物而形成的，即所谓蛇身兽脚、马鬃毛、鬣尾、鹿角、狗爪、鱼鳞和须。

　　近年来的考古发现，为探索龙的起源提供了一些材料，其中主要有：河南濮阳仰韶文化层中蚌壳摆出的龙；山西襄汾陶寺村龙山文化遗址出土的龙纹陶盘；内蒙古翁牛特旗三星他拉村红山文化遗址出土的玉龙；河南偃师二里头商代以前的龙纹陶片；内蒙古昭乌达盟傲汉旗大甸子商文化出土的龙纹彩陶盆；河南安阳殷墟妇好墓出土的玉龙等。其中濮阳仰韶文化层中的蚌龙，距今已有六千年左右的历史了，即产生于原始社会之末、夏王朝诞生之前。由此可见，龙起源于原始社会已确凿无疑。而今天人们所熟知的龙的形象，大体在汉代就已经形成。在先秦时代，龙经历了无数次人为的装饰。根据考古发现，我们似乎有理由确认龙的主体是蛇。在我国新石器时代晚期，以蛇为图腾的原始氏族遍布黄河中下游流域和大江南北。蛇是中国古代最普遍的一种动物图腾，在许多遗址的陶器上都有描绘和刻画。

　　我们还看到，中国历史上流传着许多美丽动人的神话传说，处于原始社会晚期的盘古氏、女娲氏及三皇五帝，《山海经》中的共工、相柳、贰负，《竹书纪年》中属于伏羲氏系统的长龙氏、潜龙氏、屠龙氏、降龙氏、上龙氏、水龙氏、青龙氏，赤龙氏、白龙氏……这一大群人首蛇身或披鳞长角的龙蛇，都和古老的氏族部落图腾崇拜有密切联系。至汉代，大量画像石、画像砖和绢帛画上表现的伏羲女娲交尾图，有人认为这也是龙的起源的一种象征。实际上，至春秋时代，或屈原在《天问》中最先描述女娲之前，龙的基本形象已经形成了。传说中的伏羲女娲可能继承了龙的某些传统，但并没有进一步丰富龙的形象。

你知道吗

女娲

女娲，中华上古之神，人首蛇身，为伏羲之妹，姓风。她起初以泥土造人，创造人类社会并建立婚姻制度；而后世间天塌地陷，于是又熔彩石以补天，斩龟足以撑天。

迄今为止，关于龙的起源在学术界仍然有许多种意见。众说纷纭，既难统一，争论也不容易继续下去了。现在，人们都寄希望于考古新发现。因为，在没有文献记录的原始社会中，对某种传说中事物的验证唯有借助于考古发现来推断。所以我们说，龙的起源之谜也许将来能从氏族先民遗留下来的物质文化中找到更多的答案。

神秘消失的吴哥城

1861年，法国生物学家亨利·穆奥来到当时法属印支半岛的高棉，寻找珍奇蝴蝶的标本。

穆奥雇请四名当地居民充当向导及保镖，开始进入一大片阴暗深沉的丛林区，他心中挂念的只是能捕获一只稀世罕见的蝴蝶品种，让世人惊奇。他们一行沿着中南半岛的湄公河逆流而上，约走了480千米，然后利用小船由湄公河支流深入内陆，到达高棉的金边湖。一路上的美丽景色和珍奇异兽使穆奥大开眼界，很多稀有的植物、昆虫在这未开化的丛林地带，展现生命的光彩。然而随行的当地居民似乎很

吴哥城上的雕像

烦躁，甚至有些恐惧，在走了一大段路后，他们竟然停了下来，不愿再向前走。他们说前面那座密林里藏着许多幽灵，不但会令人迷路，还会用可怕的毒气把人杀死，就是因为丛林里有魔鬼的咒语，所以几百年来一座大城堡一直没有人住。

知识小链接

亨利·穆奥

亨利·穆奥（1826—1861年），19世纪法国博物学家。1826年穆奥诞生于法国杜省蒙贝利亚尔。在获得语言学学位后，他旅居俄罗斯十年，教授法语。后与兄弟一同游历欧洲，学习达盖尔发明的银版法。1856年致力研究博物学。同年与英国探险家芒哥·帕克的女儿结婚。1857年穆奥到中南半岛旅行，寻找新的动物标本。穆奥先抵达新加坡，由此取海道前往曼谷。1861年1月，为寻找热带动物，无意中在原始森林中发现宏伟惊人的古庙遗迹，并发表文图并茂的游记《暹罗柬埔寨老挝诸王国旅行记》。

经过穆奥的劝说，当地居民最终带他进入茂密丛林，在准备返回的那一天，他们忽然看到五座石塔呈现在他们眼前，尤以中央那座最高、最宏伟，塔尖映在夕阳里，闪闪发光。这就是闻名的吴哥城，古名禄兀。

吴哥城，又名大吴哥，是9世纪至15世纪高棉帝国最长久的国都。吴哥都城占地9平方千米，在这范围内包括一系列各朝建立的古都遗迹：苏利耶跋摩一世重建的空中宫内殿，乌达雅地耶跋摩二世建立的巴普昂寺，阇耶跋摩七世建立的巴云寺、象群台和癞王台等。

吴哥窟是在一块东西长1040米，南北宽820米的地基上建造起来的。吴哥窟四周，有一条200米宽的灌溉沟渠或者护城河。一条笔直的、用石头铺成的宽阔大道，直通中间大殿。路面上还保留着古代战车的旧辙，由此可见，这儿以前是很热闹的。当时，这里很有可能是国王和贵族们坐战车来到大殿前祈祷出师得胜或是报告胜利战果的地方。吴哥窟的建筑是以中间那座大殿为中心建造起来的，可以说是人类建筑史上规模最大，造型最美的建筑之一。吴哥窟中所有的建筑物上都刻着仙女、大象以及佛像的浮雕。吴哥窟北面的吴哥城也很雄伟。宫殿、图书馆、浴场以及回廊上面全是浮雕，形象生动，姿态万千，尤以172个人的"首级像"最为庄严雄伟。

拓展阅读

吴哥城的景点简要介绍

吴哥城呈正方形，由城墙和护城河保护，城墙高8米，整个城市有5道城门，除了东西南北四个正方向处各开有城门外，在东门的北面还开了一座胜利之门，城门都是塔形结构，每个塔身上都有面向四方的四面佛像，以慈悲的眼神检阅进入城内的每一个人；城墙外就是护城河，城门外各架有一座桥，连接城里城外。

是谁，在什么时间，出于什么目的，建造了这么大的城市呢？据说是9世纪初，柬埔寨人的祖先高棉族，从东南亚修行来到这里。后来，12世纪到13世纪，吴哥窟周围挖掘了两个供农田灌溉用的蓄水池。东侧那个水池长7千米，宽1.8千米。西侧水池长8千米，宽2.3千米。这两个蓄水池在当时可以说是世界上最大的两个人工湖。

从吴哥城的规模可以估计出，这座古城最繁荣的时候，至少有200万居民。可是，为什么这样一个有雄伟的王宫和庄严的庙宇以及图书馆和蓄水池，有强大的军队和政权，繁荣昌盛的都城，竟然被丛生的莽草所淹没了呢？

有人猜测，是不是因为流行瘟疫中霍乱之类的疾病，使200万居民在不到1个月的时间里全部死去？另外有人猜测，可能是发生了内战，使人们互相残杀，结果都死掉了，只留下这孤零零的建筑群耸立在这里。可是，如果说200万居民是同时死去的，这里应当留下很多的骷髅和尸骨，可是事实却没有。此外，还有人猜测：可能会是外来的敌人攻占这座城后，将城里的所有居民赶到另外的地方去了。

吴哥城里的居民到底因为什么不见了？而吴哥城又究竟为何会被掩埋在了这茂密的丛林里面将近500年，一直没有被人发现，甚至成为当地居民害怕和不敢前往的地方？

直到现在，众说纷纭，依然是未解之谜。

▶ 土耳其金字塔

　　人们都知道埃及金字塔，也知道玛雅金字塔，但是很少知道土耳其金字塔。

　　2000年前，在现在土耳其东部的内陆高原，连绵不断的托罗斯山脉附近，有一个叫库玛坎内的小国。随着历史的流逝，库玛坎内国早已不复存在，但是至今还留下了不少堪称是古代阿纳托利亚瑰宝的古迹。在海拔2100米的奈姆尔特山上还耸立着一个世界上屈指可数的金字塔和神像。由于地处偏僻，这个遗迹从发现到现在才100来年，直到20世纪60年代，从首都安卡拉到奈姆尔特山之间1000多千米，连一条简单的公路都没有，交通十分不便。所以，除了当地放牧者和猎人登山外，很少有旅游者前来观光。后来土耳其政府修筑了一条通向奈姆尔特山的公路，这才使游人有幸前往游览。

> **基本小知识** 🖱️
>
> ## 公　路
>
> 　　连接在城市、乡村和工矿基地之间，主要供汽车行驶并具备一定技术标准和设施的道路称公路。

　　在奈姆尔特山上有一座用拳头大小的鹅卵石堆积起来的高50米、直径100米的三角锥形塔，这个人造的塔构成了奈姆尔特山真正的山顶。这是公元前63年统治库玛坎内王国的安提阿卡斯一世（公元前63—前32年）为自己建造的永久安息之地。

　　安提阿卡斯一世为什么要在海拔2100米的高山上修建自己的陵墓？随着他的长眠，这将永远是个不解之谜。

　　从塔的外观上来看，它与埃及法老修建的四方形金字塔不一样，这是一种三角形锥体。但是从其建筑的宏伟规模来说并不比埃及金字塔逊色，所以人们把它称为土耳其金字塔。

在塔前东西两侧筑有用巨石砌成的平台，平台上各矗立着 5 尊高达8~10米的巨大神像。东侧设有祭台，供祭祀太阳神用。西侧平台后有一道用巨石建起的影壁，墙上铭刻着库玛坎内王的丰功伟绩和王国的法律等。在柔和的阳光下，伫立在蓝天中的石像显得更加高大雄伟，使人感到有一种摄人心魄的力量存在，它与背后耸立着的金字塔尖交相辉映，使周围的气氛显得更加肃穆静谧。

令人遗憾的是，由于当地曾经发生过强烈地震，使重达 3~4 吨的石像头被震掉在地上。东侧石像的头凌乱地躺在地上。但是，西侧的石像头却依然威武地竖立在地上，而且基本上完好无损，依旧保持着当年雕刻时英俊的容颜：宙斯神庄严肃穆；头发上装扮着蔬菜果物的命运女神温柔甜美，尽管鼻子与下巴已经磕掉，但是美丽的风韵犹存。在西边平台两侧还有巨大的狮子和浮雕，守护着神像。

2000 年前，横跨欧亚两洲的库玛坎内王国受到了东方波斯与西方罗马两大文明的强烈影响，这从东西两个平台上并排着的 5 尊神像的姿态可以窥见。它们代表了古希腊神话中的众神，如主神宙斯、战神阿瑞斯、大力士赫克勒斯，表示波斯神话中的主神奥洛马坦斯和阿尔泰盖内斯，以及库玛内坎臣民心目中的神——安提阿卡斯一世。这些雕刻精美的神像反映了当时文化、艺术和生产技术已达到了一个相当高的水平。

知识小链接

宙 斯

宙斯是希腊神话中的主神，第三代神王。他是克洛诺斯和瑞亚之子，乌拉诺斯和盖亚之孙，是众神之神和奥林匹斯山最高统治者。

这些高达 8~10 米的神像，其身躯是由若干块大理石雕凿而成，仅石像头部就有 3~4 米高，是用整块大理石雕凿而成，每块重达数吨。在当时的生产条件下，要把这些石料从 30 千米以外的采石场运到这儿，还要把它运上这陡峭的山顶，如果没有较高的生产技术，是不可能完成这么浩大的工程的。和埃及的金字塔一样，土耳其金字塔的种种谜团，还等着人们去解答！

🔎 悬棺之谜

据有关专家考证，目前在我国云南、贵州、四川等省的山区中发现了上百只悬棺。这种奇特习俗的神秘性，使许多人对它产生了兴趣。人们迫切想知道，古人们为何要把棺木悬于绝壁之上，这些棺木究竟有多少岁月了？而最令人不解的是，在古代，人们是怎么将这些悬棺安到悬崖峭壁上去的呢？

1980 年，四川大学历史系的师生为了揭开悬棺的秘密，在大宁河荆竹坎，采用木梯接木梯的方式取下了一具悬棺。在其中他们发现了两具尸骨，均为 10 多岁的孩子，一个是男孩，一个是女孩，随葬物有铜带钩两件，均属西汉之物。此后随着考察的不断展开和参考六七十年代的考察结果，悬棺的千古之谜初露端倪，它的时间上起商周下至明清，历史悠久。关于悬棺之所以被放至高处的原因也

中国悬棺

基本被考证出来。在大宁河地区的少数民族中即有悬棺葬的习俗，此外，古代武夷山地区的越人，西南地区云南的僚人与四川的少数民族也都有此习俗。专家们认为，这些民族由于长期居住在山水间，依山傍水的自然环境决定了他们的生活环境与生活习性，而这种环境和习性使他们对山水产生了无比崇尚和依恋的感情，以至他们死后都要葬在靠山临水的位置。悬棺有时也被称为船棺，这是因为棺形也有成船形的，这表明亡灵对山水的依恋与寄托之情。同时，由于这种民众观念的广泛影响，在当时高挂棺木的风气广为流传。

这些悬棺又是怎么挂上那万仞峭壁的呢？难道真只要自"山上悬索"就

可以了吗？一些专家曾经推断，悬索下枢可以解决千斤之物如何挂上悬崖的问题。1973年公安部门曾侦破了一起盗悬棺案。两名盗贼事后供认，他们中一人先悬梯而下至洞穴，再设法在岩壁上开辟一条栈道，随后即可盗棺而出了。这一方法启发了科学工作者。他们认为越人等那些盛行悬棺的少数民族必然反其道而行。先觅到安葬洞口，而后在洞口前架设数十米长的栈道。棺木在峰顶就地制成，装殓死者后吊坠而下至洞口，再由人推进洞去。但经研究发现，这种方法只适于如武夷山山区那种古藤丛生、便于攀岩附壁的悬崖。而如四川等地区，由地表断层形成的千仞绝壁上往往很少有可攀附的古藤和石坎儿。因此有学者认为悬棺可能是自上而下吊置的。1980年大宁河悬棺棺盖头部一道明显的绳勒痕迹，宽约3厘米，持此论者因此推证，当时人们可能借助了某种最原始的机械完成了悬棺之举。但人们至今不能断定古人是用什么简陋的机械将悬棺升至几百米高的洞穴的。

还有一些学者则认为，悬棺也有可能是通过栈道运到悬崖上的洞穴中的。他们推断古人可能就像今天造房子搭架子那样沿着悬崖向上搭，当搭到洞穴口时便可将棺一层层递上来，直至送入洞中，或者也可由山顶搭栈道向下直至洞口。但这种"栈道之说"的漏洞在于，一般来说悬崖处很少有缓坡可供搭设栈道，而由上

你知道吗

悬崖

悬崖是角度垂直或接近角度垂直的暴露岩石，是一种被侵蚀、风化的地形。悬崖常见于海岸、河岸、山区、断崖里，瀑布的支流常常流经悬崖。悬崖的地质多属火成岩。

而下搭架子是否能搭到数百米，特别是在工程技术还极其落后的古代少数民族地区，还是个谜。

此外关于悬棺的方法的猜测还有很多，有"洪水说""隧道说"，甚至还有"天外来客说"等。

悬棺作为古越文化的一个象征，始终吸引着许多民族学家和考古学家。从中国的西南南部一直延伸到太平洋西部群岛和大洋洲，都存在这种奇特的习俗。如果把这作为越文化的迁徙分化的产物，那么将意味着上述地曾是古越民族的文化传播地，这也将给东南亚及西太平洋地区各民族的文化血缘与

族群类别带来新的课题。悬棺高悬在云雾缭绕的绝壁之上，充满着永恒的神秘色彩，它作为文化发展史中的一个奇迹将永远被人们思考和铭记。

🔦 迷人的西班牙古岩画

1879 年，一位业余考古学家和他 9 岁的女儿在西班牙北部阿尔塔米拉的一个山洞深处，发现了已有万年以上历史的一些褐色、红色、黄色和黑色的

阿尔塔米拉山洞外景

史前画像。他们在深入这些纵横交错的洞穴继续探索后，发现了更多其他动物绘画，其中许多动物已经于几世纪前就在地球上消失了。这些后来被证明是史前艺术最伟大发现之一的绘画，其中多数已被确认为是公元前 15 000 ～ 前 10 000 年的作品。

1902 年，考古学家艾比·亨利·布罗伊尔造访了那些洞穴，并从地下挖掘出了一些兽骨，其中的一些与洞顶上的那些画像里的动物是一个品种。

在南部欧洲——大部分是在西班牙的东北部和法国的西南部，已发现有 100 多个装饰着石器时代的绘画和雕刻的洞穴，但由于时间和气候等的原因，它们已经变得模糊不清了。

基本小知识

石器时代

石器时代是考古学对早期人类历史分期的第一个时代，即从出现人类到铜器的出现，始于距今两三百万年、止于距今6000至4000年。这一时代是人类从猿人经过漫长的历史、逐步进化为现代人的时期。

萨托奥拉在阿尔塔米拉发现的绘画位于一片漆黑的洞穴里，洞中的温度和湿度恒定不变，通风状况恰到好处，而且空气中的湿度使得绘画色彩不至于因干燥而剥落。几个世纪以来崩坍的石块封住了洞口，使它们与世隔绝。在法国南部拉斯卡厄克斯有些相似的绘画，在对外开放的 15 年里遭受的损坏程度（由造访者带来的汗液、体温以及一些微生物造成）超出了以往几千年的总和。

　　拉斯卡厄克斯这个伟大的史前艺术画廊是几个年轻人发现的。1940 年，18 岁的马塞尔·雷维达特带着 3 个朋友来到几天前他带着狗散步时用一棵倒伏的树作为记号的洞口。这些年轻人扩大了洞口后，马塞尔钻进了大约有 5.5 米深的洞穴底部。

阿尔塔米拉岩画

　　在几根火柴的光亮下，他隐约看见一些美丽的壁画。次日，这些年轻人带着提灯，发现了画着的一批排列整齐的马、野牛、梅花鹿、骏犁和其他动物。

　　这些年轻人将他们的发现报告给了艾比·布罗伊尔。因此，如今的拉斯卡厄克斯洞穴画和阿尔塔米拉洞穴画一样，被作为已发现的原始艺术中一些最优秀的典范而为人所知。

知识小链接

绘　画

　　绘画是一种在二维的平面上以手工方式临摹的艺术，在中世纪的欧洲，常把绘画称为"猴子的艺术"，因为如同猴子喜欢模仿人类活动一样，绘画也是模仿场景。在 20 世纪以前，绘画模仿的越真实技术越高超，但进入 20 世纪，随着摄影技术的出现和发展，绘画开始转向表现画家主观自我的方向。

拉斯卡厄克斯洞穴画包括一间著名的野牛厅，它是以漆黑色和暗红色熟练绘成的；在其他地方，有一群奔马和长着鹿角的梅花鹿脑袋。所有这些都画得活灵活现。

就像阿尔塔米拉的绘画一样，这些壁画显然不是原始野蛮的产物，而是心灵敏感的画家的作品，它们远比一般概念中的石器时代的人画的要时尚得多。其完成时间为 15 000 年之前或更早些，也许要回溯至公元前 28 000 年。它们包括了不同的风格，从质朴的雕刻到色彩鲜明的绘画。有许多作品非常真实。

已知这些艺术品是公元前 32 000～前 10 000 年生活于欧洲旧石器时代的人创作的，他们被称为克罗马农人。他们以采集植物和狩猎为生，但也从事发明和创造。有关考古学的研究表明，他们具有一种延续的独特文化。他们最后的一支生活于马格德林期，即在公元前 15 000～前 10 000 年。

这些绘画先用一块尖利的燧石碎片刻出轮廓，而后着色。画家们没有绿色和蓝色，但能从锰氧化物、木炭或煤烟中获得黑色和紫黑色；用石头或骨制杵臼将地面上的铁矿石捣成粉末，从中提取褐色、红色、黄色和橙色等颜料；然后用动物的血或脂肪，以及植物的汁加以调制。绘画的方式有许多：用手指，以兽毛或羽毛做的刷子，或者是嚼碎的细枝末端。画家们也用苔藓，或者通过空心的芦秆吹着绘画。

在阿尔塔米拉，人们发现了最好的马格德林期的艺术，找到了以动物脂肪绘成的赭色蜡笔画。这些绘画是极其小心地在幽暗之处画成的，日光几乎透不进去，只能用人工照明。而在那里也发现了若干盏石制的灯。洞顶上的绘画表明，当时使用了类似脚手架的工具。

不少考古学家认为，这些洞穴绘画也许曾是宗教仪式的一部分，用符咒震慑野兽以便

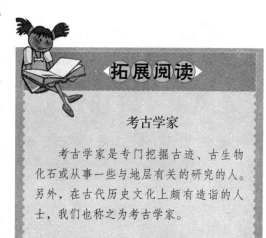

拓展阅读

考古学家

考古学家是专门挖掘古迹、古生物化石或从事一些与地层有关的研究的人。另外，在古代历史文化上颇有造诣的人士，我们也称之为考古学家。

捕捉；早期人们也许还相信通过绘画这一媒介，在狩猎时，勇猛和力量会传递给他们。

不过，这些绘画也可能是用来教授年轻的狩猎者们如何捕杀的：许多画中都表现了长矛刺入一只动物最脆弱部位的情景。

这些壮观的图画大约在公元前 10 000 年绘成。当最后的冰原大片消失时，气温转暖了，因而马格德林期的人离开了他们的洞穴，在空旷之处生活。在随后的 4000 年中，他们的后代逐渐适应了大大变化了的环境。渐渐学会了种植，然而糟糕的是，他们失去了美术上的技能。

当时的人们究竟是如何创作出如此惊人的艺术成就的，这仍然是个谜，需要人类继续去研究，发现。

神秘莫测的巨石阵

在英国古老而广漠的平原上，矗立着许多奇特的巨石建筑，它们默默地在风雨中经过了几千年，注视着人间的沧桑。这就是令人百思不解的古代巨石阵遗址。这些雄伟壮丽的神秘巨石阵吸引了来自世界各地的旅游观光者和众多为之困惑的考古学家、历史学家、建筑学家和天文学家等。

英国巨石阵

著名的巨石阵遗址位于英格兰南部沙利斯伯里。石阵的主体是由一根根巨大的石柱排列成几个完整的同心圆。石阵的外围是直径约 90 米的环形土岗和沟。沟是在天然的石灰土壤里挖出来的，挖出的土方正好作为土岗的材料。紧靠土岗的内侧由 56 个等距离的坑构成又一个圆，坑用灰土填满，里面还夹杂着人类的骨灰。这些坑是由 17 世纪巨石阵的考察者约翰·奥布里发现的，因此现在通常称之为奥布里坑群。坑群内圈竖着两排蓝砂岩石柱，现已残缺不全，有的只留下原来的痕迹。巨石阵最壮观的部分是石阵中心的砂岩圈。它是由 30 根石柱上两两架着横梁，彼此之间用榫头、榫根相连，形成一个封闭的圆圈。这些石柱高 4 米、宽 2 米、厚 1 米，重达 25 吨。砂岩圈的内部是 5 组砂岩三石塔，排列成马蹄形，也称为拱门。两根巨大的石柱，一根重达 50 吨，另一根约 10 吨，重的横梁嵌合在石柱顶上。这个巨石排列成的马蹄形位于整个巨石阵的中心线上，马蹄形的开口正对着仲夏日出的方向。巨石圈的东北侧有一条通道，在通道的中轴线上竖立着一块完整的砂岩巨石，高 4.9 米，重约 35 吨，被称为踵石。每年冬至和夏至从巨石阵的中心远望踵石，日出隐没在踵石的背后，这更增添了巨石阵的神秘色彩。

　　根据科学家实地考证，巨石阵最早是建于新石器时代后期，约公元前 2800 年，那时已建成了巨石阵的雏形——圆沟、土岗、巨大的踵石和奥布里坑群。公元前约 2000 年开始是巨石阵建筑的第二阶段，整个巨石阵基本形成。这个阶段的主要建筑是蓝砂岩石柱群和长长的通道。巨石阵的第三期建筑最为重要，约在公元前 1500 年，这时建成了砂石圆和拱门，巨石阵已全部完工，这就是我们现在看到雄伟壮丽的巨石阵遗址的全貌。需要指出的是，整个巨石阵的工程需要 150 万个工人，而整个建筑过程中，始终没有用轮载工具和牲畜的痕迹。

基本小知识

遗　址

　　遗址是指人类活动的遗迹，属于考古学概念。遗址的特点表现为不完整的残存物，具有一定的区域范围，很多史前遗址、远古遗址多深埋地表以下。

　　现在看来，巨石阵的建筑规模和工程难度对于早期人类来说，简直是不可思议的。它的建成比埃及最古老的金字塔还要早 700 年，然而究竟是谁建造了这雄伟的巨石阵，现在仍然众说纷纭。有人认为是当地早期居民凯尔特人建造的墓穴，也有人认为是古罗马人为天神西拉建造的圣殿，还有人认为是丹麦人建造用来举行典礼的地方，然而这些虚无缥缈的想象都没有确凿的证据支撑。

　　无数学者努力找寻着巨石阵的建造者。学者们感叹巨石阵与埃及金字塔一样的神秘莫测，有人提出巨石阵的建筑石料均是从 160 多千米外的地方运输而来，开采、运输、安放如此巨大的石块，一定要具备高超技术的巨匠才能完成，于是他们认为巨石阵与金字塔出于同一类巨匠之手。

学者们除了苦恼于无法断定巨石阵的承建者是谁外，对巨石阵的用途也各说不一。

有学者认为巨石阵是远古时代的天文观测仪器。持这种观点的当然是一些天文学者。的确，巨石阵的神秘色彩与天文学有异乎寻常的联系。早在 200 年前，就有人注意到巨石阵的主轴线指向夏至时日出的方位，而冬至的落日又在东西拱门的连线上。1965 年，波士顿大学的天文学家霍金斯通过计算机测定，巨石阵的排列可能与太阳与月亮在天空运行的位置有关，而 56 个奥布里坑群则能准确地预报日食、月食。他在的《巨石阵解谜》一书中说道："实际上，奥布里坑群组成的圆环可能曾被用来推测许多天体的运行情况。"他还推断祭司们是通过转动坑群标记来跟踪日月运行进行推算。这种天文学观点曾轰动一时，得到不少人的支持，但是巨石阵究竟是否真的是天文观测仪还有争议。巨石文化专家阿特金森指出：当时蒙昧落后，没有任何先进计算工具的史前人类是不可能建造如此精密的天文仪。英国天文学家霍伊耳也提出异议：作为天文观测仪的材料为何一定要用难以开采的大砂岩而不是轻便的木材和泥土？这样不是要耗用大量的劳力吗？而且奥布里坑群中的人类遗骨也很难与天文学联系起来。再者说，如果是高度发达的史前文明的结晶，为什么又消失了呢？于是，人们又回到宗教这个传统观点上去，甚至有人把巨石阵与外星人联系起来。

知识小链接

新石器时代

新石器时代在考古学上是石器时代的最后一个阶段，是以使用磨制石器为标志的人类物质文化发展阶段。这一名称是英国考古学家卢伯克于 1865 年首先提出的。这个时代在地质年代上已进入全新世，继旧石器时代之后，或经过中石器时代的过渡而发展起来，属于石器时代的后期。年代大约从 1.8 万年前开始，结束时间从距今 5000 多年至 2000 年。

也有学者认为巨石阵是原始人狩猎的特殊装置。由于巨石阵的全部建筑时间都属于新石器时代，一些专家认为，巨石阵是猎取大型野兽的机关。他们认为由于当时的工具和武器都很原始，为了猎取较大的野兽，如猛犸、熊、河马、犀牛等，又不使自己受到伤害，人们就想出了这种办法。专家们认为，今天人们只看到巨石阵的残迹，当初它一定还有一些由木头、骨头和兽皮等制作的构件，只是由于年代久远早已不复存在。另外，残迹旁还有许多多余的石头，看来也有一定用处。由此他们的结论是，巨石阵很可能是一种狩猎、生活多种用途的设施。复原后的结构可能是这样的：

巨石柱围着的是一个院子，在两根石柱之间留有洞口，其大小可以通过较大的野兽，在每个洞口的上方，有一块用木棍支撑的数十千克重的大石头——警戒石。当猛兽从外面碰倒支撑木棍时，石头立即砸下来，打在野兽身上，同时发出警戒信号。

院子内侧，紧对洞口的地方还安放了第二道防线，即一块巨大的打击石。当野兽闯过第一道防线时，站立棚顶的人，便牵动操纵绳，使打击石劈头盖脸地砸下来。

院内的中央还建了一座二层小楼，是由圆木和一些巨石柱围建而成的，楼板铺在巨石柱的上面。为了便于监视大院及其周围，从楼板到第一圈石柱有木桥相连。

当然，这种狩猎设施并非守株待兔地等待野兽来临，一般是在其中放置一些引诱物，如利用野兽幼仔的叫声做诱饵。为此，可以把捉来的幼兽拴在小院内两块巨石之间，让它头向着石缝，并不断地叫唤。兽群在听到幼仔的叫唤声后，会立即包围院子，并不顾一切拼命冲入院内。如果野兽未被砸死，楼上的猎人则投掷石块，将被困的野兽置于死地。

击中野兽后，院内的人一方面把猎物拖进小楼的二层进行加工——剥皮、取出内脏、把肉分成小块。兽皮和肉等有用的东西放在楼上晾干、贮藏起来，而其他无用之物则扔到楼下作为诱饵，以引诱野兽进入圈套。每次狩猎后，他们又将迅速地把警戒石、打击石等恢复原状，以迎接下一次狩猎。

更多的学者却说巨石阵纯粹就是古人举行祭礼的宗教场所。最早记载有巨石阵的《中世纪编年史》一书中，描绘了亚瑟王的谋臣梅林用魔法把巨石阵从爱尔兰移到英格兰做墓地。学者们把巨石阵的石桌视为石棺，把高大直立的石条视为重大事件和人物的纪念碑。同时在空中俯瞰巨石阵时，能清晰地看出巨石阵是极有秩序地排列成了蜥蜴、鹰等动物的图案，谁又敢否认这些动物不是当时古人们心中的图腾？

更有学者干脆把巨石阵视为一种文化，一种古人对巨石的崇仰与尊重。古人崇尚巨石的坚毅威猛，向往巨石的牢固与结实，巨石阵是古人对心中理想的完美垒砌。

你知道吗

亚瑟王

亚瑟王是公元5世纪左右英格兰最富有传奇色彩的国王。

众说纷纭，始终没有一种权威的推断。几百年来，人们陷入了对巨石阵不断探索的苦苦追求之中。

卡纳克石阵

法国布列塔尼半岛的城镇卡纳克，是一块充满了神秘色彩的地方。这里除了有巨石砌成的古墓，最吸引人的便是郊外那一片片整齐排列的石阵。

长期以来，卡纳克石阵一直默默无闻，直到18世纪20年代才引起人们的关注。这片石阵，据说曾有1万根石柱，而如今仅存2471根。它被农田分为36片，以12根一排向东延伸。最高的莱芒尼石阵石柱露出地面部分达4.2米，地处城北1.5千米。从这里再向北，便是卡尔马里石阵，它比前者要小。与卡马里石阵相邻的凯尔斯堪石阵就更小些了，长约400米，远远一望，好像正在接受检阅的一队士兵。

不少学者相信，石柱是凯撒大帝时代的产物。19世纪初，考古学家在卡纳克发现许多蛇崇拜的遗迹，这使人产生联想：那一条条逶迤延伸的石队或许是蛇的模拟图形。还有人推测，这个石阵是晒鱼场、市场、旅馆的遗址。现今甚至有人称它是外星人访问地球的飞船基地。

1959年，专家们确认卡纳克为世界上最大的新石器文化发源地之一。正如对石阵进行了长期考察的英国考古学家欧文·霍丁霍姆所说，这个石阵就像金字塔一样，为人类留下了永恒的不解之谜。

令人不解的是，这么大规模的石柱群为何在 18 世纪以前的历史记录中，只字未提。这也是石柱群令人感到神秘莫测的主要原因。人们无法从文献中探知它的形成及作用。于是便开始了种种推测。

你知道吗

凯撒大帝

凯撒大帝是罗马共和国末期杰出的军事统帅、政治家。他公元前 60 年与庞培、克拉苏秘密结成前三巨头同盟，随后出任高卢总督，花了 8 年时间征服了高卢全境，还袭击了日耳曼和不列颠。公元前 49 年，他率军占领罗马，打败庞培，集大权于一身，实行独裁统治并制定了《儒略历》。

有的说，卡纳克镇守护神可内利在公元前 56 年，为抗拒凯撒大帝的罗马大军入侵而亲登镇北山丘，在奇迹般的神力下，将一个个追赶来的罗马人封死在原地，变成石柱。有的说，罗马人竖立石柱，是为了作为庇护帐篷的挡风墙。

这些猜测当然是仁者见仁，智者见智。虽然石柱群之谜还有待于将来的解开，但至少有一点可以肯定，就是经过放射碳 – 14 测试，这些石柱群早于公元前 4650 年便已经存在了。也就是说，它们是新石器时代文化的产物。

这个被英国考古学家海丁翰教授称为"比金字塔更为神秘"的石柱群，无论从它们的重量、数量、高度还是历史的久远程度来看，都是名副其实的世界巨石之最。

🔍 世界上最古老的圣坛

公元 1979 年，西班牙考古学家埃奇加莱·巴伦迪伦和美国芝加哥大学的人类学家弗里曼·克莱塞，在西班牙北部的埃尔朱育洞穴进行发掘，发现洞穴入口处有一座原始人用泥土和石块堆砌起来的圣坛，圣坛底部的面积约 11 平方米，在它的中间有一条长 109 厘米、宽 78.7 厘米的浅沟，沟里堆满了石制矛头、动物骨骼、贝壳和颜料。在沟的一头有个高 50.8 厘米的土石充填的黏土框架（框架用鹿骨、石板等加固），架顶上平放着一块重达 1 吨的石灰石板，石板上放置着一尊石雕像。石雕像非常古怪，它高 35.6 厘米、宽 33 厘米、厚 20 厘米。雕像中间有一道天然石缝，把所刻的脸庞分成了两边，右边是长着胡须的人的半边脸，左边则是凶恶的食肉兽（狮子或豹）的半边脸。

根据放射性同位素法测定，这座圣坛是在 14 000 多年前建成的，是迄今所知的最古老的宗教圣坛，也是唯一的一座早在旧石器时代建立的宗教建筑。

宗教的起源问题，是一个很复杂的问题，世界各国学者们对这个问题的看法很不一致。根据现在所掌握的考古材料来看，宗教萌芽于旧石器时代中期，到旧石器时代晚期才逐渐发展起来。当时人类的生产力很低下，他们的实际知识还处在萌芽状态，而摆在他们面前的是庞大、复杂、神秘莫测的大自然，在他们的周围存在着许多他们不能理解、无法解释的自然现象，他们感到自然界中似乎到处都有威力无穷、不可捉摸的神秘力量在发生作用，他们在跟大自然斗争时，感到自己是渺小和软弱无力的，这样就产生了最古老的宗教观念。这座圣坛地面的石块磨得很光滑，这说明当年人们经常在这里举行集体性的宗教活动。14 000 多年前的人类竟然已经有了如此完善的宗教活动场所，这在世界上还是首次发现。

知识小链接

雕 像

雕像就是用材料经过特殊工艺，雕塑出各种像的一种作品。人物雕像是最能显示出一个社会文化气息的大众艺术品。

更令人奇怪的是那半人半兽脸型的石雕像。为什么原始人要把那尊石雕像的脸庞分成左右两部分呢？考古学家们的看法不一。有些学者认为，可能出于图腾崇拜，这是原始人类一种最早的宗教信仰，当地原始人可能认为狮子或豹与自己有亲缘或其他特殊关系，他们以狮子或豹为图腾，把狮子或豹当成神灵来尊敬和崇拜，这种崇拜既是迷信，又在当地原始人中起着维系集体、统一意志、统一行动的作用。有些学者不同意上述看法，他们认为，这是由于在长期劳动过程中原始人类的体质和智慧都大大向前进化和发展了，他们已经有了较高的思维能力，尤其是抽象思维能力发展更快，因此，这尊人脸与兽脸各半的石雕像，表明了当时原始人已经在认真思索人性与兽性在人类以及神灵中的表现。他们认为右边长着胡须的人的半边脸象征着人性之"善"；左边凶恶的食肉兽（狮子或豹）的半边脸象征着兽性之"恶"。这样，原始人就巧妙地把"善"与"恶""美"与"丑"杂糅统一在一起。这尊石雕像是原始人运用象征性的艺术表现手法创作出来的佳作。可是，令人迷惑不解的是，在近代和现代欧洲艺术品里，所谓象征方法还是一种十分时髦的表现手法，难道14 000年前的原始人就已开始运用这种象征方法来进行艺术创作——雕制石像了吗？当时原始人的抽象思维能力以及形象思维能力发展的情况究竟如何，这是有待深入探讨的一个谜。

◖ 撒哈拉沙漠的神秘壁画

撒哈拉沙漠的神秘壁画令人惊叹。

撒哈拉沙漠是世界上第一大沙漠，气候炎热干燥。然而，令人迷惑不解的是，就是在这极端干旱、植物稀少的不毛之地，竟然有过高度繁荣昌盛的远古文明。沙漠上许多绮丽多姿的大型壁画，就是这远古文明的结晶。今天人们不仅对这些壁画的绘制年代难于稽考，而且对壁画中那些奇形怪状的形象也茫然无知，这成为人类文明史上的一个谜。

撒哈拉沙漠岩画之一

1850年，德国探险家巴尔斯来到撒哈拉沙漠进行考察，无意中发现岩壁中刻有鸵鸟、水牛及各式各样的人物像。1933年，法国骑兵队来到撒哈拉沙漠，偶然在沙漠中部塔西利台、恩阿哲尔高原上发现了长达数千米的壁画群。这些壁画五颜六色，色彩雅致、调和，刻画了远古人们生活的情景。此后，人们将注意力转移到撒哈拉，欧美一些国家的考古学家纷纷前来探秘。1956年，亨利·罗特率领法国探险队在撒哈拉沙漠发现了1万件壁画。翌年，他们将总面积约1078平方米的壁画复制品及照片带回巴黎，一时成为轰动世界的新闻。

从发掘出来的大量古文物看，距今1万年至4000年前，撒哈拉不是沙漠，而是大草原，是草木茂盛的绿洲，当时有许多部落或民族生活在这块美丽的沃土上，创造了高度发达的文化。这种文化最主要的特征是磨光石器的广泛流行和陶器的制造，这是生产力发展的标志。在壁画中还有撒哈拉文字和提斐那古文字，说明当时的文化已发展到相当高的水平。壁画的表现形式或手法相当复杂，内容丰富多彩。从笔画来看，较粗犷朴实，所用颜料是不同的岩石和泥土，如红色的氧化铁，白色的高岭土，赭色、绿色或蓝色的页岩等。这些岩画是由台地上的红岩石磨成粉末，加水制成颜料绘制而成的，由于颜料中的水分充分地渗入岩壁内，与岩壁的长久接触而引起了化学性变化，融为一体，因而画面的鲜明度能保持很长时间，几千年来，经过风吹日晒而颜色至今仍鲜艳夺目。这是一种颇为奇特的现象。

你知道吗

壁画

壁画，是墙壁上的艺术，即人们直接画在墙面上的画。作为建筑物的附属部分，它的装饰和美化功能使它成为环境艺术的一个重要方面。壁画为人类历史上最早的绘画形式之一。

在壁画中有很多是雄壮的武士，表现出一种凛然不可侵犯的威武神态。他们有的手持长矛、圆盾，乘坐在战车上迅猛飞驰，表现出征场面；有的手持弓箭，表现狩猎场面；还有重叠的女像，表现嬉笑欢闹的场面。在壁画人像中，有些人身缠腰布，头戴小帽；有些人不带武器，像是敲击乐器的样子；有些人似呈献物状，像是欢迎天神的降临，是祭神的象征性写照；有些人像为翩翩起舞的姿势。从画面上看，舞蹈、狩猎、祭祀和宗教信仰是当时人们生活和风俗习惯的重要内容。很可能当时人们喜欢在战斗、狩猎、舞蹈和祭礼前后作画于岩壁上，借以表达他们对生活的热爱或鼓舞情绪。

壁画群中动物形象颇多，千姿百态，各具特色。动物受惊后四蹄腾空、势若飞行、到处狂奔的紧张场面，形象栩栩如生，创作技艺之卓越，可以与同时代任何国家的杰出壁画艺术作品相媲美。从这些动物图像中，可以相当可靠地推想出古代撒哈拉地区的自然面貌。如一些壁画上有人划着独木舟捕猎河马，这说明撒哈拉曾有过水流不绝的江河。值得注意的是，壁画上的动物在出现时间上有

撒哈拉沙漠景色

先有后，从最古老的水牛到鸵鸟、大象、羚羊、长颈鹿等草原动物，这说明撒哈拉地区气候越来越干旱。

拓展阅读

鸵鸟

非洲一种体形巨大、不会飞但奔跑得很快的鸟，特征为脖子长而无毛、头小、脚有二趾。它是现代鸟类中最大的鸟，高可达3米，颈长，头小，脖子长裸，嘴扁平，翼短小，不能飞，腿长，脚有力，善于行走和奔跑。雌鸟灰褐色，雄鸟的翼和尾部有白色羽毛。

那么，在今天极端干燥的撒哈拉沙漠中，为什么会出现如此丰富多彩的古代艺术品呢？有些学者认为，要解开这个谜，就必须立足于考察非洲远古气候的变化。据考证，距今4000～3000年前，撒哈拉不是沙漠而是湖泊和草原。约6000多年前，这里曾是高温和多雨期，各种动植物在这里繁殖起来。只是到公元前300～前200年，气候变异，昔日的大草原才慢慢变成沙漠。是谁在什么年代创造出这些硕大无比、气势磅礴的壁画群？刻制巨画又为了什么？这些未解之谜还需要人们继续去探索。

胡夫金字塔之谜

在所谓的古代"七大奇迹"中，埃及的金字塔被誉为"七大奇迹"之冠，其中最为壮观的胡夫金字塔建于公元前2600年左右，高约146.5米，塔基每边长232米，绕一周约1千米，塔身用平均每块重数吨的230万块巨石相互叠积而成，石块之间没有任何黏着物，锋利的刀片都难以插入石块缝隙之间。金字塔的巍峨壮观，令人赞叹！进入金字塔的通道倾斜深入地下，石壁光滑、刻以精美华丽的浮雕，令人叹为观止，但谁也弄不清古埃及人何以掌握如此精湛的挖掘雕刻技巧，不知他们运用什么样的工具，建筑了人类有史以来最大的单个人工建筑物。要知道在建筑金字塔时，古埃及人类尚未掌握铁器。

拓展阅读

七大奇迹

古代文明七大奇迹，又叫古代世界七大奇观，是指古代西方世界（尼罗河流域、两河流域、爱琴海希腊化地区）的七处壮丽的人造景观。这些建筑物和塑像，以其宏伟规模、艺术美感、独特的建造方式，代表了古代西方文明的成就，令世人惊奇不已，叹为观止。可是由于地震等自然灾害，现在只剩下埃及胡夫金字塔存在。七大奇迹是埃及胡夫金字塔、奥林匹亚宙斯巨像、阿尔忒弥斯神殿、摩索拉基陵墓、亚历山大灯塔、巴比伦空中花园、罗德岛太阳神巨像。

金字塔被数不清的谜团围绕着。

谜团之一：用途。胡夫金字塔耸立于开罗以西10千米外的吉萨高原。那儿荒沙遍地、碎石裸露，是一片不毛之地。为什么要在这里修筑这样的建筑，其目的究竟何在？金字塔究竟是法老的陵墓还是有别的用途？

谜团之二：多少人参加了建筑工程？据估计，建造金字塔时，埃及当时的居民必须达到5000万人，否则难以维持工程所需的粮食和劳力。但是据考证，在建筑金字塔的年代，全世界的人口只有2000万左右。

埃及金字塔

进一步研究的情况还表明，施工时还需要众多的劳动力在农田上耕耘，以保证旷日持久的工地上有足够的粮食。他们都要吃饭。而地势狭长的尼罗河流域所能提供的耕地，似乎不足以维持施工队伍的需求，这支施工队伍少在几十万人，最多时可达百万人之多，他们之中不仅要有工程人员、工人、石匠，还要有一支监护工程施工的军队、大批僧侣，以及法老们的家族。单靠尼罗河流域的农业收成，不可能满足工程的需求。

谜团之三：古埃及人用什么运载巨大石料？传统的看法认为，古埃及人是利用滚木运输的办法，将庞大的石料运抵工地的。尼罗河流域树木稀少，在尼罗河岸分布最广、生长最多的是棕榈树，但因为棕榈树的果实是埃及人不可缺少的粮食来源，棕榈树叶又是炎热的沙漠中唯一可以遮阳的材料。大规模砍伐棕榈树是不现实的。所以，古埃及人不可能大片砍伐棕榈树，而且质地松软的棕榈树干亦是无法充当滚木的。

或者埃及人从海外进口木材？如果是这样，古埃及人就

拓展阅读

法 老

法老是古埃及国王的尊称，也是一个神秘的名字。在古王国时代（前2686—前2181年）仅指王宫，并不涉及国王本身。新王国第十八王朝图特摩斯三世起，开始用于国王自身，并逐渐演变成对国王的一种尊称。第二十二王朝（前945—前730年）以后，成为国王的正式头衔。习惯上把古埃及的国王通称为法老。法老作为奴隶制专制君主，掌握全国的军政、司法、宗教大权，其意志就是法律，是古埃及的最高统治者。

要拥有一个庞大的船队，渡海将木材运抵亚里山大港后，再沿着尼罗河而上，将木材转运到开罗，从开罗装上马车送到工地。且不说当时古埃及人是否拥

有庞大的船队，单说陆途运输的重要工具——马车，还是在金字塔建成的900年后才出现在埃及。

谜团之四：空无一物的墓室。早在公元9世纪，开罗伊斯兰教总督卡利夫·阿尔玛门就记录了有关胡夫法老的木乃伊遗失的谜团。当时他率领一队石工师傅，从金字塔的北面掘了一条隧道进去挖宝，经过一连串幸运的巧合，找到了这条现代考古学家所称为玛门穴的通路。玛门穴直接衔接着通往金字塔内部的几条通路，其中一条是从北面入口进入金字塔以后，便往下行的下坡道（入口的位置在古代虽广为人知，但是到玛门时期早已被人遗忘）。更幸运的是，作业时，因石锤、钻岩机等的振动，致使下坡道屋顶上的部分岩石掉落，而暴露出金字塔内部入口处原来便有的上坡道。

不过，坡道入口处，也就是坡道中最狭窄的一部分，被几块硕大而坚硬的玄武岩塞住，路被完全堵住。堵塞工程很明显是在金字塔建造时完成的。石工师傅在尝试击碎那块硬石却失败以后，便着手从周围硬度比较低的石灰岩上凿起隧道。经过好几个星期，总算清除掉进入金字塔最大的障碍，而为前进金字塔铺好了路。

清除障碍的工作本身的意义非常明显，它代表过去从来没有盗墓者能够成功地打开过入口。根据古老的传说，金字塔的建造者，在塔内放了很多"坚硬而不会生锈的铁制工具与武器，可以弯曲但不会打破的玻璃器皿，不可思议的符咒……"。

然而，当阿尔玛门和他的手下进入房间时，却什么都没有发现，其中一间被错误命名为王后殿的房间，更是空无一物，只是一间非常朴素，但充满几何趣味设计的房间而已。更令人失望的是王殿（阿尔玛门等人显然通过壮丽堂皇的大甬道后才到达此房间）内，也没能找到任何能引起一般人兴趣的东西。房间内唯一的家具，是一具未经任何修饰的大理石石盒，大小正好容一个人躺下，也只因尺寸凑巧的理由，这个箱状石盒后来便被命名为"石棺"。石盒里就如同整个金字塔一般空空如也。如果曾经有宝藏的话，是什么时候，以什么方法消失的？

谜团之五：通风道。在金字塔上坡通道的顶端，有一条以26°角往上延伸，最后几乎消失于上方的幽暗大走廊，屋顶的圆顶结构，令人印象深刻。进入大甬道中，有一条往南的叉路，1.2米高，38.7米长，可通往王后殿。

　　1993 年 3 月，德国的机器人专家鲁道夫·甘登贝林小心翼翼地操作着一台价值 25 万美元的高科技遥控迷你机器人"乌普瓦特"，在南侧狭窄的通气孔（因古埃及学者相信那是一个让空气进出的洞穴而得名）附近清除瓦砾。3 月 22 日，"乌普瓦特"发现沿陡峭的通风孔往上行 61 米左右后，斜坡道的表面突然变得非常光滑。"乌普瓦特"进入的这段通道，表面材质使用了通常只用来装潢教堂、王墓等神圣场所的土鲁石灰岩。仅这一点便已令人感到惊异万分，而当"乌普瓦特"走到这条斜坡道的尽头时意外地发现，在石堆中竟有一道坚硬的石灰岩大门，上面连金属的附件都一应俱全。

知识小链接

机　器　人

　　机器人是自动执行工作的机器装置。它既可以接受人类指挥，又可以运行预先编排的程序，也可以根据以人工智能技术制定的原则纲领行动。它的任务是协助或取代人类的工作，例如生产业、建筑业或是危险的工作。

　　王后殿有两条气孔，一条在南侧，一条在北侧，但令人感到奇妙的是，这两条被认为是气孔的通道，并没有出口可通往金字塔外。不知道为了什么原因，当时的建造者故意没有将气口的末端凿开，保留下最后 12.7 厘米厚的石头，使得人们无法从金字塔外边看到它，也无法进入这一条空气的通道中。

　　从一开始人们便发现，王殿有两个非常明显的通气孔，贯穿金字塔南北的墙壁。直至 1872 年，才有一位英国工程师伟恩曼·狄克森，开始怀疑"王殿既有通气孔，那么王后殿也应该有才是"。他敲击王后殿的墙壁后，果真发现了两条通道。首先打开的是南面的通气孔，他要手下比尔·格伦迪手持铁锤和锯子跳进洞穴，开始挖掘。起初工作还算顺利，很快便凿开了前面比较软的石头（石灰岩）。但是，接下来还没有敲打几下，格伦迪的锯子就被卡在石头里，怎么也进不去了。把格伦迪的锯子卡住的是一条"长方、平行、筒状的隧道，仅仅 23 厘米宽、20 厘米高"。隧道从墙壁往内伸 2.1 米后，便开始以陡峭的角度向上，进入未知、黑暗的远方。

　　在狄克森探险后的 221 年，甘登贝林终于用操纵着机器人走进那未知、黑暗的陡坡，并利用遥控机器人的照相机捕捉到许多有趣镜头，尤其令人感兴趣的是，在通风口的末端，有一条19世纪制作的长金属棒。这显然是狄克森与他忠心耿耿的部属格伦迪，秘密探测过通风口的证据。甘登贝林果然又发现了一扇门，而且还是一扇铁闸吊拉门，不但金属附件俱全，门的下方还有一个令人感到迷惑的沟槽。从"乌普瓦特"拍摄回来的影像里，可以看到一个通向更深、更远、看不到底的黑洞。

谜团之六：金字塔内的谜团。从塔内2.1米宽的地板向上测量，墙壁的高度为2～3米。在墙线之上，为7层石块，每块石块向内伸展0.1米，使得天顶逐渐合拢，而至最高的屋顶处，通道宽度只剩1.1米，而高度则升至8.5米。

广角镜

甬道

甬道也称为通道、甬路，是指楼房之间有棚顶的通道或两旁有墙和其他障蔽物的驰道或通道，也指院落中用石头砌成的路。

假设埃及人选择把大甬道盖在平地上，长度不超过6.1米，以当时的技术而言，就已够困难的。但埃及人还为自己出难题，将甬道以26°斜角，盖了足足46.6米长。还用巨型的平行四边形的磨光石灰岩板，铺陈在墙壁上，且石板接缝之紧密，非一般肉眼可以分辨出来。

更令人感到意外的是，金字塔建造者在建筑时，使用了一些非常有趣的对称概念。例如，大甬道的屋顶宽度为1.1米，地板的宽度则为2.1米。沿着整个大甬道的地板中线，有一条0.6米深、1.1米宽的沟槽，而在沟槽两边，则各为一条0.55米宽的石板斜坡道。这一条沟槽的作用为何？为什么正好与屋顶同宽，使得上下看起来非常对称？从下往上看，屋顶的两旁覆有石块，看起来就像一条沟渠一般。

沿着0.6米宽的中央沟槽，近代人在地上用木头铺设了一个地板，再加上扶手，使得在上面行走已不是什么困难的事。但是在古代，石灰岩的地板经打磨后，非常光滑，而向上的坡度又有26°之陡，平常人几乎无法走在上面。

远方大甬道的尾端，可模糊地看到王殿的入口，顶立在昏暗中，对所有前来参谒但心中充满疑问的旅人招手。

理论上讲，埃及人在建造金字塔时，还处于新石器时代文化的初期，他们能够成就如此复杂的工程，着实令人难以想象。

胡夫金字塔，到底凝结了古埃及人多少知识与智慧，至今仍然是一个未解开的谜，它不断吸引着成千上万的人来探索。

▶ "法老的咒语"

埃及大大小小的金字塔，绝大多数都建筑于埃及第三到第六王朝时期。埃及金字塔在四五千年漫长的历史岁月中，始终笼罩着神秘的面纱，充满了各种各样神奇的色彩，而其中最令人震惊且毛骨悚然的是金字塔墓碑上的咒语："不论是谁骚扰了法老的安宁，'死神之翼'将在他头上降临。"这些近似神话般的咒语无非是想告诫那些企图窥视墓穴中无价藏宝的后人，以防盗墓。然而，奇怪的是几个世纪来，凡是胆敢进入法老墓穴的，无论是盗墓贼、冒险家，还是科学考察人员，最终都出现了各种各样的意外，而导致死亡。

法老的金面具

1922 年 11 月，英国著名的考古学家霍华德·卡特在帝王谷经过了 7 年的发掘探索，终于打开了图坦卡蒙法老的陵墓，从中发掘出的珠宝、首饰、工艺品、家具、衣物和兵器多达 5000 多件。这一发现震惊了世界，而就在次年 2 月 18 日，发掘工作胜利在望的时候，以巨资支持卡特工作的卡纳冯勋爵在进入墓室后突然患重病死去。另一位考古学家莫瑟先生，在发掘工作中曾帮助推倒墓道里一堵主要石壁，也染上了一种近乎神经错乱的病症而毙命。X 射线专家道格拉斯，世界上第一个给法老木乃伊拍 X 光照的人，不久也日益虚弱地离开人间。以后两年中，此项发掘工程人员中，就有 22 人莫名其妙地暴死。从此，法老墓咒语更成了众说纷纭的不解之谜。

此后，又出现了几次类似的离奇的死亡事件，这使法老墓的传奇更蒙上神秘可怕的黑面纱！

基本小知识

生物学家

以生命为研究对象的人群可以被称为生物学家。生物学可以分为动物学，植物学，微生物学等，所以生物学家又可以细为动物学家，植物学家，微生物学家等。根据研究生命活动的内容，又分为生态学家、生理学家、遗传学家、细胞生物学家、分子生物学与系统生物学家等。

此时，人们不禁要问：这些与埃及法老金字塔打交道的人，死亡原因是什么？法老墓碑上的咒语是否真的灵验呢？

一种观点认为，墓道壁上有一层粉红色和灰绿色的东西，可能是一层死光，据说它放射出的物质能使人丧命。

也有一些科学家倾向于另一种看法，即古埃及的文明已达到可能以剧毒的害虫或毒物作为特殊武器，来保护埃及统治者的陵墓免受暴力侵犯。1956 年，地理学家怀特斯在挖掘罗卡里比陵墓时，就曾遭到蝙蝠的袭击。

近年来有一些科学家试图从生物学上来解释。开罗大学生物学博士、医学教授伊泽廷豪于 1963 年声称，根据他对博物馆许多考古学家以及工作人员进行定期体检的结果，发现所有体检者肌体均存有一种能引起呼吸道感染和使人发高烧的病毒。进入墓穴的人由于感染上这种病毒，将导致呼吸道发炎最终窒息而死。但墓穴中的这一种病毒为何生命力如此顽强，竟能在封闭的环境中生存 4000 年之久，科学家们就不得而知了。

1983 年，一位叫菲利普的法国女医生，经过长期研究后，认为这些人死亡原因都是因为发掘者和参观者对墓中霉菌过敏反应造成的。据她研究，死者病状基本相同——肺部感染，窒息而死。她解释道：古埃及法老死后，随葬品除珍宝、工艺品、衣服外，还放置了各种水果、蔬菜和大量食品，后者长久保存经过千百年的腐烂成为一种肉眼难见的霉菌，黏附在墓穴中。不论是谁，只要吸入这种毒菌后，肺部便急性发作，最后呼吸困难而痛苦地死去。斯特拉斯堡的杜米切恩教授就因钻入刚发掘不久的充满霉菌的陵墓中临摹铭文而一命呜呼。至今为止，这种说法成为较令人信服的解释之一。

另外一些科学家却认为，所谓"法老的咒语"，很可能来自金字塔构造本身，其墓道与墓穴的结构设计，能产生、聚集并释放各种射线、磁振荡和能量波，或形成某种神秘的物理场。

孰是孰非，各执一端，要解开这个咒语之谜，看来并不那么容易，至少目前是这样。

◎ 狮身人面像之谜

在埃及沙漠中，与金字塔毗邻的狮身人面像，同样有无数难解之谜。

狮身人面像大约有 20 米高，57 米长，面向正东，每年在春分与秋分这两天，可从正面看着太阳升起。石像蹲踞的姿态，就好像它在沉睡好几千年以后，终于决定要提起脚步向前的样子。在地点的选择上，想必当时人曾做过非常仔细的考查测量，才决定了在这个俯视尼罗河谷的位置，就地取材，以比附近的山丘要高上约 9.14 米的石灰岩山头之石，雕成了狮身人面像的头和颈部分。山丘下侧的长方形石灰岩则被雕成身体，并为和周围的环境区分开来，以

狮身人面像

突显雕刻物，当时的建造者还特别在雕像的周遭挖了一条 5.5 米宽、7.6 米的深沟，使得狮身人面像能够傲然独立，自成一格。

古埃及人都相信狮身人面像远比有几千年历史的第四王朝法老古老，他们相信狮身人面像会守护"肇始世界开始的吉祥地"，并认定它有"能够遍及

全域的神力"，而对它加以崇拜。

在公元前1400年左右的第十八王朝的法老图特摩斯四世时，狮身人面像除了头以外，全部被埋没在沙土中，图特摩斯四世将沙土清除以后，便建立起"库存表石碑"。根据气象资料，在过去5000年来，吉萨高地上的风沙气候并没有重大改变，也就是说，狮身人面像和它的周围受到的风沙侵蚀，应该不比图特摩斯四世时的大。从近代史料中不难看出，可能狮身人面像经常被沙土埋没。1818年，有人曾清除过一次狮身人面像上的沙土。到了1886年，为了挖掘遗迹不得不再度清除沙土。但只过了39年，1925年时，沙土再度将狮身人面像从颈部以下全部封住，迫使埃及考古厅出面，清除沙土，使它恢复原貌。

拓展阅读

埃及第四王朝

埃及第四王朝始于公元前2625年左右，历时110多年，经历了斯尼夫鲁、胡夫、雷吉德夫、哈夫拉、门卡拉、谢普塞斯克和德德夫普塔赫等7位法老。第四王朝的首都在孟菲斯。

然而，我们是否可以推论，建造狮身人面像的年代，与今天的埃及气候大不相同？如果建造成这么大的雕像，但过不多久就会被完全埋没于撒哈拉沙漠的沙土中的话，何必还要建造呢？撒哈拉沙漠在地理年代上是个非常年轻的沙漠，在1.1万年到1.5万年前，吉萨地区土壤还相当肥沃。难道在建造狮身人面像时，吉萨地区是绿洲而不是今天我们所看见的沙漠？就好像今天的肯尼亚、坦桑尼亚一带一样？狮身人面像到底建造于什么年代呢？这仍然是一个谜，有待于进一步探索、研究。

知识小链接

撒哈拉大沙漠

撒哈拉沙漠约形成于二百五十万年前，乃世界第二大荒漠，仅次于南极洲，是世界最大的沙质荒漠。它位于非洲北部，气候条件非常恶劣，是地球上最不适合生物生存的地方之一。其总面积约容得下整个美国本土。

有人认为，狮身人面像是埃及第四王朝的法老卡夫拉（其在位时间是公元前2520~前2494年，卡夫拉这个名字在后来的希腊文中读音也不同）建造的。这是传统历史学观点，它出现在所有埃及学官方教科书、大百科全书、考古杂志和常见的科学文献中。这些文本都表达一个意思，狮身人面像的面部是照卡夫拉本人的模样来雕刻的，狮身人面像的面孔就是卡夫拉国王的脸；这一点已被当成是历史事实了。

美国出版的《国家地理杂志》1991年4月刊和英国出版的《剑桥考古杂志》1992年4月刊分别发表了芝加哥大学东方学院的马克·莱纳教授的文章，马克·莱纳利用"摄影光学数据和电脑图像""证明"了伟大的狮身人面像就是对卡夫拉面孔的临摹。

不过，很多人对用闪长岩雕成的卡夫拉国王雕像的照片在电脑上再造狮身人面像持有不同看法。他们认为，狮身人面像今天的面貌特征不大像卡夫拉的面貌，而更像其他许多法老，例如图特摩斯四世，或者安曼贺泰普四世、拉美西斯二世（正如莱纳承认的那样，这位拉美西斯约在公元前1279年"全面重建"了伟大的狮身人面像，他也是我们所知的最后一位重建狮身人面像的国王）。包括马克·莱纳在内的科学家都认为，狮身人面像的头颅与其躯体相比"太小了"，很可能曾被人大规模重塑过。原来甚至可能像真正的狮子的头，不过后来因为重雕而变小了，这种可能性不仅是有根据的，而且还很有吸引力。

1993年，一批独立的学者为了解开狮身人面像这个死结而出了一个绝招，他们带了一位侦探到埃及。这位侦探就是纽约警察局法医高手弗兰克·多明哥。此人20多年来，一直在研制一种犯人肖像"鉴别器"，他每天的工作就是分析和研究各式各样的人脸。于是，人们要他详细研究狮身人面像和卡夫拉两者之间的异同之处。数月之后，他从埃及回到纽约自己的工作室，仔细比较了这两种雕像的上千张照片。他最后汇报自己的分析结果说：

基本小知识

侦 探

现在所谓的侦探就是指收受雇佣者金钱及其他财物，为雇主调查及拍照等，通过隐蔽调查不让被调查者察觉而获得其机密的人。而过去所指的侦探是指帮助警方调查、破案、提供证据的人。

"透过反复分析研究我绘出的图形和测得的数据，我得出的结论与我最初的直觉不谋而合，也就是，这两种雕像各有所表。狮身人面像，从正面看的五官比例尺寸，特别是从不同的侧面看，其五官的角度和面部突出的尺寸，都使我坚信，狮身人面像不是卡夫拉……"

到此为止，我们一边有法医高手弗兰克·多明哥，他告诉我们，狮身人面像的面孔不是卡夫拉的面孔；另一边则有埃及学电脑专家马克·莱纳，他认为用卡夫拉的面孔就可以让狮身人面像"获得新生"。

狮身人面像究竟是何人、何时、为何建造，它的面貌又是如何的，还需要继续的研究与探索。

非洲史前的人类始祖遗迹之谜

非洲在人类进化史上的地位是无可比拟的。在非洲的四次发现像冲击波似的震动了人类学领域，因为它们向那些长期被认可的关于人类起源及进化历程的理论发起了挑战。

第一次是在肯尼亚，发现了一个距今已有280多万年的人的头盖骨和骨骼；第二次是在南部非洲地区一个名叫边境洞穴的矿井中（位于斯威士兰和纳塔尔之间的边境上），发现了曾居住过的现代类型的人——大约生活于公元前10万年；第三次是在坦桑尼亚，发现了一些类似人的牙齿和颚骨，据称已有375万年的历史；第四次发现是在埃塞俄比亚，一具名为"露西"的骨骼被确定有将近400万年的历史，它的发现补上了"进化史上断裂"的链环。这个人类和类人猿两者的共同祖先大约死于100万年之前。

非洲史前岩画——围猎大象

根据以往的进化学说，第一个可称之为人的灵长动物，直到 100 万年前才进化成"直立的人"。然而从肯尼亚的东鲁道夫·贝辛地下发掘出的那些骨骼，不仅被判定为是近 300 万年之前的，而且其形状之接近现代人，大大超过了人们过去的推测。

知识小链接

灵长类动物

灵长目是哺乳纲的 1 个目，是目前动物界最高等的类群。这类动物大脑发达；眼眶朝向前方，眶间距窄；手和脚的趾分开，大拇指灵活，多数能与其他趾对握。它包括原猴亚目和猿猴亚目，主要分布于世界上的温暖地区。灵长类中体型最大的是大猩猩，体重可达 275 千克，最小的是倭狨，体重只有 70 克。人类属于灵长目动物。

在南部非洲地区边境洞穴的年代久远的骨骼旁还发现了一些人工制品。这表明当时的人类已具有发达的智力，早在很久以前便迈上了文明之路。这也超出了原先的估计。边境洞穴的居住者制造出了许多很精致的工具，其中包括一些加工得很漂亮的玛瑙刀子，其锐利的刀刃可以切开薄纸。

他们也具有宗教信仰，并相信来生。一位幼儿的残骸还残留着葬礼的痕迹。他们应该使用着相当发达的语言，因为如"不朽"这类十分抽象的概念显然是不可能用手势或简单的单音节声音来表达的。

两位年轻的史前考古学家埃德里安·博希尔和彼得·博蒙特在探索热情的鼓舞下，领导了边境洞穴几次重要的发现。1970 年 12 月，他们从地底下挖掘出 30 万件人工物品，同时还有一些碳化的兽骨，他们发现其中许多生物现今早已灭绝了。

在地面有一些灰烬覆盖的木炭，经研究，它的年代比那块发现了一个儿童骨骼的地层的年代要短得多，但也已超过 5 万年。石工具和赭石地面下的基岩表明，这座大洞口于 10 万年前可能就已被占用了。

洞穴的环境对于长期保存遗留物十分理想。甚至连那些作为床上用品的细树枝、树叶、青草以及羽毛都保存了下来。博希尔为此进行了调查，并认为"实际上，我们发现的每样东西，都比书本上说的保存期限要长 3 倍"。石制箭头的发现表明，早在 5 万年前，就已发明了箭。而它在欧洲的出现，却是公元前 15 000 年的事。

凭着在爪哇和北京附近发现的有 50 万年历史的头盖骨，许多科学家确信人类的始祖在亚洲，而后向西迁徙。在进化的蓝图上，非洲并没有担任角色。

尽管雷蒙德·达特教授于 1924 年就在非洲发现了一个更古老的人，然而直到英国人类学家路易斯和玛丽·利基在坦桑尼亚奥杜瓦伊峡谷的一次丰富发现，以及美国人类学家唐纳德·约翰孙和蒂莫西·怀特在埃塞俄比亚阿法尔地区的发现之后，非洲才出现在人类进化史的蓝图上。

广角镜

人类学家

人类学家，现在大多是指专门从事人类学研究的人。有些人类学家研究人体的发展和由史前到现在的进化过程，但大多数人类学家是研究不同人群的生活方式，从而了解人类的共通点。从事这种研究的人通常着眼于和普通人生活方式不同的人群。

1959 年，利基等人发现了一个近 200 万年前的头盖骨，它与达特发现的人属于同族，这个消息震惊了世界。1960 年，他们发现了另一个史前人的颅骨和下颚，同时还有一些显然是用来制作武器的凿过的石头工具。他们给这个人起名为"巴比利斯人"。

若干年后，他们发现了更为进化的"直立的人"的碎片，这是第一个被确认会使用火的人。后来发现他和爪哇人、北京人属于相同的种类，但比后两者要早 50 万年。

1975 年，玛丽·利基报道了有关坦桑尼亚史前人类的更进一步发现，即根据放射性探查，已确定他们有 375 万年的历史。

1979 年，约翰逊博士和怀特发现了一些历史久远的人骨，这些人骨的脑袋很小，与猿猴的脑袋相差无几。发现者称这种亚科为南方古猿属，距今已有 360 万或 370 万年的历史。

随后于 1982 年，杰·德斯蒙德·克拉克和蒂莫西·怀特公布了还是在埃塞俄比亚的发现——一块股骨和一块前额骨的残片，它们看上去属于同样的种类。

也许还需要若干年，人类学家才能对这些发现做出估计，但人类发展的源头，很有可能是在非洲，而不在亚洲。

图尔纳荒原的石柱

在非洲肯尼亚共和国北部，图尔卡纳湖（以前称鲁道夫湖）以西，有一片广阔的荒原，在荒原上屹立着 19 根石柱，每根石柱的长短和大小各不相同，插入地下的角度也各不相同。石柱之间的间隔很小，一般距离不超过 1 米。石柱上刻有许多奇形怪状的花纹、左右对称的图案，其中有毒蛇和鳄鱼等动物形象，较多的是酷似字母"E"的图形。19 根石柱全向北倾斜。当地居民图尔卡纳族人，把荒原石柱称为纳穆拉图恩加。关于这个名称的来历，有一段古老的传说：相传在遥远的古代，有 19 个人因触犯了天条，因而受到天神的惩罚，把他们变成了 19 根石柱，永远站立在荒原上，仰望着天空，祈求天神的怜悯和恩赐。直到现在，图尔卡纳族人还在石柱顶上用小石块堆成小金字塔形的锥体物，向天神诚心祭拜。

这 19 根石柱过去没有引起考古学家的注意，直到 1975 年才引起考古学家们的极大兴趣和高度重视。之后的 10 多年来，许多国家的学者纷纷前往考察。经长期调查研究，大家一致肯定：这 19 根石柱，是 2000 多年前古人特意建造的一座石头天文台。用放射性碳的分析法测定，这座石头天文台的年龄为 2285 ± 165 年。由此可知，这 19 根石柱大约是公元前 300 年竖立起来的。石柱之间连接成的几何线条可以确定天空中一些星座的位置。西侧的第 15 号和第 18 号石柱，是观察天空中星座的基本石柱，观察者站在它们的背后，就能经过其他石柱的顶端划出一条条线指明星座出现的空间位置和这些星座在天空中移动的踪迹。这种观察能得到精确的结果。

在这 19 根石柱中，最高的是第 11 号石柱，最短的是第 19 号石柱，似乎没有任何一根线要通过这两根石柱的顶端向天空延伸，这两根石柱组成的线条不指向任何一颗星座。那么，究竟第 11 号和第 19 号石柱的作用是什么呢？至今考古学家还无法弄清。

星 座

基本小知识

星座是指天上一群在天球上投影的位置相近的恒星的组合。不同的文明和历史时期对星座的划分可能不同。现代星座大多由古希腊传统星座演化而来，由国际天文学联合会把全天精确划分为88星座。

石柱上所刻的花纹图案究竟代表什么呢？例如：石柱上所刻酷似字母"E"的图形所包含的意思是什么呢？据调查，在肯尼亚共和国的蒙特·包尔山山麓居住的莱恩基列族人自古至今盛行这样一种风俗习惯：人们爱用小刀或其他锋利的器具在自己的手上划3个"E"字形的伤口，在伤口上往往搽上盐，待伤口愈合后，"E"形的伤疤就更加突出显眼，引人注目，永不消失。他们还爱在家畜身上盖上"E"字形图案作为戳记。究竟石柱上所刻的"E"字图形与莱恩基列族人在自己手上所划的和在家畜身上所盖的"E"字图形之间有什么联系呢？总之，这19根石柱的一些奥秘，至今还没有被考古学家查明。

"古代摩天大楼"

在非洲埃塞俄比亚的古代首都阿克苏姆城遗址上，迄今仍然巍然屹立着十几根四棱形的巨大石柱，每根高达35米，重达200～300吨，都是用整块的巨大花岗岩雕刻成的，刻有方形门窗，一层一层重叠而上，远远望去，好像是现代一座12～13层的高楼大厦。据一些考古学家鉴定，它们都是2000～3000年前雕刻制成的。因此，有些人把它们戏称为"古代的摩天大楼"。虽然远望去其形状酷似"摩天大楼"，但实际上根本不可能住人，因为它们只不过是一些巨大的石棱柱而已。古人为什么要把这些石柱雕刻成"摩天大楼"的形状？当时地球上没有巨型起重机，更没有强大的动力设备，古人究竟是用什么方法把200～300吨一根的巨石竖立起来的呢？这确实令人惊奇不已。

据一些历史学家考证，在现今埃塞俄比亚北部，最早的居民是哈米特人。上述巨大的石棱柱，很可能是哈米特人雕制成的。哈米特人曾建立了第一个奴隶制国家，国都设在阿克苏姆城（在今提格雷省）。公元前975年，孟尼利克一世称王。公元前8世纪，阿克苏姆被库施王国征服，直到公元1世纪前后，阿克苏姆才发展为独立的国家，当时国内商品经济很发达，市场流通自己铸造的金、银、铜3种货币，它与埃及、印度、斯里兰卡、希腊、罗马等都有贸易往来，并从频繁的国际贸易中获得了巨大的收入，因此，有充足的资金来建筑雄伟壮丽的城堡和豪华的宫殿。据推测，他们雕制这些巨大的石棱柱，很可能是为了显示自己国家的繁荣昌盛，以石棱柱作为城市美观的标志。有些学者认为，这些石棱柱在艺术上别有风趣，技艺精湛，具有古代印度、希腊、罗马一些国家石刻艺术风格特点，体现了东西方文化艺术的交流和融合。据民间传说，古代阿克苏姆国有一种"煮石铸型"的奇能绝技：卓越的工匠们能够把石头煮成熔融状态，然后浇注于大型铸模里，冷却凝固后即成多种绮丽图案的石刻。有人猜测，巨大的四棱形石柱，就是运用"煮石铸型"的奇能绝技制成的。古人真的有这种奇能绝技吗？对此，一些学者深表怀疑，他们认为，远在2000～3000年前地球上的人类，根本不可能具有"煮石铸型"之类的奇能绝技，那只不过是一种无法实现的神话传说而已。

这十几座被现今人们戏称为"古代摩天大楼"的巨大四棱形石柱，究竟是何时何人用什么办法雕制和竖立起来的？作何用途？这至今仍是无法求得准确答案的一个奇谜。

🔊 金字塔下的古船

在胡夫金字塔的墓脚有一堆乱石。1954年，人们在清除这堆乱石时发现了石墙和用巨大的石灰岩石料砌成的封顶。拆除了部分石墙后，考古工作者发现了两个在基岩中凿出的硕大的坑。于是他们发掘了其中的一个坑。

坑里埋藏的不是法老或他的妃子，也不是金银财宝，而是一只足尺寸的、被拆卸的古船。此船被拆成 1224 块，按船的形状有顺序和规律地堆放在一起。考古工作者历尽艰辛，花了几年的时间才把这些零件组装成船。

金字塔下的古船

组装后的船船身细长，头尾高翘，有甲板室，长 43 米。船壳采取纵向缝合的方式，然后用铜箍加固，再用防水剂抹缝。船上使用的桨，酷似我国的梭镖，一点也不像我国江河里的木船使用的桨。

胡夫是埃及第四王朝的法老，距今已 4600 年。从胡夫陵墓的船冢里发掘出来的这条船，是世界上最古老的船。由于船冢密封良好，古船出土时不但没有腐烂，甚至还能闻到木料的芳香。

20 世纪 60 年代，埃及在金字塔下建立了古船博物馆，将古船置于密封的透明陈列室内。

然而，这条古船当时到底有什么用途呢？学者们众说纷纭，莫衷一是。

为了揭示其中的奥秘，为了研究古船与古埃及的历史和文化，埃及考古组织决定在美国《国家地理》杂志的帮助下，于 1985 年发掘第二个坑。

这次的挖掘又发现了一条三桅帆船，也是拆卸成许多船板或零件，按船形有条不紊地堆放在一起的。

在船冢墓室的西头，地上有一些木板、铜箍和从顶盖掉下来的抹缝的灰泥。

第二个船冢中的古船，经过研究，发现它跟从第一个船冢出土的古船极其相似。

人们最感兴趣的是这两条船的用途。

多数学者认为，这两条船是姐妹船，都是灵船。胡夫死后，一条船载着石棺，一条船载着内棺和尸体，一前一后，向金字塔脚下的一座庙宇驶去。运到后，尸体和棺材被抬上岸，沿专门修建的道路抬进庙里。一生叱咤风云、享受荣华富贵的君王，便在这儿的地下安葬。

你知道吗

博物馆

博物馆是征集、典藏、陈列和研究代表自然和人类文化遗产的实物的场所，并对那些有科学性、历史性或者艺术价值的物品进行分类，为公众提供知识、教育和欣赏的文化教育机构、建筑物或者社会公共机构。博物馆是非营利的永久性机构，对公众开放，为社会发展提供服务，以学习、教育、娱乐为目的。

然而这用得了偌大的两条船吗？因此，有人认为，这是胡夫生前朝圣用的两条船：一条船去开罗上游的圣城，一条船去开罗下游的圣城。然而，持这种看法的学者专家，完全是猜测，也拿不出什么证据。因此又有人认为，这是埃及法老胡夫的亡灵乘坐的日月之舟。据埃及的一个古老传说，太阳神乘着一只小舟，在天海向西航行，黄昏时为天神所吞食，可是到黎明时又获得新生。法老跟太阳神有关。他死后便乘船升天，在天海乘太阳船西行，到晚上便换乘月亮船。

还有人持另外的见解。在胡夫时代，尼罗河平原上河流纵横，船是一种极其重要的交通工具。迄今发现的许多墓室壁画上面都有这样或那样的船。古埃及人还乘船在沼泽地或芦苇荡打猎。古埃及人也造海船，跟地中海的其他国家进行海上贸易。船冢里埋的这两条船，便是供胡夫死后用的。可是，为什么这两条船都拆成一块一块的呢？真叫人困惑不解。

知识小链接

沼泽

沼泽是指地表过湿或常年、季节性积水，土壤水分几乎饱和，生长有喜湿性和喜水性沼生植物的地段。

关于胡夫金字塔旁两条三桅帆船的真正用途和埋藏方式，学者专家们仍众说纷纭。也许将来的发掘和研究能揭开这个谜，也许它会永远被笼罩在神秘的色彩里。

纳斯卡谷地巨画

纳斯卡图像

早在 1926 年 9 月，两位考古学家就在秘鲁西南的纳斯卡镇附近发现有一系列长而笔直的线一直延伸到很远的天际。不过两位学者以为这些线是某种灌溉设施，对此他们没有多想。

直到 20 世纪 30 年代，商务飞机开始穿越纳斯卡镇上空时，人们注意到沙漠上有很多的巨大图案。人们从空中看见上百条线，许多线从中间的点向外辐射，它们中有一些有几千米长并且非常笔直。也有其他的形状，包括三角形、矩形、梯形、螺旋形以及一些动物的形状。人类学家安东尼·埃文尼描述说，从空中看到的景象像是一堂紧张的数学课后留下的板书。人们称这些图案为"纳斯卡谷地巨画"。

基本小知识

板　书

板书是教师在教学过程中，配合语言、媒体等，运用文字、符号、图表等向学生传播信息的教学行为方式。板书是教师必备的基本教学技能。

后来，考古学家检查了这些线条和形状，结果发现线条的形成很简单，就是把覆盖在沙漠上的小石头往旁边清扫掉，下面的一层细沙显得更加清楚，因为沿着这些线条和形状，黑色的小石头形成了一条界限。考古学家也注意到，这些图画一旦形成就会永远保持其最初的状况：纳斯卡镇附近的沙漠非常干燥（每年大约有 20 分钟的降雨）而且没有风，因此，这些线条很可能已经有几百年甚至上千年的历史了。在这些线条附近发现的陶器残片经研究已经有 2000 多年的历史了。

使科学家们感到疑惑的是，到底是什么引发了当时的艺术家选择这么难的一块"画布"来画画？他们为什么画这么巨大的图案以至于从地平线上根本无法识别？有些人猜测，古代纳斯卡人可能已经知道借助某种原始的滑翔物或者热气球飞行。根据有关这些线条的形状，有人猜测它们也可能根本不是纳斯卡人所画，而是出于天外来访者之手。根据这一猜测，线条是宇宙航空器的简易机场，而形状则是它的降落舱。

埃里克·冯·丹尼肯《众神之车》一书的出版，使得纳斯卡与宇宙飞行物有关的解释被人们熟知，不过这本书纯粹是想象力的产物。结论的得出仅仅源于沙漠图画中一小部分与一个现代飞机场表面上的相像，如此而已。但是，就像古代纳斯卡人能够飞行这一猜想一样，对于这个巨大而神秘的版画，冯·丹尼肯的书至少提供了某种解释。

科学家们还能怎样解释这些画在沙漠上——但却只能在空中才能看见的线条呢？

1941 年，美国历史学家保罗·科斯科参观了这个沙漠。他也是通过仰望天空的方式来寻找谜底。太阳的下落激发了他的灵感。他突然注意到太阳正好下落在一条长线的尽头。过了一会儿，他意识到那天是 6 月 22 日，一年中南半球最短的一天，也是一年里太阳降落到最西北方向之时。

你知道吗

历史学家

历史学家也称史学家，是指以撰写历史著作为职业或对历史学的创立、发展与应用付出努力的知识分子。历史学家包括历史记录的编撰者和历史材料的研究者。

后来，玛利亚·赖歇也参与了进来，赖歇是利马的一位德国出生的数学教师。到了该年年底，赖歇观察出另外 12 条线要么与冬至有关联，要么与夏至有关联。科斯科与赖歇有了结论，认为这些线是"世界上最大的一本天文学著作"。通过在地平线上标出关键的天文位置，起到一个巨型日历的作用。

1968年，为了寻找这个问题的答案，杰拉尔德·霍金斯到了秘鲁。他借助于计算机对史前巨石柱上的准线进行了分析，由此，他认为那些遗迹曾经是一个天文观测台。霍金斯用飞机在空中拍摄，按照航空照片绘制了一张精确的线条平面图。然后，他把沿着地平线的太阳、月亮和具有坐标作用的星星的位置的数据输进计算机，考虑到在2000多年里，这些数据可能会发生的一些缓慢变化，霍金斯对数据进行了适当调整。最终，他从沙漠的一个特别部位选定了186条线。

霍金斯发现186条线中有39条与天文位置相匹配。听起来这很令人鼓舞，但是要在如此多的天文位置里选出这些线条来的确不是件容易的事。预计只有19条线碰巧与一些准线相匹配，其他匹配中有许多实际上是"复制品"——单独的一条线在一个方向上指向冬至而在另一个方向指向夏至。更有甚者，所选择的线条中有80%以上延伸的方向完全没有规律。因此，霍金斯得出了结论："这个推测被计算机扼杀了。"

20世纪80年代早期，加拿大的考古学家珀西斯·克拉克森收集了在线条沿线找到的陶器碎片，然后把它们与代表史前秘鲁不同时代的陶器相比较。得出的结论很惊人：碎片中的一些（尤其是那些在动物图案附近发现的）年代在公元前200年～200年，而其他的式样则是大约1000年之后的流行物。

广角镜

陶瓷

陶瓷是陶器和瓷器的总称。中国人早在公元前8000～前2000年就发明了陶器。陶瓷材料大多是氧化物、氮化物、硼化物和碳化物等。常见的陶瓷材料有黏土、氧化铝、高岭土等。陶瓷材料一般硬度较高，但可塑性较差。

另外两个人类学家注意到这些线条与各种地理基准相关。大部分线条所延伸的方向与稀少的沙漠暴雨后的水流的方向相同，而且许多方向同于附近溪谷中水的流向。他们不认为这些线曾经是灌溉坑——它们作为灌溉坑还显得太浅，但是他们认为在这些线条和水之间有着某种正式联系。

人类学家加里·厄顿从居住在库斯科附近山村的现代居民习俗中寻找到了类似之处。厄顿描述了帕卡里奇坦伯的村民们在某些节日里是如何参加露天广场上的打扫仪式的。对厄顿而言，可以从中想到古纳斯卡人在沙漠线条上举行类似的仪式。

与此同时，玛利亚·赖歇继续居住在纳斯卡镇，不仅作为纳斯卡线的专家，而且担当它们的保护者。冯·丹尼肯的作品把纳斯卡变成一个旅游胜地后，赖歇用她自己有限的资金雇佣了安全保卫。尽管她年纪大了，她还是坐在轮椅上在沙漠上巡逻，如果那些旅游者会破坏这些线条的话，她就会把他们统统赶走。

知识小链接

天 文 学

天文学是研究宇宙空间天体、宇宙的结构和发展的学科，内容包括天体的构造、性质和运行规律等。它主要通过观测天体发射到地球的辐射、发现并测量天体的位置，来探索它们的运动规律，研究它们的物理性质、化学组成、内部结构、能量来源及演化规律。天文学是一门古老的科学，自有人类文明史以来，天文学就有重要的地位。

毫无疑问，以上的种种猜想，都不能解释纳斯卡谷地巨画存在的原因。任何单一的解释要说明所有这些线条和图案实在是不可能。

但是，值得一提的是，保罗·科斯科、赖歇、霍金斯等学者对纳斯卡谷地巨画的研究是有意义的，虽然这些研究结果，并不一定是正确的，但都有助于纳斯卡谷地巨画之谜的解开。

基本小知识 　学 者

现代一般人认为，学者是具有一定的专业技能和文化水平，能在一定程度上引导社会风潮的人。学者一般是专门从事学术研究的人。

纳斯卡谷地巨画被称为"古老世界的一个奇迹"，它于 1994 年被联合国教科文组织列入世界遗产。关于纳斯卡谷地巨画究竟是如何制造的，人们仍未有个合理正确的答案，或许，问题的答案就在这些神奇的线条后面，或许，答案已经消失在时光之中了。

玛雅文明湮灭之谜

在 2009 年热播的大片《2012》中，玛雅金字塔与世界末日莫名其妙地联系在一起，电影又一次把玛雅文化推在公众面前。玛雅文明是于 1840 年由约翰·劳埃德·斯蒂芬斯公诸于世的，他在造访了科潘遗迹之后写道："所有的一切都是谜，神秘得令人捉摸不透的谜。"斯蒂芬斯或是骑着骡子，或是划着独木舟，穿过洪都拉斯的热带雨林。他一心想要找到曾经存在的古玛雅城镇。他在 3 年时间中踏遍了墨西哥南部和中美洲，发现了 40 多处遗址。这些散布在丛林深处的许多宫殿和金字塔，以及许多刻着象形文字的碑石和雕塑，表明这些都源于某种古代文明。

随后而来的考古学家在解读了墓碑上的符号之后，对玛雅文明惊奇不已。这些符号表明玛雅人精通数学和历法，其记录的时间长达几百万年，还相当精确地绘制了复杂的天体运行图。或许这正是给《2012》作者提供灵感的所在。所以考古学家认为，玛雅人或者至少他们的统治者已经拥有高度文明。

刻在墓碑上的数字为我们提供了玛雅文明消亡的时间。在科潘被记录下来的最后一个日期（根据玛雅人的日历推断）是公元 820 年，其后玛雅人的其他一些城市也都如多米诺骨牌似的先后消亡了：纳兰霍亡于 849 年，卡拉科尔亡于 859 年，蒂卡尔亡于 879 年。但令人不解的是，这些文明为何消亡呢？玛雅人与墨西哥的阿兹特克人和秘鲁的印加人不同，玛雅人在公元 900 年之前已经放弃了他们的城镇——这比哥伦布进行航海活动还早了将近 600 年。也没有迹象表明玛雅人的城镇曾遭到过另一个文明的破坏。因此，至少在过去的几十年中，玛雅文明的消亡，如同吞没了它的丛林一样，是个让人捉摸不透的谜。

一些研究者试图从环境方面解释，他们认为玛雅人为了得到更多的耕地，不断地毁林造田，直至最后他们用尽了自己的土地。还有人提出自然灾害说，如地震、台风或持续的干旱等。也有人归因于疟疾和黄热病，毕竟疾病无疑有很大的破坏作用。

但是所有这些理论都缺乏证据支持。如果是一场环境灾难毁灭了玛雅文明，总该像陨星导致恐龙灭绝那样在地质层中留下某些痕迹吧，可是至今未发现任何与此相关的蛛丝马迹。

直到 20 世纪 60 年代和 70 年代，语言学家们终于能够解读古代玛雅人的单词和数字之后，情况才有所转变。这些解读也彻底改变了学术界关于玛雅文明的看法。

广角镜

黄 热 病

黄热病，俗称黄杰克、黑呕，是由黑热病病毒所致的急性传染病，主要媒介在城市是埃及伊蚊，在农村为趋血蚊和非洲伊蚊，传播途径是蚊虫的叮咬。

玛雅文字是一种别具一格的象形文字，每个字都用方格或环形花纹围起来，里面的图案或像人，或像鸟兽，或是一些圈圈点点。玛雅人曾用这种文字写下了大量书籍。迭戈·德·兰达是一位传教士，他曾于 16 世纪 50 年代造访了玛雅城镇的各处遗址——这比斯蒂芬斯的探访活动几乎早了 300 年。兰达是一个狂热的传教士而非学者，在确信他所收集的玛雅人的书中所载的只不过是些"关于邪恶的迷信和谎言"之后，他将它们付之一炬。

科潘遗址

只有 4 本书幸免于难，并在热带雨林的潮湿的环境中保存下来。现存的 3 部玛雅文字手稿分别为：一是在 1811 年至 1848 年期间由西班牙勋爵肯格斯鲍洛自费出版的玛雅手稿《墨西哥的古物》，现保存于德国的德累斯顿图书馆，被称为"德累斯顿手稿"；二是在巴黎图书馆收藏的"巴黎手稿"；第三种"马德里手稿"是在西班牙发现的。

据说1973年在美国一个展览会上又见到了第四种玛雅手稿，但属私人所藏，内容不详。

你知道吗

象形文字

象形文字来自于图画文字，是一种最原始的造字方法。因为有些实体事物和抽象事物是画不出来的，所以便出现了象形文字。其图画性质减弱、象征性质增强，但局限性很大。埃及的象形文字、苏美尔文、古印度文以及中国的甲骨文，都是独立地从原始社会最简单的图画和花纹产生出来的。约5000年前，古埃及人发明了象形文字。

幸存下来的不仅仅是4本书，还有刻或绘在石碑上、陶罐上以及城墙上的成千上万的文字。位于洪都拉斯西部的科潘遗址象形文字阶梯，是玛雅文字的一大宝库。在科潘遗址中，人们发现在许多石碑、石像上都刻有象形文字。最令人惊叹的是一座有63个石级的"象形文字阶梯"，它高约30米，宽约10米，上面刻有2500个象形文字，可谓玛雅文化考古学上的一大奇迹！这些文字一经译出，就动摇了以前人们所认为的玛雅人的形象：在一座座墓碑上，人们看到的是关于战争策略、血腥的战场以及残忍的以被俘的敌人献祭的详细描述。事实证明，玛雅的统治者都是些好战的武士。大部分文字都记载了他们在战争中取得的胜利。

慢慢地，考古学家们发现了更多的玛雅人的穷兵黩武的证据，例如，在蒂卡尔曾发现一些长而狭窄的壕沟和土埂，它们可能曾被用作护城河和胸墙。在拜肯也发现过这种曾用于防御的城墙。在卡拉科尔，人们曾发现建筑物上有烧焦的痕迹，还曾在一座金字塔的地板上发现一个未被埋葬的儿童尸体。在博南帕克曾发现过许多栩栩如生的壁画，过去人们认为它描绘的是某种宗教仪式，而现在则将它们看成是对真实的战争场面的再现。

考古学家们确定了玛雅人的穷兵黩武的新形象之后，就可以为其文明的消亡寻求新的解释了，他们认为玛雅的各个城邦之间的连绵不断的战争最终摧毁了玛雅文明。考古学家在危地马拉北部的一次发掘中发现了被砍下的成堆人头，也由此得出了相似的结论，他们估计大约在公元820年前后，那儿的玛雅人曾锐减到其以前数量的5%。

德玛雷斯特认为："像波斯尼亚瘟疫一样的战争最终断送了玛雅文明。"考古学家似乎对战争灭亡说逐渐成成了共识。而这时却发现了一些新的证据，预示环境因素可能也是玛雅文明的消亡原因。1995 年，古气候学家在研究尤卡坦半岛中部的奇彻坎努博湖底的沉积物时，发现在公元 800 ~ 1000 年这一时期的沉积物中，硫

玛雅历法石雕

酸的含量很高。硫酸只有在湖水很少的情况下，通常是在干旱时期才会沉到湖底。戴维·霍德尔和他的同事认为，这一时期可能曾发生过严重的干旱，造成庄稼歉收、饿殍遍野、疾病流行，这些都是导致玛雅文明消亡的祸根。各种相关因素的作用——包括环境的压力和对外战争以及内战的影响，削弱了玛雅人的实力，使他们在最终的危机面前不堪一击。

玛雅人创出了一套严密的数学体系，来适应他们按年记事的需要，决定播种和收成的时间，并对季节和年度中雨水较多的时间，准确地加以计算，以期充分利用土地。他们的数学技巧，在古代原始民族中，是十分高明的。

可以说，玛雅人的历法也是世界上最精确的古代历法之一。在玛雅文化遗址发现的巨大建筑物，都是按照玛雅历法建造的。玛雅人建造的金字塔和神殿，依照历法规定每隔 52 年必须在建筑物上造出数目固定的阶梯。每一块石头都与历法有着相应的联系，整个建筑与天文学的要求是要相符合的。

玛雅人的历法究竟精确到什么程度？请看他们当时的计时单位：

20 金 = 1 兀纳（即 20 天）

18 兀纳 = 1 冬（即 360 天）

20 冬 = 1 伽冬（即 7200 天）

20 伽冬 = 1 巴伽冬（即 144 000 天）

20 巴伽冬 = 1 皮克冬（即 2 880 000 天）

20 皮克冬 = 1 卡巴拉冬（即 57 600 000 天）

20 卡拉巴冬 = 1 金奇拉冬（即 1 152 000 000 天）

20 金奇拉冬 = 1 亚托冬（即 23 040 000 000 天）

玛雅古天文台

除了"冬"和"兀纳"采用18 进位之外，其他时程单位均为20 进位。

玛雅人认为 1 个月（兀纳）等于 20 天（金），1 年（冬）等于 18 个月（兀纳），再加上每年之中有 5 个未列在内的忌日，一年实际的天数为 365 天。这正好与现代人对地球自转时程的认识相吻合。玛雅人除对地球历法了解得十分精确之外，他们对金星的历年也十分了解。金星的历年就是金星绕太阳运行一周所需的时间，玛雅人计算出金星历年为 584 天，而今天我们测算金星的历年为 584.92 天，所以他们算出了一个非常了不起的数字。

在历史进化中，绝大多数的民族是根据手指的数目，采用 10 进位计数法。而玛雅人是根据手和脚共有 20 个指头，创造了 20 进位的计数法，同时，他们还使用 18 进位计数法，这个计数法受何启发，根据何在，没有人能够回答。还有，玛雅人是世界上最早掌握"0"概念的民族。要知道数学上"0"的被认识和运用，标志着一个民族的认识水平。而玛雅人比阿拉伯商队横越沙漠把"0"从印度传到欧洲的时间早

你知道吗

金字塔

在建筑学上，金字塔指角锥体建筑物。著名的有埃及金字塔，还有玛雅金字塔、阿兹特克金字塔等。人们把金字塔视为重要的纪念性建筑，如陵墓、祭祀地，甚至是寺庙。20 世纪 70 年代开始，由于建筑技术的演进，达到了轻质化、可塑化、良好的空调与采光，有些建筑师会从几何学选取元素，现代金字塔式建筑在世界各地被建造出来。

1000 年，他们的数学认识水平比中国人和欧洲人都早 1000～3800 年。

玛雅人建造的金字塔，实际上都是一种祭祀神灵宗庙，也是观测天象的

天文台。

　　据考古学家研究，位于彻琴的天文台是玛雅人建造的第一个，也是实际上最古老的天文台。高耸的塔顶内有一个旋梯直通塔顶的观测台，塔顶有观测星体的窗孔。其外的石墙装饰着雨神的图案，并刻有一个展翅飞向太空的人的浮雕。

　　而且玛雅人在当时就知道天王星和海王星的存在，令人惊讶的是彻琴天文台的观天窗口不是对准最明亮的星体，而是对准银河系之外那片沉沉的夜幕。他们的历法可以维持到 4 亿年之后。在全世界各民族仍处在蒙昧时期的年代，为什么同样处于农耕社会的玛雅人会掌握这些知识？这成为谜雾般的疑团，至今仍困扰着全世界的科学家。

　　目前，世界各国科学家正运用最先进的科学手段，继续探索玛雅文明之谜。如果那些玛雅手稿确实是解开玛雅文明之谜的钥匙，那么可以相信，不久人们就能揭开长期以来蒙在玛雅文明外面的那层神秘莫测的面纱，并且清楚地看到，玛雅文明究竟是地球外文明在我们地球上的再现，还是地球文明不可分割的有机组成部分。

太阳门之谜

　　在海拔 4000 米高的丛峦叠嶂的安第斯高原上，有一座前印加时期的蒂亚瓦纳科文化遗址。自 1548 年西班牙人发现了这个被印加人称为蒂亚瓦纳科的小村落并向外界报道后，以精美的石造建筑为特征的蒂亚瓦纳科文化就此闻名于世。自那以后，围绕这个遗址是什么时代建造的、由何人建造的、究竟是什么所在等问题被讨论至今，仍未有一个圆满的答案。

太阳门

　　这个遗址被一条大道辟为两半，分散在长 1000 米、宽 400 米的台地上，大道一边是占地 210 平方米、高 15 米的台阶式阿加巴那金字塔，另一边是由长 118 米、宽 112 米的台面组成的卡拉萨萨亚建筑。该建筑至今仍完好无损，四周围是坚固的石墙，里面有梯级通向地下内院，西北角就坐落着古代美洲的著名古迹之一——太阳门。它被视为蒂亚瓦纳科文化的最杰出的象征。

太阳门由重达百吨以上的整块巨型石雕镌而成，造型庄重，比例匀称。它高 3.048 米，宽 3.962 米，中央凿一门洞。门楣中央刻有一个人形浅浮雕，人形神像的头部放射出许多道光线，双手各持着护仗，在其两旁平列着三排共 48 个较小的、生动逼真的形象，其中上下两排是面对神像的带有翅膀的勇士，中间一排是人格化的飞禽，浮雕展现了一个深奥而复杂的神话世界。这块巨石在发现时已残碎，1908 年经过整修，恢复旧观。据说每年 9 月 21 日，黎明的第一缕曙光总是准确无误地射在门中央。

基本小知识

牲　畜

牲畜一般是指由人类饲养使之繁殖而利用，有利于农业生产的畜类。可理解为家畜，家禽的统称。

在印加人创造蒂亚瓦纳科文化的年代，尚未使用有轮子的运输工具和驮重牲畜，因此在峭拔高峻的安第斯高原上建造起如此雄伟壮观的太阳门，确实是不可思议。为弄清蒂亚瓦纳科文化的来龙去脉，美国考古学家温德尔·贝内特用层积发掘法证明该文化最早年代为公元 300～700 年，太阳门等建筑在公元 1000 年前正式建成。问题是，当时生产力极为原始，如何把重上百吨的巨石从 5 千米外的采石场拖到指定地点？在当时，至少每吨要配备 65 人和数千米长的羊驼皮绳，这样得有 26 000 多人的一支庞大队伍，而要安顿这支大军的食宿，得有一个庞大的城市，但这样的条件在当时还没出现。另有不少人认为，当初是用平底驳船从科帕卡瓦纳附近采石场经过附近的湖泊将石料运送的，据地质考查，当时湖岸与卡拉萨萨亚地理位置接近，后来湖面降低才退到现在位置，如这一说法成立，那使用的驳船要比几个世纪后的殖民者乘坐的船还要大好几倍，这在当时也是不可能的事。究竟事实是怎样的，还有待进一步的研究。

考古学家们用放射性碳－14鉴定后认为，蒂亚瓦纳科始建于公元300年，到公元8世纪以前竣工，一般认为可能是在公元5～6世纪完成的。有人认为太阳门是宗教建筑，是当时举行宗教仪式的中心场所，它是卡拉萨萨亚庭院的大门，门楣上的图案反映了宗教仪式的场面。也有人认为太阳门不是宗教活动场所，而是一个大商业中心、文化中心，阶梯通向之处是中央市场，太阳门上的浅浮雕，其辐射状的线条表示雨水，两旁的小型刻像朝着雨神走去，以象征承认雨神的权威。

你知道吗

雨　神

雨神是我国古代人们崇拜的自然神灵之一。从商代开始，中国经济以农业为主，雨情与收成关系密切，在生产力极其低下的条件下人们自然把自然界的雨奉为神灵。

甚至有人把蒂亚瓦纳科说成是外星人在地球上建造的城市，太阳门是外空大门。这样的解释有些过于离奇了，也缺乏事实依据。

虽然400多年来，对蒂亚瓦纳科文化，对太阳门众说纷纭，各持己见，但相信有那么一天，太阳门的本来面目会揭示天下。

◉ 复活节岛雕像之谜

与玛雅文明之谜相对应的，还有复活节岛上的巨型石雕人像之谜。

1722年，当荷兰探险家雅各布·罗杰维于复活节到达这个小岛时，发现岛上有成百上千的巨大雕像，很多巨石人形雕像头上都戴着巨大的红色石块的"帽子"，其中有些雕像比三层楼还高，当地的居民把这些雕像称为"莫埃"。罗杰维后来写道："这些石像使我们感到震惊，因为我们无法理解这些人是如何把这些石像建起来的，要知道它们的高度及相应的厚度都达到了30英尺（约9.14米）。"

直到现在人们也无法想象，这些远离大陆、不懂任何机械知识的岛民，是采取什么方法建起这些巨大雕像，并在雕像头上覆盖圆柱形的巨石。每个

复活节岛雕像

知道这些巨大石头雕像的人都情不自禁地问：是谁建造了复活节岛上的巨大雕像？他们为什么要雕凿这些雕像？

一些科学家相信它们出自波利尼西亚移民之手。这些移民可能是从马克萨斯群岛中的某个岛屿出发，向西航行，经过长途跋涉之后到了复活节岛。如挪威科学家托尔·海尔达尔在 1940 年左右提出，是南美的印第安人曾定居于复活节岛上，并建造了这些雕像。为了验证自己的观点，海尔达尔决定建一个简陋的木筏，并孤身穿越太平洋。

海尔达尔发现复活节岛上的居民中流传的神话与秘鲁古印加人的神话之间有着很多的相似之处。复活节岛的居民尊崇一位白皮肤的神——"提基"为他们的始祖；而在印加人的传说中，他们的祖先曾把一位白皮肤的神"康－提基"逐出秘鲁，赶到了太平洋中。

18 世纪，当第一批欧洲人到达复活节岛后，他们惊奇地发现岛上除了棕皮肤的波利尼西亚人外，还有些白人居民。提基和康－提基肯定是同一个神，而岛上那些白人居民自然应当是他的后代。

知识小链接

白 人

白人是一种象征性名称，并不是皮肤白皙的人就可以称为白人。由于几乎所有的欧洲本地的居民及拥有完全欧洲血统的非欧洲人和以欧洲血统为主体的人都肤色白皙，甚至毛发和眼睛的颜色呈淡色，所以一般意义上的白人用来称呼此类人种。他们大多祖籍在欧洲及亚洲交界——乌拉尔山至高加索山一带。

岛上还流出着一些口头传说，如曾经有一个"耳朵很长"的民族，他们在耳朵上打洞，在耳垂上挂重物，人为地把耳朵拉长。这些耳朵很长的人统治了小岛，直到那些短耳朵的人感到不满，起来推翻了他们。由于"莫埃"

雕像几乎都是长耳垂肩，海尔达尔以此认为它们是由那些"长耳人"建造的。岛上居民传说他们来自东方，那儿只有一望无际的大海以及肉眼看不见的南美洲大陆。

海尔达尔决定效仿那些"长耳人"以及提基和康－提基，乘坐用轻木做成的木筏，横渡太平洋。他们在厄瓜多尔按照印第安人的做法建造了木筏，将船命名为"康－提基号"。1947 年 4 月，在海上漂泊了 101 天以后，6 个人都安然无恙乘坐木筏停靠在塔希提岛东面一个荒无人烟的南太平洋小岛上。海尔达尔用"康－提基号"的航行证明，古人可以用一只简陋的木筏横渡太平洋。但是这还只是一种可能性，并不能由此证明真的发生过这样的事情。海尔达尔还需要更多的证据来证明南美洲人确实曾在复活节岛上生活过。

不过，在 1955 年海尔达尔又一次组织的复活节岛之旅后，与他同行的科学家普遍对他的理论产生了怀疑。

因为这时候放射性同位素已经被用来确定古代遗迹的准确年代。通过放射性碳元素测定，早在公元 5 世纪之前，岛上已有人居住，而最早的"莫埃"雕像经测定始建于公元 900 ~ 1000 年。但是秘鲁和玻利维亚高原上的蒂亚瓦纳科文化（海尔达尔认为复活节岛的居民即来源于此），却直到公元 1000 年后才开始对南美洲的沿海一带产生影响。在这些南美洲的居民还没有来到高原上的时候，他们如何能够渡过太平洋呢？而且人们在复活节岛上考察时并未发现任何陶罐或纺织品——这两者是秘鲁文化的标志性产品。相比之下，考古学家们在加拉帕戈斯群岛（太平洋群岛中的一个，靠近南美洲）却发现过大量的碎陶片，至少其中的某些是出自在印加人之前生活在南美洲的人之手。

广角镜

芦苇

芦苇，多年水生或湿生的高大禾草，生长在灌溉沟渠旁、河堤沼泽地等，世界各地均有生长，芦叶、芦花、芦茎、芦根、芦笋均可入药。

植物学家们发现复活节岛上的芦苇与秘鲁的芦苇属于不同的品种。被海尔达尔认为源自南美的甜番茄，植物学家们则认为它们可能是从波利尼西亚传过来的。

语言学分析表明，岛上居民的语言中的许多单词与波利尼西亚语中的对应词非常相似，它们之间的细小差别可能是由于长年隔离而造成的。他们的文字也更接近于波利尼西亚而非秘鲁的文字。

对岛上居民的骨骼进行测量的结果也表明，复活节岛上的居民的基因更接近于东南亚人而非南美洲人。大多数科学家认为早期到过复活节岛的欧洲人关于白皮肤居民的描述是不符合事实的。其他一些人如著名的观察家库克船长则说："就肤色、面貌和语言而论，他们和西面一些岛上的居民非常相似，毫无疑问他们属于同一种族。"

许多科学家认为有关提基和康－提基的古老传说不足为凭。他们对这些东西"采取一种半信半疑的态度"，他们批评说海尔达尔在利用口头传说时断章取义，只强调了那些能够支持他的理论的部分，却忽视了其余的东西。例如，他对复活节岛的首位国王霍图·马图阿来自希瓦瓦岛这一传说就只字未提。希瓦瓦岛是马克萨斯群岛中一座毫不起眼的岛屿，位于复活节岛西北3379千米。同时，怀疑者对"康－提基号"极富戏剧色彩的远航也提出异议。一些人提出，生活在印加人之前的印第安人使用桨，而不用帆，而且秘鲁海滨一带的沙漠也不可能提供制造木筏或独木舟所需的轻木。再者，"康－提基号"曾被拖离海岸93千米，这就使它避开了洋流，这些洋流本来有可能把海尔达尔送到巴拿马海岸的某处，让它根本到不了波利尼西亚。不过海尔达尔还是功不可没的。正是他开创了前往复活节岛的科学考察活动，还带去了一批科学家，并允许他们开展不带任何成见的研究。

波利尼西亚人最早来到复活节岛这一观点得到了普遍认同，这至少能在一定程度上解释那些巨大雕像的成因。祖先崇拜在波利尼西亚非常普遍，因此那些莫埃雕像可能是由岛上的部落或家族建立起来的墓碑，用以纪念他们的先人。马克萨斯群岛还有一种传统，就是在死者的雕像上放一块石头，以示哀悼。莫埃雕像头上的红石头可能由此演化而来。

关于这些巨大雕像还有另外一个谜，许多雕像都从它们的基座上倒下来了，有些还显然被人故意砍掉了头。当罗杰维于1722年到达该岛时，这些雕像还好端端地屹立着，而当库克于1784年到达时看到的却是另一番景象。在1722～1784年，是谁故意推倒了它们? 海尔达尔推想，可能"短耳人"反抗"长耳人"统治者时连同他们的雕像都推翻了。不过这个猜测缺乏考古学方面的证据，没有任何迹象能表明，在复活节岛的那一时期或任何其他时期，曾经突然受到过新文化的影响。

多数科学家认为，生态危机使复活节岛的居民为了日益匮乏的资源而自相残杀。当那些最大的巨石雕像于16世纪被建造起来时，人口的过度增长和滥伐森林已经构成相当严重的环境灾难。这种无节制地建造雕像的狂热行为，可能就表明了人们日益强烈地希望神的力量出面干预，而当他们的祖先对这一切无动于衷时，人们就失去了对他们的信仰，并愤怒地把雕像推倒。在20世纪60年代，一些科学家（包括海尔达尔考察队的成员），修复了一些倾斜的莫埃人像，将它们重新安放在基座上。现在它们仍屹立在那里，俯视着岛上的居民以及络绎不绝的游人。

在它们的脚下，就是波涛汹涌的太平洋。

广角镜

生态危机

生态危机是指生态环境被严重破坏，使人类的生存与发展受到威胁的现象。生态危机是生态失调的恶性发展结果，主要由人类盲目和过度的生产活动所引起。生态危机一旦形成，在较长时期内难以恢复。因此，当它还处在潜伏状态时就应该提醒人们警觉起来。生态平衡的破坏主要是人为造成的，也将随着人类社会的发展而被克服和消除。

◐ 印加人结绳记事之谜

通常人们认为文字是最基本的信息传递手段，是社会文明发展的载体。印加人有没有自己的文字，这是历史学家们长期争论不休的一个问题。有的学者认为，印加陶器上那些类似豆子的符号是一种尚未破译的特殊的会意文字。有的学者则认为，16世纪以来，在库斯科太阳神庙里的金柜装饰物上的那些"图画"就是传说中的象形文字。1980年5月，英国工程师威廉·伯恩斯·格林在经过7年考证后，发表了题为《介绍印加人的秘密文字符号》的学术论文，他认为印加文字由16个辅音和15个元音组成，这种秘密文字是美洲最早的象形和表意文字之一。然而，大多数学者指出，上述几种论断都还缺乏令人信服的根据。我们认为，印加人虽然没有自己的文字，但创造了结绳记事的方法，管理有序的驿道制度和有关宗教、技艺的教育制度，有效地促进了文明的传播，也有效地维系着印加帝国的正常运转。

印加结绳记事方法有两种，即基普和基尔卡，主要用于辅助记忆、统计和记事。但这两种方法通常为少数祭司、贵族所垄断。

基普是印加人用羊驼毛或别的动物的毛编成各种结的彩色绳子。具体来说，基普是在一个很粗的主绳上垂直地系上许多根细绳，有时细绳多达 100 根，像缨子一样垂着。并在垂着的细绳上距主绳不同的距离处打着一个个结头。结头的形状和数量表示数目。距主绳最近的结是个位，再上一个结是十位，然后是百位和千位，越是大数越接近主绳。人们认为基普上最大的数不超过 1 万。印加人还不知道零的概念，

广角镜

羊驼

羊驼栖息于海拔 4000 米的高原，每群十余只或数十只，由 1 只健壮的雄驼率领，以高山棘刺植物为食。发情季节为争夺配偶羊驼打斗得十分激烈，每群中仅容 1 只成年雄羊驼存在。雌羊驼妊娠期 8 个月，每胎 1 仔，春夏两季皆能繁殖。羊驼的毛比羊毛长，光亮而富有弹性，可制成高级的毛织物。其皮可制革，肉味鲜美，也能驮运。

所以在基普上没有表示出来。1981 年 1 月 19 日，在利马省拉帕斯村发现的印加古记事绳长 250 米，是迄今发现的最长的记事绳。

细绳的不同颜色表示不同的事物。据专家们研究，褐色表示马铃薯，白色代表银，黄色代表金，黑色表示时间，红色代表士兵。印加人借助绳的颜色、结的形状、大小和位置，来记载各种重要事件和自然现象，也用来进行各种统计，特别是人口的统计。有人认为，印加境内各地区还存在一种历史基普，用于辅助记忆，记载印加国的编年史。对此，比较谨慎的专家则认为，这还有待于深入的调查研究。总之，基普是一种辅助记忆的手段，而不是一种文字形式。

基尔卡是另一种辅助记忆的手段。具体来说，基尔卡就是画在毛织品、布板和石板上的没有年表的历史图画符号。基尔卡的形式也是多种多样的。一种是在一些奇怪的石板上画有像堡垒一样开放状的一排排四边形。有的学者认为这是一种计算和统计的符号。还有的是在一些布板或织物上画上历史

图画符号。据最初进入印加帝国的西班牙人记述，他们在库斯科的太阳神庙附近的一所专门的祭司秘房中，发现了贴在木板上的大幅粗布画，画有印加人的传说和历史事件。这间秘房，除了印加王和专门负责保管的祭司外，其他人不能进入。16 世纪，西班牙驻秘鲁总督托莱多曾亲眼见到过那种布板，上面画着印加统治者的画像，画像的周围有关于印加神话传说的符号。由于布板的金框被西班牙殖民者拿走，金框中的历史图画被毁，所以，印加人的历史图画符号都没有保存下来。

善于利用基普的专门祭司或官员，是印加帝国的会计兼秘书，其职责主要是陪同印加王的钦差大臣到全国各地视察。钦差大臣是帝国朝廷和各地酋长之间的联系人，也是帝国重要公共工程的组织者。钦差大臣根据印加王和国家的需要，编制劳力统计，征收贡物，挑选民间美女，增减地方官员等。钦差大臣每到一地，以村社为单位召集村民会议。祭司或官员根据到场人数进行统计，分派贡物，征召新的奴隶和美女。祭司或官员的另一项重要任务是收集描绘发生过的重大历史事件的图画符号，并把它送往库斯科，给王宫秘密收藏。

尽管我们从专家的研究中可以一窥结绳记事的秘密，但它真正暗藏的玄机，谁也没有破译。我们知道的只是一些具体的意义，印加人又是如何用绳结表达那些深奥的、抽象的意义的呢？他们就用绳结来表达思想、交流感情吗？这是多么的不可思议，也是古老的印加留给我们的一个谜！

▶ 奥尔梅克之谜

大家都知识，墨西哥古代史上有个玛雅之谜，但在玛雅之前还有一个奥尔梅克之谜。

约公元前 1200 ~ 前 80 年，在中美洲的墨西哥海湾的炎热海岸上，有一处地方地势低洼、环境潮湿。这地方离同在墨西哥的塔巴斯科和韦腊克鲁斯不远。一个神秘的民族在这儿生活了好几个世纪，并且创造了灿烂辉煌的文化。这就是奥尔梅克人。

但是，关于奥尔梅克人的历史一直被认为是神话。在哥伦布来到新大陆之前，居住在墨西哥高原上的一些民族一谈起奥尔梅克人，就说"这是些生活在太阳升起的地方的人"。阿兹特克人的古诗里，把奥尔梅克人居住的地方称之为"雨之地"。

当玛雅人的宏伟神庙、高耸的金字塔出现在中美洲的土地上时，奥尔梅克人却消失不见了。他们的金字塔、祭坛密集的城市、诡异的石碑、用黄金和玉石雕刻的饰物也被热带雨林无情的吞没。

岁月埋葬了奥尔梅克人的一切。人类对于这些神秘人们的生活已经一无所知了。当历史学家和考古学家在中美洲玛雅人的壮观的废墟之上考察时，他们始终认为，玛雅废墟代表了中美洲最早的文化。

1862 年夏天，在委腊克鲁斯省的圣安德雷斯，一个农民在土壤中发现了一件巨型雕刻品的上半部——一个巨型石头像。这一发现当时没有引起人们太大的注意，因为在墨西哥湾沿岸的土地上令人神往的遗址太多了。

基本小知识

墨西哥湾

墨西哥湾，因濒临墨西哥，而得名墨西哥湾。它位于北美洲大陆东南沿海水域，部分为陆地环绕。通过佛罗里达半岛和古巴岛之间的佛罗里达海峡与大西洋相连，并经由犹加敦半岛和古巴之间的犹加敦海峡与加勒比海相通。这两个海峡均宽约 160 千米。

然而，当地人陆续发现巨型头像的消息不断传来，终于使考古学家和历史学家注意到这块沉睡了数千年的土地。1925 年，来自欧洲的法国考古学家弗朗茨·布洛姆和奥利维尔·拉法尔杰登上了塔巴斯科河流和沼泽环绕的拉范达岛。他们在这里发现了巨型头像。1938 年，史密森博物馆的马休兹·斯塔林根据当地人的报告，在委腊克鲁斯的特雷斯联波特克村附近发现了另一个巨石头像，它高约 2 米，重约 10 吨。1939 年，斯塔林再次来到了拉范达岛上，除了发现 4 个巨型头像外，还发现了一座刻有神秘莫测的图案和碑文的重达 50 吨的石碑，还有祭坛和一座高约 33 米的土金字塔。考古学家们还在地下发现 3 条用绿石镶铺成图案的通道。这里有排水渠道，但却没有人居住过的痕迹。考古学家们断定，这是奥尔梅克人举行某种神秘仪式的地方，至少在奥尔梅克人存在的400年中，他们总是定期在这里埋葬用玉和石头制造的祭品，向他们视为丛林恶神的图腾动物——美洲虎膜拜。从拉范达岛上这个祭祀中心的位置、方向和布局来看，奥尔梅克人已经有了数学和天文学的知识。

奥尔梅克巨型人头石雕

　　到目前为止，在塔巴斯科和委腊克鲁斯地区一共发现了3个奥尔梅克人的祭祀中心：拉范达、圣洛伦索和特雷斯萨波特克。在这些地区一共有15个奥尔梅克人的巨型头像。它们是用重10吨、25吨，甚至40吨的独块玄武岩巨石雕凿成的，高度为1.5～2.9米。这些头像有一个共同的特征：亚非人种的嘴唇，扁平的鼻子，两眼呆板，充满诡秘气氛。这些头像都是年轻人的形象。他们戴有头盔，覆在前额的带子和耳罩异常醒目。头像雕刻工艺十分精美，虽然历经数千年的风雨，仍然保持着诱人的艺术魅力。人们把这种巨石头像叫作奥尔梅克人头像。

广角镜

美洲虎

　　美洲虎是生活在美洲的一种食肉动物。它身上的花纹比较像豹，但整个身体的形状又更接近于虎，体型大小介于虎和豹之间，是美洲大陆上最大的猫科动物。

　　此外，奥尔梅克人还留下了一些其他形式的人像雕刻品，或是用绿玉雕成的手执奥尔梅克人尊敬和害怕的侏儒的立像，或是腰围金属带，带上刻有至今无法译读的符号的坐像。它们和那些巨型头像一样，面形三分像人，七分像美洲虎。

　　自从发现了这些巨头像和奥尔梅克人的其他遗物后，考古学家、历史学家激动万分，因为他们找到了一个有着惊人文明、更古老的民族。可是学者经过频繁的调查，除了了解到奥尔梅克人的文化对后来的一些中美洲文化产生过巨大影响外，对奥尔梅克人的生活、发展历史所知甚少，近乎空白。

耀眼的三叉戟标记

在秘鲁利马南部的比斯科湾，有一个人工建造的高 250 米的红色岩壁，岩壁上雕刻着一个巨大的三叉戟或三足烛台形状的图案。三叉戟的每一股约有 4 米宽，而且是用含有像花岗岩一样硬的雪白磷光性石块雕成的，因此，如果不是现在被沙土所覆盖，它将发出耀眼的光芒。

是什么热情驱使古印加人建造这么巨大的石头标记呢？

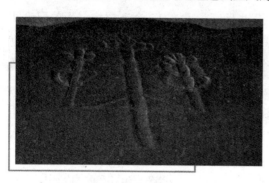

三叉戟图形

一些考古学家认为，比斯科湾岩壁上的三叉戟是指示船只航行的路标。但大多数考古学家不同意这种说法。他们指出，绘制在这个海湾中的这幅三叉戟图案，不能使所有角度上航行的船只都能看到它；况且，在遥远的古代，是否有远洋航行这回事都值得怀疑。如果有些航行必须要用航标来指示的话，古印加人为什么不利用两座岛屿？这两座岛屿就在三叉戟的中间延伸线的同一海面上；它们提供了有利的自然条件，不管船只从哪一个方向驶向海湾，从很远的地方就可看到这些岛屿。但如果用三叉戟当航标，从北方或南方来的海员就不能看到它。而最主要的一点，绘制三叉戟的人，是使它的方向朝天的。另外一点也值得提一下，在三叉戟坐落的地方，除了一片沙滩之外，没有任何东西可吸引海员。而且，就是在史前时代，那里的水中也是礁石嶙峋，根本就不适宜船只停泊。因此，考古学家们认为，这座在古时候光芒耀发的三叉戟图案，一定是作为某些会"飞"的人的航空标志而存在的。

知识小链接

三 叉 戟

三叉戟是一种多见于神话的双手用长柄兵器，本为希腊神话中海神——波塞冬的武器。它的外形和长柄的渔叉相似，中间刺较长而两侧的较短。有些时候两侧的尖刺向外弯，并且一般没有倒刺。不过很少有古代西方正规军使用这种兵器，除了这种兵器可能不太实用之外，在传说中，三叉戟还是撒旦和魔鬼使用的武器。

考古学家的推测，如果三叉戟是航空标志，那它不应是孤立存在的，在它的周围一定还有另外一些东西。果然，20 世纪 30 年代，在距三叉戟图案 160 千米外的纳斯卡荒原上，考古学家又发现了许多神秘的图案。这些图案遍布在从巴尔帕的北边至纳斯卡南边的 60 千米狭长地带。它们是一些几何图案、动物雕绘以及排列整齐的石块，很像一座飞机场的平面图。

如果乘飞机在这个荒原的上空飞行，人们可以发现许多闪闪发光的巨大线条。它们伸展几千米，有时平行，有时交错，有时构成巨大的不等边四边形。此外，还能看到一些巨型动物的轮廓。它们都是用明亮的石块镶嵌出来的。其中有极长的鳄鱼，卷尾的猴子，还有一些地球上从未见过的动物。

是谁制作了这些图案？为什么把它们绘得如此巨大？而且只能从一个很高的角度，例如在飞机上，才能获得图案的全貌呢？这些问题引起了考古学家们的兴趣。

据当地的传说，在过去的某一个时期，一群不知来历的智慧宇宙人，登陆在今天纳斯卡城近郊的一块无人居住的荒原上，并为他们的宇宙飞船在那里开辟了一座临时机场，设置了一些着陆标记。这之后，不断地有他们的飞船在这里着陆和起飞。这群宇宙来客在完成了他们的使命后，又离开地球回到自己的行星上去了。当时的印加部落，有人曾亲眼目睹了这些宇宙人的工作，并且留下了很深刻的印象。

考古学家们对这个神话般的传说深信不疑，他们并且推测：如果纳斯卡荒原是登陆点，比斯科湾上的三叉戟是登陆指标，那么，在纳斯卡的南边也应有一些指标才对。

果然，在距离纳斯卡 402 千米的玻利维亚英伦道镇的岩石上，人们发现了许多巨大的指标。在智利的安陶法格斯塔省的山区及沙漠中，也陆续找到了这样的东西。在许多地方，有直角形、箭矢状和扶梯状的图形，到处都可看到。甚至可以看到整个山坡上绘着很少雕饰的长方形图案，在同一平面上的整个区域内，峭壁上陈列着光芒四射的圆周和棋盘形状的椭圆形图案。而在人迹罕到的泰拉帕卡尔沙漠的山坡上，有一幅很大的机器人图案。这幅机器人图案有 100 多米高。它的形状是长方形的，很像棋盘，两腿直直的，纤细的脖子上是一个长方形的头颅，上面有 12 根一样长的天线般的东西竖立着。从臂部到大腿间，有像超音速战斗机那种粗短翅膀般三角鳍连接在身体的两边。这幅图案距纳斯卡荒原大约 800 千米。

一些考古学家们推测，这些图案与宇宙来客有关，是一些很值得研究的古代遗址。

拓展阅读

宇宙飞船

宇宙飞船是一种运送航天员、货物到达太空并安全返回的一次性使用的航天器。它能基本保证航天员在太空的短期生活并进行一定的工作。它的运行时间一般是几天到半个月，一般可乘 2～3 名航天员。

➡ 印加藏宝——世界第一大藏宝之谜

印加原为今秘鲁利马附近的一个印第安人部落。11 世纪起，印加人不断兼并邻近部落，到1438 年建立起了印加帝国。在 16 世纪初最兴盛时，它的领土北起哥伦比亚，南至智利中部，西临太平洋，东到阿根廷北部，面积达 240 多万平方千米，人口 1100 万。

崇拜太阳神的印加人认为，黄澄澄的金子很像太阳的光辉，所以，不仅在建造神庙和宫殿时大量使用黄金，而且也多佩带和珍藏黄金制品。

印加人从 11 世纪起就开始收藏黄金，如果把印加所有的黄金聚集到一起的话，其价值可能相当于当时世界其他地方黄金之总和。

1532 年，皮萨罗率领西班牙殖民军从巴拿马出发，侵入印加帝国。在到达印加帝国的卡哈马卡城后，皮萨罗设下圈套，把当时印加帝国皇帝阿塔瓦尔帕扣押起来作为人质，要求皇帝用装满关押他的房间那样多的黄金来赎身。

按照皮萨罗的秘书的计算，关押阿塔瓦尔帕皇帝的那间房子长 7 米，宽 5.5 米，高 3 米。这就是说，需要 40 万千克黄金才能堆满这间约 115 立方米的房子。阿塔瓦尔帕皇帝答应马上交出 40 万千克黄金，而且他的臣仆也很快交来了 5 万千克黄金。

心毒手狠的皮萨罗想，如果就这样把皇帝放走的话，他早晚会带领印加人起来反抗的。于是，皮萨罗又给皇帝扣上了一个谋反的罪名，于 1533 年 8 月在卡哈马卡城广场将阿塔瓦尔帕皇帝公开处决了。

而在这时，皇帝的臣仆们正奔驰在为皇帝运送赎身黄金的路上。在获悉皇帝已被处决之后，印加人很快把这一大笔黄金隐藏起来。随后，皮萨罗率领着手下士兵，从卡哈马卡城一路烧杀抢掠，开进了印加帝国的首都库斯科。

皮萨罗的兄弟佩德洛·皮萨罗曾这样说过："虽然最珍贵的器皿已被印第安人带走了，但我们还是发现了一尊金塑像，印第安人痛心地说，那就是印加王朝的

你知道吗

黄金的影响

在世界上没有任何一种金属能像黄金这样源源不断地介入人类的经济生活，并对人类社会产生如此重大的影响。它那耀眼夺目的光泽和无与伦比的物理化学特性，有着神奇的永恒的魅力。黄金的社会地位虽在人类数千年的文明史中，历尽沧桑，升降变迁不定，但至今在众多的人群之中仍保持着神圣的光环，是世人共同追求的财富。

始祖像。"他还说："我们在库斯科城郊一个山洞里发现了一些金螃蟹，以及上边装饰着鸟、蜘蛛、蛇、蜥蜴和其他昆虫的金器皿。有一个印第安人告诉我们，在靠近维拉贡加镇的一个秘密洞穴之中，还藏着大量金板。但是，几

天之后，这个报告情况的印第安人便失踪了。"

由此可以看出，大量的金银财宝被印第安人秘密地藏了起来，并且让人永远无法找到它们。当时，祭司们先让奴仆把金银财宝运到隐藏地点的附近，然后让另一些忠心的印第安人将他们换下来，这些人把财宝藏好后，便毫无怨言地自杀了。

有一些史学家通过研究印加人的习俗和传统而肯定地认为，印加人把他们祖先的金银财宝都藏了起来。据估计，在1533年被印加人隐藏的是公元11世纪以来14个印加皇帝的财富，其总价值相当于秘鲁金矿从公元16世纪到1803年所开采的黄金量的总和，这个数量十分惊人。

有人认为，印加人带着金银财宝逃离库斯科后悄悄来到的的喀喀湖，因为此湖是印加人所崇拜的太阳神和月亮神的儿子来到人间后创建印加帝国的圣地。此湖又被印第安人叫作"丘基博"。

由于在湖畔周围蕴藏着丰富的金矿，印第安人利用冶炼出来的黄金，制成各种黄金装饰品。皮萨罗在1533年12月曾派部下迭戈·德阿佐罗和佩罗·马丁内斯·德莫格尔去的的喀喀湖寻找印加人的黄金。随后，他又占领了这个地区。但是，直到1541年皮萨罗去世，西班牙人始终也没有找到那一大笔印加宝藏。

的的喀喀湖景色

因此，毫无疑问，这一大笔金银财宝依然沉睡在地下。有人说，带着印加黄金和历代皇帝与皇后木乃伊的印加人到了的的喀喀湖以后，便乘坐芦苇筏子向湖中心划去。这时，一名祭司站了起来，在对天祈祷一番后，命令将所有带来的黄金一件件地投入到湖中。

还有人认为，印加金宝被隐藏在库斯科北面的萨克萨伊瓦曼要塞的地道里。因为那里是印加人埋藏财宝的传统之地。据说在要塞的中央耸立着一座圆塔建筑物，在圆塔的一个构造特别的平台上，通过一个迷宫般的曲折复杂的通道，可以进入地道。但是，由于明沟暗道实在复杂，所以没有人能找到地道的进口。

　　据历史学家说，西班牙人曾想发掘萨克萨伊瓦曼地道，但是他们未能如愿以偿。因为，萨克萨伊瓦曼要塞被认为是南美洲印第安人最伟大的军事工程建筑之一。

　　萨克萨伊瓦曼要塞在库斯科北面 2 千米的一个山坡上。从要塞遗迹上可以看出，要塞从上到下共有 3 道平行走向用巨石砌成的围墙，每道围墙高 18 米左右，里层的石墙长 360 米左右，最外面的一道围墙长达 540 米，用来砌筑围墙的石头有的重达 30 万千克。要塞一共有 21 个堡垒和瞭望台，附近还有许多建筑。

　　又有人认为，印加帝国的大后方马丘比丘也可能是印加金宝的一个主要隐蔽之地。为了找到印加金宝，当年西班牙人和随后 300 多年中怀揣各种目的来此地的探险家们，曾经一直在安第斯山里的群峰密林中寻找这座神秘的古城马丘比丘，但始终也没有发现任何遗迹。

　　可是，美国耶鲁大学研究拉丁美洲历史的年轻助教海勒姆·亚·宾厄姆，却于 1911 年在库斯科西北 122 千米处的乌鲁班巴河的两座峭峰之间找到了这座失踪 400 年之久的古城。

　　马丘比丘城建在云雾缭绕的安第斯山脉的一座海拔为 2458 米的山顶上，地势十分险要。城里有道路、广场、台阶、城门以及壮观的寺庙、宫殿、祭坛。建筑物都用浅色花岗石砌成。在一座神庙的祭坛上，

拓展阅读

安第斯山脉

　　安第斯山脉属于科迪勒拉山系，从北到南全长 8900 余千米，是世界上最长的山脉，纵贯南美大陆西部，素有"南美洲脊梁"之称。山脉有许多海拔 6000 米以上、山顶终年积雪的高峰，且矿产资源丰富。

有一个用一块 10 万千克重的花岗石板筑起来的祭台。这些石头建筑物不用灰浆和水泥，但却非常紧密。

　　马丘比丘废城的发现，引起了各国学者的极大兴趣。但是，由于始终没有发现任何文字记载，到底这座神秘的印加古城究竟建于何年、为何而建以

及为何废弃，至今仍是一个未解之谜。

据历史学家说，在 1535 年左右，西班牙曾派鲁伊·迪亚作为特使，去跟印加皇帝芒科进行谈判。芒科把一碗玉米豆撒在地上，随后拿起其中的一粒玉米对迪亚说："这就是西班牙人拿走的印加黄金。"接着指着地上的玉米豆说："这就是印加人留下来的黄金。我可以把这些都给您，只要您保证永远离开此地。"

但是，由于种种原因，这笔交易并没有做成。人们从这个历史插曲中也可以看出，芒科是知道印加金宝的主要隐藏之地的。不过，这笔被称为世界上第一大藏宝的印加财宝，至今也没有人发现它的埋藏地点。

◑ "黄金隧道" 与 "黄金国"

据古代传说，在南美洲的地下，有一条长达数千米的"黄金隧道"。沿着这条隧道向前迈进，就可以到达"黄金国"。"黄金国"里埋藏着大量黄金，国王和贵族所戴的帽子和衣服上，都装饰着黄金，许多公共建筑物用巨大的金块砌成拱门，装饰着精美的浮雕，显得极为豪华，甚至连国王的马鞍、拴马桩、狗项圈等，也都是用大块的黄金做的。"黄金国"究竟在哪里？众说纷纭。有的说它在安第斯山中，四周山岭绵延，层峦叠嶂，全国臣民把太阳当成最早神灵而顶礼膜拜，每当旭日初升，晨曦普照，或是夕阳西下，红霞染映，"黄金国"显得分外妖娆；也有人说，"黄金国"在海拔 2700 米、由死火山口形成的哥亚达比达湖畔，每年他们会定期举行祭祀"黄金神"的仪式，国王与贵族把许多黄金饰物作为供奉神灵的礼品投入湖中，宗教的狂热使他们如痴如醉，有时甚至会抬着骆驼投入湖中，作为敬献给神灵的活祭品；有人说，"黄金国"在一个名字叫巴里马的"黄金"湖畔；有的却认为，"黄金国"隐藏在奥里诺斯河与亚马逊河之间的某一地区。关于"黄金隧道"与"黄金国"的传说还有许许多多，在民间广泛流传，越传越神奇，但谁也无法准确地说出它的具体地点和真实情况。

从公元 15 世纪以来，由于西欧各国商品货币经济的发展和资本主义关系的萌芽，金属货币成为普遍的支付手段，这就引起欧洲的商人和封建主对于黄金的强烈渴求。关于南美洲有"黄金隧道"和"黄金国"的传说在欧洲广泛传播后，西欧社会上自国王、大贵族，下至中小贵族，尤其是商人和海盗，都渴望到南美洲寻找"黄金隧道"与"黄金国"，于是掀起了一股"黄金热"的狂潮。恩格斯在《论封建制度的瓦解和民族国家的产生》中指出："'黄金'一词是驱使西班牙人横渡大西洋到美洲去的咒语；黄金是白人刚踏上一个新发现的海岸时所要的第一件东西。"

1536 年，西班牙总督授命凯萨率领一支由 900 多人组成的探险队，在南美洲的西北部进行考察达 3 年之久，他们曾经深入到科迪勒拉山脉和马格达雷那河一带的深山密林中探索黄金，结果只剩下凯萨一人返回，却没有发现"黄金隧道"与"黄金国"一丝一毫的踪迹。凯萨不死心，27 年后，他又重新组织一支 2800 多人的庞大探险队，从海拔 2645 米的波哥大出发，在荒山野岭度过了 3 年多，最后仍然一无所获。

知识小链接

探 险 家

　　探险家是以探测新事物等目的而深入危险或不为人知的地方进行探索的人。探险家通常是来自一个国家或文明最先到达某地方的人。探险家也可以指冒险家、旅行家或者职业航海家、飞行员等。探险的目的因人而异，可能包括军事、商业、学术、旅行、宗教等各种因素。

1539 年，西班牙探险家率领一支庞大的探险队在南美洲北端进行考察，他们曾经深入到梅里达山脉和马拉开波湖区周围的沼泽地，他们宣称他们所到达的马卡多亚就是传说中的"黄金国"。可是，事实的真相是：马卡多亚只是一个古老部族的聚居地，根本不是"黄金国"。

1541 年，一支由 310 个西班牙人和 4000 个印第安人组成的探险队，深入到原始森林地区。从此以后，许多支探险队在从安第斯高地至委内瑞拉和巴林的广大森林地区大规模地开展寻找"黄金隧道"与"黄金国"的活动，结果都毫无所获，失败而归。

1595 年，英格兰探险家洛津率领一支探险队，以东南部圭亚那高原作为探索"黄金隧道"与"黄金国"的中心地带，他们深入到奥里诺科河谷和热带草原，考察过埃塞奎博河、德梅拉拉河、伯比斯河和著名的鲁普努尼草原。探险结束后，他在他所撰写的《圭亚那帝国的发现》一书中宣称，他曾经发现过一个名叫马洛亚的"黄金国"，他这样描述这个"黄金国"的情景："圭亚那帝国比秘鲁更靠近海，而在正东的赤道上出产的黄金比秘鲁的任何地点都要丰富，它具有与秘鲁最繁荣时相同数目或更多的大城市。那个帝国根据同秘鲁同样的法律来统治，皇帝和臣下一起信仰同一种宗教。定名为马洛亚的'黄金国'，亦即是圭亚那国的首都，我确信那个帝都的雄伟、富裕、皇宫的壮丽为世界之冠。都城建在与加勒比海相等长度（约 1000 千米）的咸水湖畔……皇帝的用具包括桌、厨具等全是金银制品，就是最下等的物件也为了获得强度和耐久性而用银铜制作。在皇帝的寝宫内，有巨大的黄金人像，以及模拟地球上生长的一切飞禽走兽、游鱼潜鲸、花草树木等同样大小的黄金模型。此外，还有黄金制的绳束、笔箱子以及用类似树木的黄金棒架起来做成的篝火……"但是后人大都认为这些描述纯属凭空捏造，没有史实根据，不可相信。因此，洛律在《圭亚那帝国的发现》一书中所描写的"黄金国"，也根本不是古代传说中的"黄金国"。

但在公元 16～18 世纪，欧洲一些人却对洛律《圭亚那帝国的发现》一书中所描写的"黄金国"——马洛亚帝都深信不疑。1599 年，他们在绘制的"黄金圭亚那的新地图"上，竟然画着巴里马"黄金湖"，在湖畔标明了马洛亚帝都。后来，甚至把巴里马湖标在赤道上，西面是"黄金国"及其帝都马洛亚，而把圭亚那画在北面。再后来，把巴里马湖错写成"黄金的海"。从当时绘制地图上所表现出来的前后矛盾、混乱和荒唐的情况，可见当时人们根本弄不清"黄金隧道"与"黄金国"究竟在哪里。

直至现代，还有很多人依然在兴趣勃勃地寻找"黄金隧道"与"黄金国"。在西班牙政府的大力支持和资助下，西班牙探险家曾率领大批民工，凿通了巴里马湖，排出了 5 米多深的水，在湖底污泥中找到了一些有鹅卵石大小的绿宝石和黄金制成的精美工艺品。1912 年，戈德拿泰兹公司花费了 15 万美元的巨额经费，雇用大批民工，运用新式排水机器，把位于海拔 2700 米高原的哥亚达比达湖吸干了，从湖底污泥里捞出了一些黄金以及用黄金制成的工艺品和贵族的酬神金俑。1969 年，有两个农场工人无意中在一个小山洞里发现了几件纯金的制品：金木筏一件，小金人像一件，金王座一件。这些偶然的发现，更加激起了许多人寻找"黄金隧道"与"黄金国"的浓厚兴趣。他们认为，这些偶然的发现为进一步探寻"黄金隧道"与"黄金国"之谜提供了重要线索和依据。

从 1976 年以来，考古学家在南美洲曾发现了许多重要的远古文化遗址和文物，这对今后深入揭开"黄金隧道"和"黄金国"之谜很有参考价值。

◐▶ 奇特的几何形石块

在美国的怀俄明州大角山上有一个用石块砌成的十分奇特的几何图形。它就好像一个大石环，直径 25 米，圆心是一个较大的圆锥石堆，从它的圆心处向四周引出了 28 条放射状线，线的间距不等，其中有 6 条线末端用小石堆作为标志。

早在白种人向美洲移民时，就有人注意到了这个神秘的石环。由于当时此地处于印第安人的猎区内，使人误以为这是宗教迷信的产物。石环还引起了天文学家的关注，因为它的射线数目"28"很接近太阴月的天数。学者们进而推论两边对称排列的射线与石堆可能与测定日出、日落有关。就像英国索尔兹伯里以北

拓展阅读

射　线

在几何光学中，射线是描述光线或其他电磁辐射传播的方向的一条曲线。这种射线和物理光学的波前垂直。

发现的巨石阵一样，石块的排列位置构成了夏至时日出方位的指向线。于是他们得出这样一个结论：这神秘石环正是最原始的观测天象的仪器。

后来，科学家、学者们经过长期考察、测量和计算后发现，由石环中心到最远石堆的射线正好对准夏至时日出的位置，其他 3 条射线指向了 3 颗最亮的星，即昴宿五、参宿七和天狼星的赤经点。据历史考证，在石环形成的

年代，夏至是可以根据昂宿五星的位置来确定的。但这种机会仅仅有一天，即昂宿五与太阳重合的一瞬间，这之后太阳经过 28 天与参宿七再度重合，与天狼星的重合也是经过 28 天。这个天数与石环射线数不谋而合，是出于偶然的巧合呢，还是古印第安人当时对星空的认识远远超过了现代人的想象？

大角山的石环并不是唯一的。在落基山脉东坡上及附近丘陵地带也发现有大量石环。另外在加拿大的阿尔伯达省中部高原上也发现了类似的石环，尺寸比大角山石环大，圆心石堆也高。

经过考古学家鉴定，认为这些石环可能是四五千年前，古埃及建造金字塔时期的遗物。专家们发现这些石环有一个共同之处，即都位于地势高的地方，水平视野开阔。其中一些比较小的、简单的、射线数也较少的石环可能属于另一系统。它们的射线是指向远在 15~80 千米之外的石环和石堆的。

石环的疑点并没有完全解决。这些石环的建造仅仅是少数祭司们为了夏至的到来而举行的太阳庆典吗？在当时落后的科学文化条件下，印第安人是从哪里获得如此高水平的天文知识呢？

⦿ 高山峡谷中的 "悬崖宫"

美国西南部一个不毛之地的峡谷是阿拉撒热人不可思议的史前文化的摇篮。对他们所取得的惊人成就及其衰落，今天人们只找到了一些蛛丝马迹。

1888 年，一天风雪交加，两个牧童为寻找迷路的牛群，来到科罗拉多州梅萨的一个荒凉的峡谷。透过飘飘雪花，他们看到一些建筑物的轮廓。他们感到奇怪，峡谷中怎么会有建筑物呢？于是他们俩顺着一条较宽的悬崖壁凹溜到了底部，然后进入了一座辉煌的小城堡。城堡是用石头修筑的多层住宅。他们发现了一些陶器、简陋的工具和灰烬，这些东西，看来都没人动过。

就是这个地方，现在以"悬崖宫"名扬四方。它是著名的史前美洲印第安人的居住地之一。

阿拉撒热人最有名的废墟，有的位于梅萨和科罗拉多州西南部及其毗邻的犹他州的霍芬－韦普地区；有的位于亚利桑那州和犹他州交界的卡延达地区；有的位于亚利桑那州东北部捷里处的风景如画的峡谷。

也许，阿拉撒热人最重要的地区在查科峡谷。该峡谷长 15 千米，宽 1 千米，在新墨西哥州西北部。大约公元 1050 年，印第安人在查科经历过一段空前绝后的创造力突发期。因此，以后考古学家们把类似的创造力突发称为"查科现象"。以后几十年他们建造起一座综合性城堡，由 12 个完整的小镇组成。当时，这个中心地带宗教兴盛，政治安定，经济繁荣。查科峡谷及其周围偏僻的地区，估计曾有 5000 多人。就石器时代而又处于荒凉地带的氏族社会而言，这是相当大的一个部落了。

为什么查科人愿意居住在贫瘠荒凉又干旱的峡谷中呢？这是一个谜。当时，他们也许掌握了灌溉技术，能够养活比现在居住在此地还多的人口。虽然阿拉撒热人不知读、写和计算，但是他们却熟练地掌握了一些简单的天文技术。他们在悬崖顶上修筑起天文观测台。最有名的是查科峡谷法加达·巴特顶上的天文观测台。"阳光针"（考古学家们把它们称为"太阳匕首"）插在垂直的平石板中间，用以测冬至、夏至和春分、秋分。他们还在峭壁上雕画着一些现在难以破解的图案。

查科的交通四通八达，迄今为止发现了数以百计的道路。这也说明查科是当时的交换中心。使人迷惑不解的是，这些人行道被踩得那么坚硬，路面宽 30 米，道路笔直。穿过崎岖的山地，跨过条条溪谷，沿着岩石上的宽石梯，可爬上悬崖。悬崖上现在每

广角镜

客　栈

客栈为古代酒店的称号，人们在出外远行时便会找地方投宿，而提供这些地方供人暂住的就称为客栈。客栈是为了满足人们外出郊游或远行的需要而出现的。

隔 8 千米或 10 千米都会出现一座普韦布洛的小废墟。也许，这些废墟是当时的客栈。在这些小道附近相应的一段距离找到了一些圆石头。显然，这些圆石头是到达客栈的记号。

大约公元 1150 年，查科文明达到鼎盛时期，随后查科文明开始神秘地衰落。他们放弃了美丽的城堡，"离家出走"了。对他们的衰落，众说纷纭，莫衷一是。有的说是由于人口过剩；有的说是由于旱灾频繁；有的说是由于气候严寒增加了作物的生长期；有的说是由于过度耕耘等。不过，也许还有一

个更可怕的原因。12世纪中叶，普韦布洛人和其他居民把大房子的门窗都堵了起来，并用石头堵住了普韦洛的主要入口，只留下一条通道，沿着梯子上下。他们这样做是为了抵御来犯者。可是，迄今为止在这些废墟上尚未发现肢离破碎的尸骸或厮杀后留下的痕迹。那么，究竟是什么导致了查科的衰落？这至今是一个谜。

不可思议的石球

1930年夏天，一群伐木工人在位于美洲南部的哥斯达黎加共和国台克斯河地区一片原始森林旁的沼泽地，偶然发现许多奇特的石球，这些石球大小不一，大的直径达2.4米，重达16吨，小的只有几千克重。总共有数百个，每个球面都异常光滑，上面还雕刻着一些绮丽多姿的图案，直线、斜线、三角形、圆形、正方形等相互交织。这些石球大小不一，球面曲率处处一样，如果不精密测量，就无法知道其误差。尤其有趣而令人惊奇的是，如果在明月高照的夜晚到此石球群中，你会感觉到自己好像置身于一个美妙的神话世界：柔和的月光投射在石球上，闪闪发光，每个石球好像天空中的一颗星星，数百个石球宛如另一星系的大小星宿，景色如画，蔚为奇观。

这一发现，轰动了全世界考古学界，很多国家纷纷派出考古队深入这一带密林深处，进行考察。随后，美国哈佛大学博物馆著名考古学家穆维勒·罗斯卢卜教授率领的考察队，在马尔苏尔地区又发现许多巨型石球。后来另一些考古工作者在台克斯河地区的古代墓穴中，也发现了许多大小不同的石球。

哥斯达黎加石球

多年来，很多考古学家借助各种现代科学手段，对这些石球反复进行测察、化验、分析和考证，最后大家一致肯定：这些石球都不是天然形成的，是人工凿成的。但究竟是何人在何时凿成的？对此大家看法不一。

在哥斯达黎加的古代历史上，从未有关于石球的任何记述。这一片默默无闻的原始丛林，已有1000多年无人问津了。据一些科学家推测，这些石球是在距今1200年至1700年前制成的，但一些学者认为此时间不一定准确，可能还会更早。要凿成这样精美的石球，必须用十分锋利的铁凿或钢刀，精工雕刻，才能雕凿出如此结构严谨、布局和谐的绚丽图案。可是，据史籍记载，当时还处于原始社会，技艺水平还极端低下，只有石器工具，哪里来的铁凿或钢刀呢？

石球是用花岗岩石雕凿成的，可是，当地并没有花岗岩石。据穆维勒·罗斯卢卜教授考证："石料可能是从很远的地方运来，或来自距此地几千米的一座小山，也有可能是从距此地48千米的迪卡维斯河上游用船运到此地。"直径2.4米的石球，重达16吨，当时根本没有火车、汽车、拖拉机、起重机之类的交通运输工具，只靠人力或畜力怎能搬运呢？如果真的是穆维勒·罗斯卢卜教授所推测的那样"用船运到此地"，如此重的石球光靠人力怎能推上船呢？再者，1000～2000年前的人能制造出大船吗？

基本小知识

花 岗 岩

花岗岩是一种岩浆在地表以下凝却形成的火成岩，主要成分是长石和石英。因为花岗岩是深成岩，常能形成发育良好、肉眼可辨的矿物颗粒，因而得名。

当地古人为什么要雕制这些石球？这些石球有何用处？许多学者提出了猜测。有的学者认为，当地远古居民很早就产生了较复杂的宗教观念，由于他们当时对太阳、月亮、星星等自然现象不理解，因而把它们当成威力无穷的神灵而加以崇拜，这些石球就是他们雕刻的太阳神、月亮神和其他星神的雕像。但其他一些学者认为，当地远古居民以为灵魂可以与人的肉体分离而独立地游荡，人死了被埋葬后，灵魂并没有消失，他们在所谓灵魂不灭观念的支配下，雕刻石球作为坟墓的标志或象征，方便人死后灵魂寄于石球之内。另一些学者却认为，石球是当地远古居民为了显示圆形的美观而制作的。以上各种说法，都缺乏确实有力的证据，只是各人的主观臆猜，直至今天，谁也无法弄清石球的真相，不能有一个准确的解释。

大洋上的古大陆之谜

20 世纪以来，科学家们在探索大自然奥秘的过程中得出一个惊人的推论：人约在距今 12 000 年前，太平洋中曾经存在过一个高度文明的古大陆，这个古大陆的名字就叫大西洲。

据说大西洲的面积占据了南太平洋的大半部分，南起塔希提岛，北接夏威夷群岛，东至复活节岛，西至马里亚纳群岛，东西长约 8000 千米，南北宽约 5000 千米，面积相当于南北美洲面积的总和。现在的波利尼西亚群岛、密克罗尼西亚群岛、美拉尼西亚群岛上的居民，据说就是大西洲遗民的后裔。

画家笔下的大西洲

最早提出太平洋中曾有过古大陆的是英国人种学家麦克米兰·布朗。20 世纪初，他在《太平洋之谜》一书中首次提出远古时期太平洋曾经有过一个高度文明发达的大陆。此后，有关这方面的著作屡见不鲜，以英国学者詹姆斯·乔治瓦特的研究成果最具影响力。他通过大胆的假设、广泛的调查、独到的推理乃至充满自信的笔触勾勒出远古时期太平洋中大西洲的概貌。1931 年，他的名著《消逝的大陆》在纽约出版，成为轰动一时的畅销书。此后，他陆续推出了《大西洲的子孙》《大西洲神圣的刻画符号》《大西洲的宇宙力》等一系列专著，奠定了太平洋中古大陆学说的基石。

关于消逝的大西洲，乔治瓦特是这样描述的：

在远古时期，太平洋中曾经存在过一个古大陆，它是人类文明的摇篮，鼎盛时期的人口约 64 万，生活在这个大陆上的居民有黄、白、黑各种肤色的人种，他们无贵贱之分，和睦相处。古大陆的国君名叫拉·姆，她既是古大陆的最高统治者，又是最神圣的宗教领袖。大西洲居民信奉单一的宗教。

大西洲的居民拥有高度的文化，在建筑和航海方面尤其出类拔萃，他们在世界各地都拥有殖民地。

大西洲上共有七大城市，其中希拉尼普拉是首都。境内道路纵横交错，四通八达，港口中船舶云集，商旅不绝。

大西洲没有险峻的高山，只有一望无际的绿色平原和低缓的丘陵，土壤肥沃，连年丰收，终年植物繁茂，四季花果飘香。莲花是古大陆的国花，在水滨尽情地绽放；树荫下彩蝶乱舞，蝉鸣幽幽；原始森林中野象成群漫游，双耳不时扇动，拍打着骚扰它们的飞虫；到处是一派宁静祥和的气氛。

突然有一天，大西洲发生了可怕的事情：天崩地裂，山呼海啸，火山喷发，岩浆流溢，古大陆的居民与辽阔的国土在一夜之间沉入汪洋大海之中，仅有几处高地露出洋面，侥幸生存下来的居民被隔离在一座座小岛上。古大陆的辉煌瞬间灰飞烟灭，再也没有人记得曾经有过这样一个古大陆，更没有人知道这里曾是人类文明的发源地……

乔治瓦特将远古时期太平洋中大西洲的情形活灵活现地呈现在世人面前。

基本小知识

人类文明

在人类学和考古学中，人类文明也可以指有人居住、有一定的经济文化的地区，例如两河文明、黄河文明。

1863 年，法国学者德·布尔布尔在马德里皇家历史学会图书馆里，发现了西班牙征服中美洲时代的神父狄埃戈·德·兰达撰写的《尤卡坦事物考证》（又称《尤卡坦纪事》）手稿。他根据手稿中记录的玛雅象形文字草图，阅读了现收藏在西班牙的玛雅文献《特洛阿诺抄本》，发现其中有两处记录了一个名叫"姆"的大陆因火山灾害而消失。他认为大西洲位于大西洋中，大西洲一名由此而来。

中美洲尤卡坦半岛玛雅遗址的最早发掘者——法国学者奥格斯特·普伦金（1826—1908 年）在其所写的《大西洲女王和埃及斯芬克司》一书中，依据《特洛阿诺抄本》和玛雅遗址奇钦伊扎中的壁画等材料，作出了颇富罗曼蒂克的设想。他认为，古代近亲结婚较为普遍，当时大西洲由女王姆当政，为了获得女王的爱，她的亲兄弟科（美洲狮）与阿克（龟）展开了生死搏斗，最后阿克杀害了科，霸占了女王姆，并从她手中攫取了对大西洲的统治权。女王姆感到耻辱，于是逃奔埃及，为了悼念死去的兄弟科，她兴建了斯芬克司像，自己改名伊西丝（埃及女神），创建了灿烂的埃及文明。

普伦金也认为大西洲消失在大西洋中，与德·布尔布尔的观点不谋而合，但与乔治瓦特的观点大相径庭。然而他们都一致认为，中美洲的玛雅人是大西洲的移民。

乔治瓦特的研究成果还表明，大西洲的居民和古代印第安人一样，崇拜太阳神，他们不仅懂得使用火，而且还创造了人类最早的文字——一种原始的刻画符号。他们用长方形表示国土，用盛开的莲花表示大西洲……这种刻画符号在世界上许多古老的石建筑上都可以见到，其中有些刻画符号实际上就是纪念大西洲消逝的碑铭，只不过无人能够译读而已。此外，大西洲的居民还会烧陶、编织、绘画、雕刻、造船以及航海，渔业也很发达。

至于大西洲消逝后遗留下来的城市遗迹，乔治瓦特认为在太平洋诸岛上比比皆是。当时属于大西洲一部分的复活节岛幸免于这场灾难，没有沉入海底，现在岛上的众多巨人石像和刻有文字的石板很可能就是大西洲的遗物。波纳佩岛附近的南马特尔小岛上的建筑遗址以王陵所在的"神庙岛"为中心，共有 90 余座人工岛，每座岛上均有高约 10 米的玄武岩石城墙，岛上还设有防波堤、牢狱等，据说也是大西洲的遗迹。塔西堤岛上有一种类似中美洲金字塔的建筑物，也是大西洲的遗物，诸如此类，不一而足。这些互不相关的遗迹、遗址和遗物果真是消逝的大西洲居民创造的吗？从最新考古研究成果来看，太平洋诸岛上的居民居住历史至多不超过 3000 年。如何解释 12 000 年前消逝的大西洲与太平洋诸岛之间的时间差异呢？

值得一提的是，乔治瓦特依据的最重要文献材料之一——《拉萨记录》是在中国西藏拉萨某寺院中发现的，它是记载 4000 年前占星术的文献；它是以其他几件原始文献——玛雅古文献《特洛阿诺抄本》《德累斯顿抄本》《波斯抄本》《科特西亚抄本》等为依据的。这些原始文献也是记载占星术的文献，并都记载了大西洲消亡的情况。

《拉萨记录》中提到大西洲的沉没是发生在编写该书之前 8062 年的事件。《拉萨记录》是距今 4000 年前的作品，据此可以推知，大西洲的沉没是在距今 12 000 年前。

乔治瓦特还根据多年的研究成果描绘了大西洲居民的移民路线。他认为，人类文明发源于大西洲，继而传播到美洲大陆，然后又从美洲大陆传播到埃及、欧洲和非洲。因此，大西洲是人类文明的摇篮。

近年来，日本学者也兴致勃勃地加入了研究大西洲的行列。

根据现代地质学常识，大洋的地壳是由较重的玄武岩构成，大陆的地壳由较轻的花岗岩构成，海底地壳与陆地地壳存在着本质的差异。

1968 年，日本东海大学海洋研究所的"白凤丸号"科学考察船在西北太平洋深海海底打捞出一块花岗岩石头，当时它被认为可能是由来自阿留申群岛的洋流携带而来的。除此之外，1973 年 10 月 23 日，日本东海大学海洋考察船"望星丸号"在九州岛附近的海域打捞出一个含有花岗岩的大锰块，显然再用洋流来解释锰块的来源未免牵强附会。科学家们将这两起发现联系起来推测，它们会不会是沉入海底的大西洲残留物呢？日本科学家们正通过对太平洋底全面、广泛的科学考察，力图发掘出新的材料，以期对大西洲的存在与否得出一个可信的解答。最后需要提出的是，在地质学上，一般认为地球上最后一次造山运动——阿尔卑斯造山运动发生在距今6000万年前，而乔治瓦特却认为地球上山脉的形成是在距今12 000年前，两者之间的差异如此之大，该如何解释呢？地球表面几度浮沉、沧海桑田固然是事实，但是浩瀚的太平洋中，果真存在过这样一个高度文明的大西洲吗？也许这仅仅是世界上充满好奇心的人类一个天真梦幻的愿望而已。

知识小链接

造山运动

造山运动是指地壳局部受力、岩石急剧变形而大规模隆起形成山脉的运动，仅影响地壳局部的狭长地带。目前观测到的最后一次造山运动是燕山运动，其结束的时间是白垩纪末期，距今已有1亿年。

沉没在印度洋中的古大陆展现在我们面前的是一幅与众不同的世界地图。在这幅地图上，澳大利亚北移，与日本列岛、东南亚相连在一起；非洲大陆的一部分分离出来；印度洋中岛屿密布；南加里弗尼亚脱离美洲大陆，成为孤岛；地中海中"长筒靴"状的意大利半岛消逝得无影无踪……

这是美国宇航局于1976年发射的"激光地球力学卫星"运载的文字材料对840万年以后的地球状况作出的"答案"。无独有偶，当人类对古老的往昔进行考察时，竟意外地"发现"地球上曾经存在过雷姆里亚大陆。在谷歌地图中，甚至显示出在洋底有规则的几何图形，表明可能确实存在过一个沉没的古代大陆。

关于雷姆里亚大陆的大胆假设由来已久，而且近乎神奇。早在19世纪后半叶，地质学家们就开始探讨非洲南部与印度半岛之间是否存在过"地桥"——雷姆里亚大陆的问题。特殊哺乳类动物生活的马达加斯加岛、巨大陆龟生活的阿尔达布拉群岛、塞舌尔群岛、马尔代夫群岛、拉克代夫群岛等，从非洲南部一直延续到印度半岛南端。据此，地质学家们推测，这些岛屿莫非是古大陆的残余？

奥地利史前地理学家梅尔希奥尔·纽马伊亚，在其1887年出版的著作

《古代大陆》中，描绘了侏罗纪（爬虫类时代中叶）的世界地图，在这张地图上，"巴西·埃塞俄比亚大陆"的角落延伸到"印度·马达加斯加半岛"。这表明印度与马达加斯加曾是一个相互连接的整体。

奥地利地质学家爱德华·杜斯认为，古生代（鱼和无脊椎动物的时代）南半球存在过一个广袤的"贡达瓦纳大陆"，而北半球则存在过"北阿特兰提斯大陆"和"安格拉大陆"，他的论点发表在1880年出版的《地球表面》一书中。

知识小链接

地质学家

从事研究形成地球的物质和地球构造、探讨地球的形成和发展，且成绩卓越的科学工作者，称地质学家。

德国生物学家恩勒斯特·海因里希·赫凯尔发现，一种栗鼠与猿杂交的动物"雷姆尔"，原来生活在马达加斯加，但在远隔大洋的非洲、印度、马来半岛也能见到。据此，他断定，马达加斯加与印度之间的"地桥"直到新生代（哺乳类动物的时代）依然存在，而且，他还认为沉没的大陆很可能就是人类文明的发祥地之一。

英国动物学家菲力浦·斯科雷特在赫凯尔研究成果的基础上，提议将这个消逝的"地桥"命名为"雷姆里亚"。

德国地球物理学家、气象学家阿尔弗雷德·魏格纳（1880—1930年）于1912年提出了著名的"大陆漂移说"。他认为大陆和海洋分别由质地不同的花岗岩和玄武岩构成，因此在很长一段地质年代里，大陆一直在海洋上漂移，不断发生分离、结合，从而形成今天地球表面陆地与海洋的分布状况。

魏格纳认为，在古生代，大陆是一个整体，名叫"潘加阿大陆"；中生代（恐龙时代）发生漂移；新生代第四纪冰川来临时，发生分裂。假如魏格纳的论点成立的话，那么分离的陆地之间分布着不同的生物也就不难理解了，"地桥"——雷姆里亚大陆根本就不可能存在。

然而，文献资料和神话故事对消逝大陆的描绘，却令人深信不疑。

公元前1世纪的希腊历史学家提奥多罗斯，记载了一个名叫伊安比罗斯的商人，漂泊到南方大洋中一块陆地上的奇特而又曲折的经历。

这个商人途经阿拉伯，前往"香料之国"。不料，途中被海盗抓去，带到埃塞俄比亚，他与另外一个囚徒偷偷地准备了6个月的干粮，驾着轻舟逃离虎口，向南行进，在海上漂流4个月后，被海风吹到一座岛上。

这座岛周长约900千米，气候四季如秋。居民的体形奇特，但并不丑陋，他们性格敦厚，知识丰富，精通占星术，使用独特的拼音字母，在圆柱上写有文字，人均寿命达150岁，无贫富差别，男女平等。岛上生长着一种苇草，果实可以吃，还有温泉、冷泉，赋予人类健康和长寿。岛的周围海中有7座小岛，亦有居民居住。

你知道吗

香 料

香料主要指胡椒、丁香、肉豆蔻、肉桂等有芳香气味或防腐功能的热带植物，它们具有令人愉快的芳香气味，能用于调配香精的化合物或混合物。按其来源有天然香料和合成香料之分；按其用途有日用化学品用香料、食用香料和烟草香料之分。在化学工业中，全合成香料是作为精细化学品组织生产的。

这个商人在岛上生活了7年，最后辗转印度、波斯（今伊朗）返回希腊。

这则故事自然会使人联想到柏拉图笔下的"乐园"——亚特兰蒂斯，同时，也使人联想到英国作家丹尼尔·笛福在《鲁滨孙漂流记》中描写的鲁滨孙的奇特经历，可以食用的苇可能指的就是稻米。

提奥多罗斯还记载了东方理想国——潘海伊亚。这是一个与阿拉伯进行香料和药品交易的国度，有7座城市，最大的是帕拉那。城中有一座富丽堂皇的大神庙，景致优美，树木、草地、花园、水流融为一体，相映成趣，可爱的小鸟欢快地鸣叫，大象、狮子、豹等动物一应俱全。居民尚武，普遍使用两匹马拉的战车。

居民分为3个阶层，即祭司和手工业者、农夫、士兵以及牧民。祭司很有权势，生活奢华。每年居民选出三人共同治理国家，实行"三头政治"。居民个人拥有的财产通常是房屋和庭院。一般居民普遍穿羊毛衣服，男女均配戴黄金饰品，岛上贵重金属矿产丰富，但不准携带出境。

阿拉伯地理学家们认为岛的周长约 5000 千米。据 4000 年前的埃及王国时期纸草文献记载，漂泊到岛上的船员们，在世外桃源般的岛上开始生活后，这座岛屿的统治者——大蛇便出来劝告道："这座岛屿不久即将沉没。"

据说这个大陆上气候宜人，土地肥沃，人丁兴旺，后来因为触犯神灵而真的沉入大洋底部。

希腊人从远古时代起，一直称呼传说中消逝的大陆居民为"普利塞利里特人"。斯特拉波、普利里乌斯等古希腊罗马学者均写过东方大洋中的大岛"塔普罗巴赖"的事情。

古代泰米尔族历史学家们对自己祖先的发祥地进行考察后，坚信在遥远的古代，祖先们生活在位于赤道附近一个名叫"纳瓦拉姆"大岛的南部，大陆的首都"南马德拉"后来沉入印度洋海底。

泰米尔族使用的语言是泰米尔语，迄今在印度次大陆南端马德拉斯邦、斯里兰卡等地仍在使用这种语言。这种语言是南亚德拉维亚语系中远古时期最为发达的一种书面语。这一系列的文献记载和神话传说都说明，印度洋中曾经存在过一个鲜为人知的"雷姆里亚大陆"。

前苏联语言学博士、地理学会会员亚历山大·孔德拉特夫在其著作《三个大陆的秘密》中，从语言学角度探讨了南亚德拉维达语系与雷姆里亚大陆的关系。他将印度文明中代表性的遗址摩亨佐·达罗、哈拉帕出土的印章和护符中的象形文字输入电脑，与其他地区的语言进行比较后发现，它们吸收

基本
小知识

语 言 学

语言学是以人类语言为研究对象的学科。其研究范围包括语言的结构、语言的运用、语言的社会功能和历史发展，以及其他与语言有关的问题。

了苏美尔人的语言，与德拉维达语最为接近。因此他认为印度文明与苏美尔文明起源于同一个文明，而这个更为古老的文明已伴随着雷姆里亚大陆的消逝而烟消云散。

马达加斯加岛、塞舌尔群岛以及澳大利亚西部的布罗肯海岭，作为古大陆的一部分，是怎样从周围的大陆中分离开来的呢？这还是一个令人难以解释的悬案。

科学调查结果表明，印度洋底部地形最为复杂的西北部马斯卡林海域一带海底下沉了1000多米。这是在数千万年的地质年代里发生的。

地壳运动

地壳运动是由于地球内部原因引起的组成地球物质的机械运动。它可以引起岩石圈的演变，促使大陆、洋底的增生和消亡，并形成海沟和山脉，同时还可能导致地震、火山爆发等自然灾害。

根据板块结构理论，喜马拉雅山脉与印度洋是由于共同的成因形成的，即由于印度板块向正北方向移动约5000千米，与亚洲板块相撞，形成巨大的喜马拉雅山脉。那么，在这个具有划时代意义的变革中，雷姆里亚大陆的沉浮如何呢？据考察，这个变动发生的年代至少可以追溯到4500万年前。

最新调查结果表明，印度洋海底地壳活动频繁，有些部分持续下沉，有些部分在不断增长。这些缓慢不断的变化是否可以作为雷姆里亚大陆曾经存在的一个有力证据呢？我们不得而知。

世界流传的大洪水之谜

包括巴比伦、希腊、印度、中国等文明古国在内，世界各地绝大多数文化中都有形形色色的大洪水传说。

比如，据古书《山海经》记载，中国远古时候曾经"洪水滔天"，鲧偷了天帝的一块名叫"息壤"的能够自己生长的土去堵塞洪水，因为没得到天帝的同意，鲧被天帝处死了。鲧的儿子禹继承了鲧的事业，采用疏导的方式开山泄水，终于治好了洪水。这就是大家熟知的"大禹治水"故事。

大禹治水

现在，很多人都知道诺亚方舟的传说：上帝不忍心让善良的诺亚死于洪水，便让他造了一艘大船，载着他一家老小和各类留种的动物躲过了这场灭顶之灾。当时一连下了 40 天大雨，洪水漫过了高山的山顶，除了方舟以外，地球上的生命全都灭绝了。几个月后，洪水消退，方舟漂到了阿拉特山上。

在现代的伊拉克沙漠地区，通过考古发现了总数有几千块的泥版，上面镌刻的楔形文字记载了包括古代中东地区苏美尔国君王吉尔格梅施的生平事迹。这些泥版的历史，有些可追溯到公元前 3000 年，泥版上的文字告诉我们，远古时代地球曾经发生过一场惊天动地的大洪水：

"我将向世人宣告吉尔格梅施的事迹。这位君王通晓世间一世事务；他的踪迹遍及地球上每一个国家。睿智的君王探知人间种种秘密，看透人世种种风情。现在，他将为我们讲述一则发生在大洪水前夕的故事。风尘仆仆，身心疲累，他结束一趟漫长的旅程返回家园，将旅途上听到的故事镌刻在一块石板上。"

诺亚方舟

吉尔格梅施带回的故事，是一位名叫乌纳皮施汀的国王向他讲述的。这位君王数千年前统治过一个国家，后来经历一场大洪水。洪水退后，上苍赐他永生，因为他保存了人类和地球上所有生物的种子。

流传在中东美索不达米亚地区的洪水神话和有名的诺亚方舟故事存在许多明显共同点。对于这些共同点学者至今争论不休。真正重要的是，在地球上的每一个文化圈中，类似的神话传说都被一直流传下来，遗留给后世子孙。

拓展阅读

文化圈

文化圈是社会学与文化人类学描述文化分布的概念之一。它涉及的地域范围比文化区和文化区域更为广泛。

在地球的另一端、距离中东地区十分遥远的墨西哥河谷，当地居民也流传着许多有关大洪水的故事：那场发生在第四太阳纪末期的大洪水，淹没了整个地球，"豪雨骤降，山洪暴发，大地一片汪洋。高山隐没水中，人类变成鱼虾……"。

根据中美洲阿兹特克族印第安人的神话，全世界只有两个人逃过这场大浩劫，存活了下来。他们是一对夫妻，男的叫柯克斯柯克斯特里，女的名为苏齐奎泽儿。在天神开示下，夫妻俩建造一艘大船，漂流到一座高山上。洪水消退后，他们钻出船舱，在当地定居下来，生养子女，但孩子们都是哑巴。一只栖停在树梢的鸽子教导孩子们说话，但所传授的语言都不相同，以至于孩子们之间无法互相沟通。

另一则流传在梅卓卡尼塞克族印第安人部落的中美洲传统神话，更像《旧约全书·创世纪》和美索不达米亚泥版记载的洪水故事。根据这个传说，天神泰兹卡提尔波卡决定发动一场洪水，毁灭全人类。他只放过泰兹比一家人，让他们搭乘一艘载满飞禽走兽、粮食和植物种子的大船，逃离这场洪水，以保存人类的命脉。天神命令洪水退去后，这艘大船搁浅在一座高山上。泰兹比放出一只兀鹰，探测洪水是否真的退去。兀鹰只顾啄食遍布地面的人畜尸体，不再飞回船上。泰兹比只好差遣其他鸟儿，但只有蜂雀衔着一根树枝回来。泰兹比看见洪水已经退去，大地开始复苏，便带着妻小走出方舟，在当地定居下来，生养子孙，不断繁衍，让地球又充满人烟。

中 美 洲

　　中美洲是指墨西哥以南、哥伦比亚以北的美洲大陆中部地区。它东临加勒比海，西濒太平洋，是连接南美洲和北美洲的狭长陆地。包括危地马拉、伯利兹、萨尔瓦多、洪都拉斯、尼加拉瓜、哥斯达黎加和巴拿马7个国家。

　　在《波波武经》中，也记载了这场天神惩罚人类的大洪水。根据这部古老的经书，天神在开天辟地之后就决定创造人类。在这场实验中，它"用木头雕制人像，让他们开口说话"。这些木头人后来失去它的欢心，因为"他们忘记造物主的存在"。于是，上天发动一场大洪水，波涛滚滚，淹没了这些木头人，浓稠的树脂从天而降，大地一片阴暗，黑雨倾盆而下，昼夜不息，木头人一个个被砸碎、摧毁、肢解、消灭。

　　然而，还是有人逃过这场大浩劫，就像阿兹特克人和梅卓卡尼塞克人。犹加敦半岛和危地马拉的玛雅人相信，一个诺亚式的人物和他的妻子——玛雅人管他们叫"大父和大母"——逃离了这场洪水，重建灾后的世界，成为往后世世代代人类的祖宗。

　　厄瓜多尔的卡纳里亚族印第安人流传着一则古老的洪水神话。根据这个传说，洪水发生时，一对兄弟结伴逃到一座漂浮的高山上，避开了这场大灾祸。

　　巴西的图皮南巴族印第安人敬奉一群扮演造物主角色，将文明带给人类的英雄。第一位英雄是莫南。据说，创造人类后没多久，他就放一把大火，发动一场洪水，把整个世界毁灭掉了。

　　秘鲁的洪水传说特别丰富，根据其中一个颇具代表性的传说，洪水发生前，一只骆马曾警告过一个印第安人。此人便和骆马相伴，一起逃到一座名为维尔卡－科托的高山上。

抵达山巅时，他们发现许多飞禽走兽已经聚集在那儿。海水开始高涨，淹没了地球上所有平原和山丘，只有维尔卡－科托山矗立在水面上。波涛滚滚，不断冲击山巅，聚集在那儿的动物都吓得挤成一团，紧紧依偎在一块。5天后洪水开始消退，海平面开始降低。人类全都淹死了，只有一个人逃过这场浩劫。他就是今天地球上所有人类的祖先。

拓展阅读

哥 伦 布

哥伦布为意大利航海家。他生于意大利热那亚，卒于西班牙巴利亚多利德，一生从事航海活动，并先后移居葡萄牙和西班牙。他相信"大地球形说"，认为从欧洲西部航行，可到达东方的印度。在西班牙国王支持下，他先后4次出海远航，开辟了横渡大西洋到美洲的航路。他先后到达过巴哈马群岛、古巴、海地、多米尼加、特立尼达等岛。在帕里亚湾南岸他首次登上美洲大陆，并考察了中美洲洪都拉斯到达连湾2000多千米的海岸线；认识了巴拿马地峡；发现和利用了大西洋低纬度吹东风，较高纬度吹西风的风向变化；证明了"大地球形说"的正确性。

哥伦布发现美洲之前，智利的亚劳克奈雅族印第安人流传着一则有关洪水的神话。传说中说只有少数几个印第安人逃过这场劫难。他们在一座名为锡格锡格的高山上找到避难所。据说这座山有三个山峰，能够漂浮在水面上。

在南美洲极南端的火地群岛神秘的雅马纳族流传着这么一则古老的神话："月亮娘娘发动了一场淹没地球的大洪水，给地球上的人类带来了一场大灾祸，月亮娘娘非常憎恨人间的纷扰和动乱，人类全都葬身在洪水中，只有少数几个人逃到矗立在水面的五座山峰上。"

火地群岛另一个印第安部族皮璜契族的传说，特别提到洪水带来的漫长黑夜："太阳和月亮从天空坠落，大地陷入茫茫黑暗中；直到两只巨大的兀鹰飞临，将太阳和月亮拉回天上，大地才恢复光明。"

在美洲大陆北端，居住在阿拉斯加的伊纽特族爱斯基摩人也流传着一则洪水神话。据说，洪水伴随地震而来，转眼间席卷整个大地，只有少数几个人搭乘独木舟，仓皇逃到最高的山峰上，躲过一劫。

在美国加州南部的鲁瑟诺族印第安人传说中，古时一场洪水淹没全世界，只有一小群人逃到露出水面的几座高山上，才得以保住生命。洪水消退后他们才敢回到平地上。鲁瑟诺族北边的呼伦族也流传有类似的洪水神话。

林德编撰的《达科塔州历史》是19世纪的一部权威著作，它保存了大量本地传说和神话，其中一则依洛郭伊族神话记载："很久以前，大海和洪水曾经入侵陆地，淹死所有人类。"契卡索族的传说则指出，大地虽然被洪水淹没，"但有一个家庭和每种动物的两只获救"。苏族的神话也提到，大地曾经变成一片汪洋，人类全部葬身水中。

希腊神话也充斥着洪水的记忆。公元前8世纪希腊诗人海希奥德搜集的古代希腊民间传说也提到，现今的人类出现之前，地球上曾经有过4种不同的人类，每一种都比后来的先进，而每一种都在命定的时刻被一场地质剧变"吞没"。

最早出现在地球上的人类是"金族"。据说，他们"日子过得逍遥自在，无忧无虑，有如神仙，终日饮宴歌舞，最后在睡梦中溘然长逝，安详离开人间"。后来众神之王宙斯一声令下，这个黄金民族"沉入地底深处"。继之而起的人类依次是："银族""铜族""英雄族"和我们所属的"铁族"。铁族是第五种，也是最后一种出现在地球上的人类。

根据希腊神话的描述，"铜族"拥有"巨人的力量，四肢十分粗壮"；然而，这群顶天立地的大汉却被众神之王宙斯全部消灭，以惩罚巨人普罗米修斯盗窃天火，为人类带来火种的罪行。暴跳如雷的宙斯于是发动一场大洪水，准备将地球上的生灵清除干净。这个故事有好几个版本。

希伯来人视诺亚为祖宗。同样，在古代希腊人心目中，杜卡里昂是他们的始祖，也是许多城镇和神殿的建立者。

3000多年前，在吠陀时代的印度，民众也崇仰一个类似神一样的人物。根据当地的传说，有一天，一位名叫曼努的智者正在

广角镜

吠陀时代

吠陀时代指印度成立吠陀圣典的时代，分为前、后两期。公元前1500～前900年被称为前期吠陀时代，公元前900～前700年被称为后期吠陀时代。

沐浴，忽然，他发现手掌上有一只小鱼向他哀叫，请求他放过它一条命。曼努觉得它可怜，就把它放进一口坛子里。不料，第二天小鱼的身子却长大了许多，曼努只好把它带到湖里。没多久，湖也装不下这只鱼的身子。鱼对曼努说："把我扔进海里去吧！这样我就会感到舒畅些。"后来，回到大海的鱼警告曼努，一场大洪水就要来临，并送曼努一艘大船，吩咐曼努先在船上装载各种动物（每一种两只）和所有的植物的种子，然后自己再上船。

曼努遵照指示张罗妥当，海水就骤然上升，淹没了整个世界。大地变成一片汪洋，水面上只看得见那只鱼的身影——这时它已经化身为一只全身覆盖金色鳞片，头上长着一只角的大鱼。曼努把船缆系在鱼角上，让它拖着穿过茫茫大水，走到北山的顶峰。

鱼说："我救了你一条命。赶快把船缆系到一棵树上吧，免得让大水把船冲走。你待在山顶上，看见洪水消退就一步步走下山来。"曼努遵照指示。后来洪水下降。这场大水冲刷掉了地上万物和所有生灵，只有曼努一个人活着。

于是，曼努带着船上那群动物，利用船上贮存的植物种子，重建劫后的世界，为人类开启一个新时代。一年后，水中突然冒出一个女人，曼努娶她为妻，跟她生下一群子女。这对夫妻就成为现今人类的始祖。

印度宗教典籍提到"7个太阳纪"，每一个都在洪水、大火或暴风中结束。最后一个周期"第7太阳纪"终结时，"大地将在大火中崩裂"。马亚西亚沙劳越州和沙巴州当地人相信，以前的天空非常"低沉"；根据他们的神话，"6个太阳已经被毁灭，照亮现今世界的是第7个太阳"。欧洲流传的一些神巫书籍也提到"代表9个时代的9个太阳"；书中预言，人类还剩下两个时代——第8和第9个太阳时代。

最后值得一提的是，古代埃及神话和传说也不乏大洪水的故事。例如，在法老塞提一世陵墓发现的一篇丧葬经文就提到，一场洪水将充满罪孽的人类消灭。古埃及《亡灵书》第175章说明了这场灾难发生的原因：月神索斯指责人类的罪行：

"他们争吵，他们殴斗，他们犯罪，他们制造仇恨，他们杀害生灵，他们到处惹是生非，欺压善良……（所以）我准备把我当初创造的一切全部消灭。一场大洪水将降临世上，把地球转成一个大水坑，让大地恢复太初时期的原始面貌。"

埃及月神索斯的这番话又把我们带回了古代中东神话和基督教《圣经》中的洪水故事。

既然世界上许多民族都留下了关于大洪水的记载，那么会不会在远古时代真的出现过一场遍及世界的大洪水呢？这个问题吸引了大批专家学者，他们从各方面提出假设，并就各种观点争论不休，于是就使它成为引人注目的上古大疑案之一。

这些神话产生自各个不相

拓展阅读

玛雅预言

根据玛雅历法的预言传说，我们所生存的世界，共有 5 次毁灭和重生周期，每一周期即所谓的"太阳纪"。按照这一传说，现在我们正处在第 4 个"太阳纪"，而 2012 年左右将是"第 5 太阳纪"的开始；并且，当时的玛雅人认为，在每一纪结束时，都会在我们生存的家园上演一出惊心动魄的毁灭悲剧。

统属的文化，可为什么故事却是如此的相似呢？为什么这些神话会充满共同的象征，拥有相同的典型人物和情节呢？倘若这些神话确实是人类的"记忆"，为什么没有历史文件提到这场蔓延全球的大灾难呢？无论我们对一场遍及世界的大洪水是否真的出现过作何种解释，都不能回避这样一个事实：洪水确实是古文明灭绝的原因之一。

◆ 南极古地图之谜

土耳其海军上将皮瑞·雷斯早年当过海盗，他于 1513 年在羊皮纸上绘制出了至今仍令地理学家惊叹的南极地图。他在地图说明中称，绘制这批图曾参考了 20 份海图，其中有 8 张海图是公元前留下的。雷斯的地图被一直保存在伊斯坦布尔的托普卡比王宫中。皮瑞·雷斯的南极古地图引起了人们的极大兴趣。

另外，人们在柏林国家图书馆发现的两本绘有地中海等地区的古地图册中，也见到了皮瑞·雷斯的署名。

1956年，雷斯的南极古地图被送到美国绘图专家阿兰顿·莫勒里的手中接受鉴定。莫勒里惊奇地发现，在这些400多年前绘制的地图上，南极洲的地形特征竟与1949年测定的南极地形轮廓如出一辙。不仅如此，雷斯还被视为世界上最早绘出南极地图的人。因为在雷斯所处的欧洲文艺复兴时代，学者们还只是限于对南极这块未被发现的大陆的推测和争论，直到1820年以前从未有人能够在地图上标出南极大陆的位置。但皮瑞·雷斯却提前300年绘成了人们在20世纪才画得出的南极地图。

后来，这批由雷斯绘制的南极古地图，又受到了美国威斯顿天文台莱汉姆台长、新罕布什尔学院查理斯·哈普古德教授以及数学家查德·斯特罗钦等人的细致研究和全面鉴定。

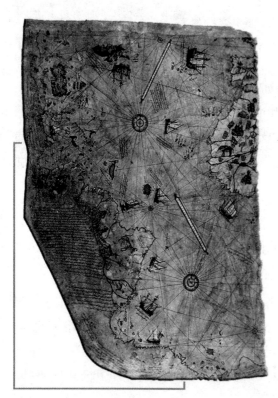

南极古地图

学者们认为，这批古地图精确得不可思议。图中画出的南极洲在没有冰川覆盖下的实际海岸以及没有冰川覆盖下的内部地形，都与现在人们利用回声波探测得到的资料完全一致；图中标出的山脉、高峰也明白无误。古地图上甚至对那些至今人们尚难勘探到的地方也画得十分精致，譬如图上标明的一条南极山脉直到20世纪50年代以后才被发现。

对于南极古地图上标出的河流，有的研究者曾表示怀疑：在号称"冰雪大陆"的酷寒地区怎么能有河流的存在呢？经过查阅1949年海洋地质学家对南极洲边缘的罗斯海的勘察报告，才搞清楚原来海底滞留的岩层是由南极河流带来的冲积物固结而成；这些冲积物已逾万年，入海最迟的也有 6000 年了。而地质历史学家的研究已表明，那时的南极洲尚处在冰川时期之前的温带时期，百川奔流，草木葱茏，充满了生机。

这就是说，早在南极洲被冰川覆盖前的远古时期，就已经有人绘出了南极大陆的原始地形图。这难道是当时的原始居民所为吗？真是无法想象。

随着进一步的研究，科学家们发现皮里·雷斯的古地图极像卫星拍摄的地球照片。因为经坐标投影后，南极古地图与美国空军用等距离摄影法制成的以开罗为中心的地图几乎完全相同。为此，查理斯·哈普古德教授等人指出：雷斯的南极古地图一定是一张高空拍摄照片的复制品。正是出于"高空摄影效应"，古地图上的南美洲才会被奇怪地拉长；这与美国月球探测器拍下的地球照片的特征刚好吻合。

科学家们除研究了雷斯绘制的古地图外，还搜集到了勃库等人留下的古地图，并从中获得了新的发现和启示。勃库地图绘制于 1733 年，据该图所示，罗斯海和威德尔海相互连通，南极大陆并非整体，而是海洋环抱的两个大岛。该图的真实性一直受到怀疑，直到 1968 年地球物理年时，经过艰辛努力的科学家们才终于确认，勃库世界地图十分准确地反映了南极洲在冰壳覆盖前的真实情况。它与雷斯地图皆记录了南极洲在冰川时期之前不同地质阶段的海陆概貌。

1966 年，查理斯·哈普古德出版了一部专著——《古代海王地图》，他在书中公布了多年的研究成果。这位教授指出，通过对一批古地图的鉴定，得出在史前时期，可能就有人绘制了画有南极大陆绿洲时代地形地貌的地图。

你知道吗

冰川时期

冰川时期是指地球表面覆盖有大规模冰川的地质时期。两次冰期之间为一相对温暖时期，称为间冰期。地球历史上曾发生过多次冰期，最近一次是第四纪冰期。

哈普古德还叙述了他对雷斯等人绘制古地图来龙去脉的了解。他指出，绘制南极古地图所依据的原始资料，可能来自公元前3世纪初埃及托勒密王朝亚历山大城的博学院，这里曾是世界上保存和研究有关古代航海地图、日志等资料的中心所在。在罗马凯撒大帝侵入埃及后，大部分资料在战乱中失散，只有一小部分被转移到拜占廷帝国，收藏在托普卡比王宫中。

哈普古德还补充介绍了他在研究古地图过程中发现的出现于南极洲之外的早期地理现象，如他在有的古地图上看到了北美洲西北部的阿拉斯加与亚洲东北部，通过如今的白令海峡把当年的大陆桥直接连通；还发现了中心为冰川覆盖的不列颠群岛及部分地区为冰川覆盖的北欧瑞典；而世界著名的"冰雪王岛"格陵兰岛在古地图上却完全没有冰冻等。

哈普古德等人的研究工作受到了国际学术界的重视。现在，已有更多的科学家加入到古地图的研究与探索行列中来。

研究者们越发意识到，解开南极古地图之谜，可能关系到人类现有文明历史观的变革。

基本小知识

白令海峡

白令海峡位于亚洲最东点的迭日涅夫角和美洲最西点的威尔士王子角之间，西经169°，北纬65°30′，约85千米宽，深度为30～50米。这个海峡连接了楚科奇海和白令海。

应该强调的是，以皮里·雷斯的南极地图为代表的一批古地图，它们共同的特征是准确的坐标和对经度的认可，而且应用了极其精密的大地测量仪器。这表明我们的祖先在有记载的历史以前的许多世纪，就不可思议地具备了绘制这种令现代人叹服的地图的能力；而近世纪的人们，直到18世纪末才对经度这个概念有所认识，直到近期才有绘制这种地图的能力。

毫无疑问，我们的祖先不应该具备这种能力，而且，这些古地图是用十分先进的技术从高空拍摄的，我们祖先也不具备这种先进的技术。

即使退一步讲，这些非凡的古地图只是在被人们偶然发现前不久绘制的，也就是说它们可能只有数百年的历史，这样也无法解释古地图的存在事实。

因为绘制地图的人必须具备飞行与摄影技术，而且必须掌握某种未知的精密仪器以准确地测出坚冰覆盖下的地貌。

▶ 羊皮纸上的藏宝密码

拉比斯是 18 世纪上半叶的法国大海盗，真名叫奥里维尔·勒·瓦瑟，17 世纪末生于法国加来。18 世纪初期，海盗猖獗于印度洋和东非马达加斯加海域，专门劫掠过往船只。其中最显赫的海盗当数拉比斯船长了。

拉比斯心狠手辣，专门打劫豪华商船和政府宝船。1716 ~ 1730 年，他在印度洋和东非海上横行了 14 年，共劫夺了 5000 千克黄金、60 万千克白银，还有几百颗钻石及各类珍稀宝贝。在 1721 年 4 月，他与英国海盗泰勒沆瀣一气，劫夺了在印度洋波旁岛圣但尼港湾躲避风暴的葡萄牙船只 "卡普圣母号"，抢走了船上价值 300 亿旧法郎的金银珠宝，并把这艘船修饰一番，改名为 "胜利者号"。1722 年，法国海军将领居埃一特鲁安在波旁岛附近打败了英国海军，控制了印度洋海域，大多数海盗在法国国王的大赦下洗去罪行，改过自新。只有拉比斯等少数海盗隐藏起来窥测时机。

拉比斯工于心计，他把劫夺来的金银财宝分散藏匿于从塞舌尔群岛到马达加斯加海角的印度洋海区，藏好不义之财后，他便把其他藏宝人一个个 "打发" 到阴间去。他向法国政府提出交出财宝的必要条件是对他实行完全赦免。1729 年，他终于被海军搜捕到。经法国特别刑事法庭审判，他犯有海盗罪而被处于绞刑。1730 年 7 月 7 日下午 5 时，拉比斯由行刑队押送着走向断头台，当绞索套到他的脖子上时，他突然向蜂拥围观的人群扔出一卷羊皮纸，并大声吼道："我的财宝属于能读懂它的人！"

拉比斯被绞死后，留下了这卷神秘的羊皮纸，纸上写有一封密码信，画有 17 排古怪稀奇的图样，每个图样代表一个密码，看上去像天书一样晦涩难解，谁能把它破译出来，就能得到那笔巨大的财富。写在羊皮纸上的拉比斯密码如今珍藏于法国国家图书馆里，它的一份影印件在 1949 年落到英国探险家瑞吉纳·古鲁瑟韦金斯手中。这位英国探险家估计拉比斯财宝藏在印度洋上的塞舌尔岛，于是他带上毕生积蓄在塞舌尔岛上呆了整整28年，对17排图样进行孜孜不倦的探索，终于破译了16排密码，但对其中的第12排图样却寻求不到答案，直到他因病去世时也未能解开这个谜底。

除塞舌尔岛外，另外6个印度洋岛屿也可能是拉比斯藏宝之地。这6个岛屿是：毛里斯岛（又名法兰西岛）、波旁岛、马埃岛、圣玛丽岛、弗里卡特岛及罗德里格岛。这些岛屿都是拉比斯一伙海盗当时常来常往之地。后人根据破译出来的密码在毛里斯岛找到许多宝藏。

法国"寻找藏宝国际俱乐部"掌握了另一份与拉比斯藏宝有关的材料，包括一份遗嘱、三封信件及两份说明书，它们是掌握拉比斯藏宝秘密的法国海盗贝·德莱斯坦的东西。探宝专家们认为，在德莱斯坦熟知的财宝中有一些便是拉比斯藏宝。德莱斯坦在给他兄弟埃蒂安的信中讲："在印度洋最近的一次战斗中，我们在跟一艘英国大型驱逐舰的较量中，船长受了伤。他在临终之前向我透露了他的秘密，并交给了我找到埋藏在印度洋上巨笔财宝的文件，要我使用这些财宝来武装我们的海盗船只以对付英国人。但是，我对这种漂泊无常的生活已经感到害怕，我宁愿参加正规部队，期望法国安宁，以便取出这些财宝，并返回法国……有三笔财宝，其中埋藏在我亲爱的法兰西岛上的一笔尤为可观。按照将转交给你的这些文件的指示，你将会找到装满着多布朗（西班牙古金币）和3000万根金条的三只大铁桶和坛子，以及一个装满着维萨布尔和戈尔康达出产的钻石的铜箱。"

知识小链接

金条

金条来源于古代的货币流通，而现在则更多应用于收藏和投资领域，全球各大银行及金融机构都储备和流通有自己署名的金条，比如上海黄金交易所标准金条。金条分为盎司金和克金，目前国际上通用的为400盎司（约12.5千克）的金条。

黄金市场上的投资品种主要分为实物黄金投资和在实物黄金基础之上派生出来的黄金投资衍生品，衍生品主要有黄金期货、黄金期权等，而实物黄金投资则主要有金条、金币和金饰品等。

　　德莱斯坦在给他侄儿的信中也说："你来法兰西岛……有一条河流就在这块地方中心不远处。财宝就藏在那里。你将会看到，有一个密码图案，它通过奇特的组合会显示出两个缩略字母 B. N. ……由于我在海上遇过难，丧失了许多文件。我已经取出了许多藏宝，仍有四笔财宝以同样的方式被同样的海盗埋藏着。你将通过同时送给你的密码手册解开这些奇特的画迷，找到这批财宝。"20 世纪初，有人在法兰西岛发现一块署名卡·布拉吉尔、有奇特指示的大理石石块，寻宝者依据指示又发现一块写有密码的铜板，遗憾的是没人识别得出铜板上的密码，铜板在运输途中又被丢失了！

　　从 1730 年绞死拉比斯到现在，探寻拉比斯密码和藏宝的活动始终不断。一个名为"俄丝乌德旅行社"开辟了到塞舌尔岛寻宝的旅游线路，旅费虽贵，但参加者期期爆满。游客不但可以游览风景名胜，而且可以凭借旅行社发的一份神秘图案的影印件到岛上寻找拉比斯藏宝，创造顷刻间变成百万富翁甚至亿万富的机会。因而这旅游生意怎能不红火呢！所有这一切颇具诱惑力，但要识破第 12 排拉比斯密码并非易事，还得凭知识、智慧、毅力和运气。